Roeien naar de overkant

In deze serie verschenen ook:

Lynn Hill, *Steeds hoger*
Robyn Davidson, *Sporen in de woestijn*
Robyn Davidson, *Onder nomaden in India*
Stacy Allison, *Reiken naar de top*
Dea Birkett, *Opgesloten in een paradijs*

Debra Veal

Roeien naar de overkant

Het ongelofelijke verhaal van een vrouw die in haar
eentje de Atlantische Oceaan overstak

2003 – Forum – Amsterdam

Oorspronkelijke titel: Rowing it Alone
Oorspronkelijke uitgever: Robson Books, London
Nederlandse vertaling: Margot van Hummel
Omslagontwerp: Studio Marlies Visser

ISBN 90 225 3436 7

Opgedragen aan Robin Lynn Newbury

Paps, bedankt dat je me door je woorden en daden hebt geleerd dat als je wordt geconfronteerd met tegenslag, je toch nog je dromen waar kunt maken.

Inhoud

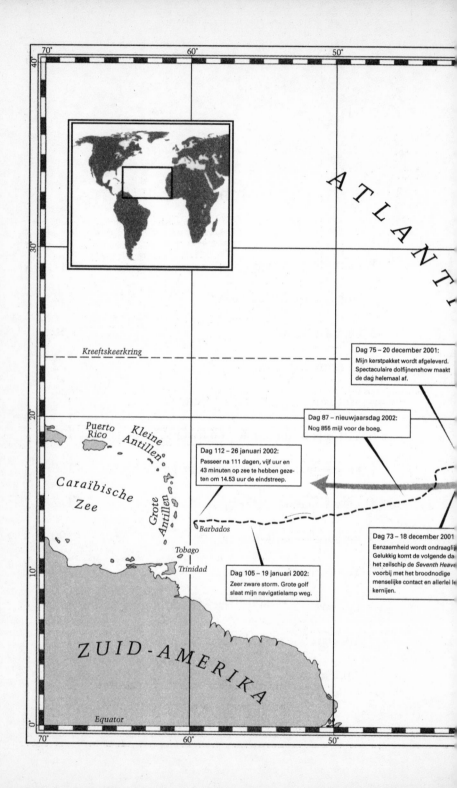

ATLANTI...

Kreeftskeerkring

Dag 75 – 20 december 2001:
Mijn kerstpakket wordt afgeleverd.
Spectaculaire dolfijnenshow maakt
de dag helemaal af.

Dag 87 – nieuwjaarsdag 2002:
Nog 855 mijl voor de boeg.

Puerto
Rico

Kleine
Antillen

Dag 112 – 26 januari 2002:
Passeer na 111 dagen, vijf uur en
43 minuten op zee te hebben gezeten om 14.53 uur de eindstreep.

Caraïbische
Zee

Grote
Antillen

Barbados

Tobago

Dag 73 – 18 december 2001
Eenzaamheid wordt ondraaglijk
Gelukkig komt de volgende da
het zeilschip de *Seventh Heave*
voorbij met het broodnodige
menselijke contact en allerlei le
kernijen.

Trinidad

Dag 105 – 19 januari 2002:
Zeer zware storm. Grote golf
slaat mijn navigatielamp weg.

ZUID-AMERIKA

Equator

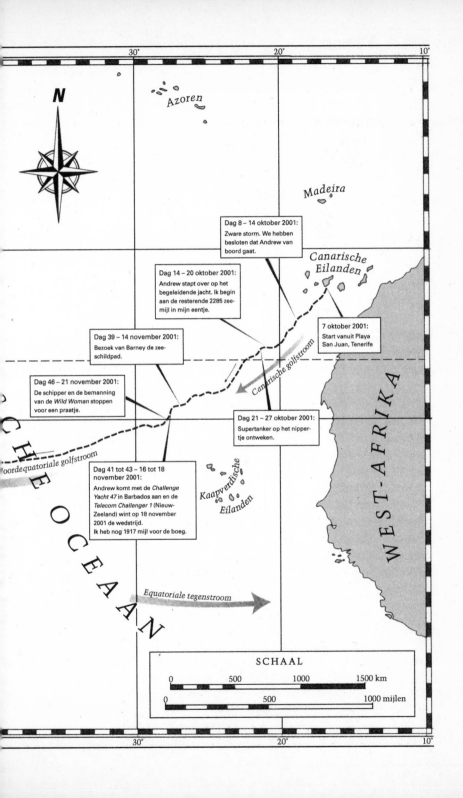

N

Azoren

Madeira

Canarische Eilanden

Dag 8 – 14 oktober 2001:
Zware storm. We hebben besloten dat Andrew van boord gaat.

Dag 14 – 20 oktober 2001:
Andrew stapt over op het begeleidende jacht. Ik begin aan de resterende 2285 zeemijl in mijn eentje.

7 oktober 2001:
Start vanuit Playa San Juan, Tenerife

Dag 39 – 14 november 2001:
Bezoek van Barney de zeeschildpad.

Dag 46 – 21 november 2001:
De schipper en de bemanning van de Wild Woman stoppen voor een praatje.

Canarische golfstroom

Noordequatoriale golfstroom

Dag 21 – 27 oktober 2001:
Supertanker op het nippertje ontweken.

Dag 41 tot 43 – 16 tot 18 november 2001:
Andrew komt met de Challenge Yacht 47 in Barbados aan en de Telecom Challenger 1 (Nieuw-Zeeland) wint op 18 november 2001 de wedstrijd. Ik heb nog 1917 mijl voor de boeg.

Kaapverdische Eilanden

WEST-AFRIKA

ATLANTISCHE OCEAAN

Equatoriale tegenstroom

SCHAAL

0   500   1000   1500 km

0   500   1000 mijlen

Dankwoord

Terwijl ik alleen op zee zat, ben ik geen moment zonder familie, vrienden of supporters geweest. De leden van het *Troika Transatlantic Team* stonden altijd klaar om me te motiveren en te steunen, zowel in goede als in slechte tijden. Een vriendin omschreef dit prachtig met de woorden: 'Tijdens de tocht over de Atlantische Oceaan heb ik met je gelachen en gehuild'. Ik weet dat dit voor velen gold en ik prijs me gelukkig dat ik deze geweldige mensen in mijn leven heb. Ik ben er dan ook trots op te kunnen zeggen dat deze 'roeister die in haar eentje de oceaan overstak' dat absoluut niet alleen heeft gedaan! Jammer genoeg is de rol die de gezamenlijke inspanning van dit team heeft gespeeld nauwelijks onderkend of gewaardeerd en dat geldt vooral voor de bijdrage die Andrew heeft geleverd. Ik vind het dan ook een groot voorrecht om hierbij Andrew en vele anderen publiekelijk te kunnen bedanken. Dankzij jullie heb ik de andere kant van die grote plas kunnen halen en zonder jullie hulp zou ik nooit de kans hebben gekregen dit boek te schrijven. Bedankt allemaal.

In het bijzonder zou ik mams, Simon, Matt, Chris, Hayley, Leigh, Andrew, Jo en Pete willen bedanken omdat ze onvoorwaardelijk achter me hebben gestaan en ervoor hebben gezorgd dat mijn droom is uitgekomen. Mede doordat zij in Barbados waren, was het moment dat ik daar voet aan wal zette het mooiste uit mijn leven. Het was het waard om daar drieënhalve maand op te wachten!

Veel dank ook aan Leigh voor de fantastische website die hij heeft opgezet, en aan Jo en Pete die veel meer voor me deden dan je van vrienden durft te verwachten. Samen met Hayley verspreidden jullie het verhaal van de *Troika Transatlantic* en slaagden jullie er op de een of andere manier in aanhang uit de hele wereld te krijgen.

Verder wil ik mijn literaire vertegenwoordigster Kate Shaw van Gillon Aitken Associates bedanken voor het ongelofelijke geduld waarmee ze al mijn vragen bleef beantwoorden.

En ook dank aan iedereen bij Robson Books, en dan vooral redactrice Joanne Brooks. Je was geweldig en je aandacht voor alle details vormde een enorme steun.

Aan al die fans van wie we de meeste waarschijnlijk nooit zullen ontmoeten: dit boek is een eerbetoon aan jullie allemaal. Ik heb gelachen, gehuild en heb me vaak nietig gevoeld door jullie verhalen. Jullie hebben me de kracht gegeven om door te roeien. Bedankt.

Wendy Bray wil ik bedanken omdat ze me heeft geleerd hoe ik een boek moet schrijven en omdat ze ieder hoofdstuk geredigeerd en bewerkt heeft. Bedankt ook dat je mijn wens om het boek in mijn eigen woorden te schrijven hebt gerespecteerd. Maar vooral wil ik je bedanken voor je fijngevoeligheid. Je hebt me geholpen de moeilijkste kwesties onder woorden te brengen en dan heb ik het niet alleen over die ene. Je kracht is onvoorstelbaar, maar inmiddels weet ik waar je die vandaan haalt. Je hebt me zoveel meer geleerd dan hoe ik een boek moet schrijven.

Voor de beste tweelingzus ter wereld: Hayley. Wat beschik jij toch over veel kennis, vaardigheden en intelligentie. Niet op de laatste plaats omdat je erin geslaagd bent me ervan te overtuigen dat ik het heerlijk vond op de oceaan, zelfs toen ik je opbelde en hysterisch huilde dat ik het op wilde geven! Hoe heb je dat voor elkaar gekregen? Doordat je een actief deel van mijn leven uitmaakt, voel ik me compleet.

En ten slotte Andrew: Ieder woord dat ik tegen journalisten en tv-presentatoren heb gezegd over hoeveel respect ik heb voor de manier waarop je de situatie hebt aangepakt, en over het feit dat je veel dapperder bent dan ik omdat je de moed hebt gehad openlijk voor je angsten uit te komen, is waar. Tijdens dit avontuur dat volgens ons weinig kans van slagen had, zijn mijn liefde en bewondering voor jou alleen maar gegroeid. Het woord 'inspirerend' is dan ook eigenlijk van toepassing op jou, niet op mij.

Voorwoord door Sir Chay Blyth CBE BEM

Het komt niet vaak voor dat een gewone, jonge vrouw duizenden mensen weet te inspireren door tegenslag om te zetten in succes en nachtmerries in waargemaakte dromen. En zeker niet als uit heel de wereld de media toekijken. Maar misschien is Debra Veal dan ook geen gewone jonge vrouw.

Toen Debra en haar man Andrew besloten deel te nemen aan de Ward Evans Atlantic Rowing Challenge waren we enorm opgetogen.

Debra's zus Hayley werkte al bij ons waardoor het bijna een familieaangelegenheid werd. Daar kwam bij dat Andrew en Debra ons eerste team vormden dat bestond uit een echtpaar. Ik wist dat dit alleen al stof zou leveren voor een boeiend wedstrijdverslag, maar dat het zo boeiend zou worden had ik nooit kunnen denken.

Debra is een kleine, vastberaden en enthousiaste vrouw. Niettemin vroeg ik me af of dat enthousiasme voldoende was om de zware oversteek te maken.Haar vastberadenheid overtuigde me echter dat ze tot het uiterste zou gaan. Ze had immers Andrew bij zich om op terug te vallen. Hij was 30 cm langer dan zij, sterk, atletisch gebouwd en een zeer ervaren roeier.

Ze gingen al meteen goed van start, dus het nieuws dat Andrew problemen had, kwam als een schok. Volgens de eerste meldingen had Andrew moeite met de krappe ruimte en kreeg hij het steeds benauwder door de open zee. Zijn angst voor de oceaan nam alsmaar toe en werd versterkt door slaapgebrek vanwege zijn lengte. Toen zijn toestand nog verder achteruit-

15

ging, beseften we dat het niet lag aan een gebrek aan moed of wilskracht, maar dat Andrew leed aan een levensechte fobie die hem machteloos maakte, hoop deed vervliegen en dromen in gevaar bracht.

Andrew en Debra kwamen voor een moeilijke keus te staan. Ze konden beiden hun boot, de *Troika Transatlantic*, verlaten en daarbij hun dromen laten voor wat ze waren, of Debra alleen verder laten roeien. Tot Andrews verbazing biechtte Debra hem op dat ze altijd al van plan was geweest alleen door te gaan mocht hij het niet aankunnen. Na een ware tweestrijd werden ze het er weifelend over eens dat Debra door moest gaan... alleen.

Dus met Andrews zegen en het idee dat ze elkaar misschien nooit meer zouden terugzien, begon Debra aan haar verbluffende ontdekkingsreis... maar dat verhaal kan ze beter zelf vertellen.

Debra roeide niet alleen in haar eentje de Atlantische Oceaan over, het lukte haar ook een plaatsje te veroveren in de kolommen van de landelijke kranten, de belangstelling van de overige media op zich te richten en de harten van duizenden te stelen. Ze werd de heldin van de Atlantische Oceaan.

Haar verhaal is zonder meer het lezen waard.

Inleiding

Op een warme middag in juni, 1966, stond een jonge Schot op het strand van een jachthaventje bij Cape Cod, Massachusetts. Op de voorgrond lag een kleine, houten roeiboot aangemeerd, daarachter was de immense Noord-Atlantische Oceaan.

Tweeënnegentig dagen later roeiden Chay Blyth en een collega de *English Rose III* in de richting van de Ierse rotskust na een dapper avontuur in het onbekende. Met zijn 26 jaar was hij erin geslaagd de Atlantische Oceaan over te roeien en op dit moment begint ons verhaal.

Drie decennia later, tijdens de viering van zijn verbazingwekkende oversteek over de Atlantische Oceaan, kreeg Chay Blyth een wild idee. Inmiddels hadden al meer mensen een voet op de maan gezet dan dat er mensen de Atlantische Oceaan over waren geroeid. Chay en zijn bedrijfje Challenge Business lieten zich daar echter niet door uit het veld slaan en in 1997 organiseerden ze dan ook de Atlantic Rowing Race. Het was de allereerste roeiwedstrijd over een oceaan. Teams, bestaande uit twee personen, staken in identieke 7.30 m lange roeiboten van watervast multiplex vanuit Tenerife de Atlantische Oceaan over in een poging om onder gelijke condities de 2900 zeemijlen naar Barbados zo snel mogelijk af te leggen.

Terwijl dat jaar zestig avontuurlijke zielen aan'hun tocht over de Atlantische Oceaan begonnen, ontmoetten twee andere avontuurlijke zielen elkaar voor het eerst. Vanaf de eerste dag dat ik Andrew Veal zag, wist ik dat wij een leven vol schitterende ervaringen voor ons hadden. We waren allebei avontuurlijk van aard en hielden ervan buiten te zijn. We zwoeren dat bij een leven samen het avontuur niet zou ontbreken.

De Atlantic Rowing Race van 1997 was bedoeld als een eenmalig gebeuren, maar de wedstrijd was zo succesvol dat Chay Blyth geen reden zag het daarbij te laten. De tocht van oost naar west zou vanaf dat moment om de vier jaar plaatsvinden en wij waren vastbesloten om in 2001 aan de start te verschijnen. En dat gold ook voor 34 andere teams, afkomstig uit dertien verschillende landen, waardoor het een echte internationale wedstrijd werd.

Andrew en ik waren het enige getrouwde stel dat een team vormde en tevens het enige gemengde team in wat de Ward Evans Atlantic Rowing Challenge heette. Op 7 oktober 2001 verschenen we bij de haven van Playa San Juan op Tenerife aan de start, samen met 32 herenteams en één damesteam.

De volgende vier maanden ontpopte zich een waar avontuur. Het was wellicht niet zoals we het hadden gepland, maar een avontuur was het voor ons beiden zeker.

Ons verhaal werd aanvankelijk gedocumenteerd door de dagelijkse notities die verschenen op de website van ons team. Deze was in het leven geroepen om onze vrienden, familieleden en sponsors op de hoogte te houden van onze vorderingen, maar al snel werd het verhaal meegelezen in alle uithoeken van de wereld.

Door anderen deelgenoot te maken van ons leven, vernamen we via e-mail en sms ook over de levens van anderen: hartverscheurende verhalen waardoor we ons nietig voelden, grappige sms'jes die ons opvrolijkten, en verhalen over levenservaringen in hun zuiverste vorm. Deze fans brachten me ertoe de dagelijkse aantekeningen te bundelen in een boek. Hun verhalen zijn deel gaan uitmaken van mijn verhaal. Je komt ze dan ook tegen op de volgende pagina's.

Dit boek gaat niet over roeien: het gaat over avontuur, een avontuur dat zoveel meer inhield dan een paar roeispanen die in en uit het water gingen. Het gaat over het avontuur van het leven, over de liefde en de uitdaging van betrokkenheid. Betrokkenheid bij een zaak, een droom, en bij elkaar.

1

Plannen gewijzigd

Moeder Natuur ging maar door, opnieuw een windvlaag en weer sloegen de meedogenloze golven recht in mijn gezicht. Ik spuwde het zoute water uit en schudde mijn hoofd om het bijtende zout uit mijn ogen te krijgen. Toen we een paar uur geleden uit Tenerife wegvoeren, was ze prettig gezelschap geweest en hadden we dankzij haar een ontzagwekkend goede start kunnen maken in onze race over de oceaan. Maar nu was haar woede – in de waterige gedaante van de Atlantische Oceaan – opgewekt.

Toen het harder begon te waaien en de golven woester werden, bespeurde ik een gespannenheid in Andrew die ik nog niet eerder had gezien. De golven sloegen over de boot, en al werd onze vermoeidheid door de adrenaline verdreven, we voelden ons machteloos. Het was bijna donker. We hadden de controle over de boot verloren en wisten niet wat we moesten doen om die weer terug te krijgen. Andrew zag het zo te zien ook niet meer zitten. Ik vroeg me af of dit de eerste keer in zijn leven was dat hij ergens geen oplossing voor had.

We kwamen het gebied in waar de wind, die zich had gesplitst om langs de Canarische Eilanden te stromen, weer samenkwam, en kregen meteen een voorproefje van hoe het leven in een kleine, houten roeiboot op de oceaan eruit zou zien. Daar we midden in de storm zaten en weigerden te erkennen dat bij zoveel geweld onze inspanningen geen zin hadden, kwamen we met moeite de nacht door. Zonder het licht van de maan zagen we geen golven en konden er dus ook niet op inspelen. Ze waren tweemaal zo hoog als de boot, raakten ons waar ze maar konden en dreigden ons te laten kapseizen. Het was onze eerste ervaring met zulk zwaar weer. We wisten niet goed hoe de boot erop zou reageren en hadden er ook weinig vertrouwen in. De oefentochtjes voor de kust van Engeland en Wales hadden ons slecht voorbereid op wat de Atlantische Oceaan nu voor ons in petto had.

Tegen twee uur 's nachts waren we doodop en nat tot op onze huid, maar nog steeds waren we aan het roeien. Met moeite slaagde ik erin om boven het lawaai van de golven uit te schreeuwen: 'Andrew, we komen geen meter vooruit!'

'Hmm.'

'Het beetje energie dat we nog overhebben, raken we zo ook nog kwijt.'

'Maar als we stoppen zal de boot rondjes gaan draaien door de golven en dan zijn we nog verder van huis.'

'Niet als we een zeeanker uitgooien. Wat denk je?'

'Op dit moment vind ik alles goed.'

We hadden drie verschillende maten zeeankers aan boord, waarvan we er twee hadden geleend vlak voordat we uit Engeland vertrokken. Dat er ook nog een derde type anker bestond, vernamen we pas in Tenerife. Een paar andere deelnemers vertelden ons dat ze tijdens hun oefentochten op zee een buitengewoon handig groot drijfanker hadden gebruikt dat ervoor zorgde dat de boot tijdens een hevige tegenwind niet werd teruggeblazen en dat de boeg bij een ruwe zee altijd in de richting van de golven bleef wijzen. Met de woorden 'zonder zo'n anker ga ik de zee niet meer op' nog nagalmend in onze oren, lieten we meteen een drijfanker uit Australië overkomen. Enkele uren voordat we vertrokken, kwam het aan en nu – we waren amper een paar uur onderweg – hadden we het al nodig, al hadden we totaal geen idee hoe we het moesten gebruiken. Zo vroeg in de ochtend, in het pikdonker, terwijl de golven over de boot sloegen, was niet bepaald het meest geschikte moment om de gebruiksaanwijzing tevoorschijn te halen.

Op het moment dat we ophielden met roeien, kwam de *Troika* dwars op het water te liggen waardoor het moeilijk was aan de touwen te werken. De boot werd heen en weer gesmeten op de golven en ging alle kanten uit. We moesten ons echt stevig vasthouden. Alles wat met touwen en knopen te maken had, was mijn afdeling, maar toen ik aan de knopen aan het morrelen was en door het luikgat naar beneden keek, werd ik meteen misselijk.

We gooiden het drijfanker uit met alle tachtig meter touw die erbij zat. Dat was absoluut niet nodig, maar – beginnelingen die we waren – dat wisten we niet. We hoopten dat het anker in het water zou pakken en de boeg in de woeste golven zou keren. Dat bleek ijdele hoop. We hadden de boot duidelijk niet goed opgetuigd en vergeleken met de achtersteven was de boeg veel te zwaar beladen. Daardoor zouden we zeker dwars op de golven blijven liggen.

Andrew hing kokhalzend over de rand, waardoor ineens ook mijn maag begon te draaien. Ik probeerde me op mijn werk te richten om er niet aan te hoeven denken dat ik eigenlijk ook moest overgeven. We trokken onze natte kleren uit en kropen de kajuit in, de emmer net naast het luik binnen handbereik. Een paar tellen later braakte ik vrolijk mee. We lagen daar naast elkaar in de kajuit en hadden geen plek om ons te bewegen.

'Leuk is anders,' zei Andrew geïrriteerd.

Mijn maag deed pijn van het kokhalzen. Hij had gelijk. Om het niet nog erger te maken, zei ik maar niets. Andrew had de hele dag amper iets gegeten. Ik had nauwelijks meer in mijn maag en was me ervan bewust dat we eigenlijk zouden moeten eten, maar geen van beiden waren we in staat iets naar binnen te krijgen. Als we de eerste dagen door wilden komen, zouden we toch beter voor onszelf moeten zorgen.

De hele nacht bleef het gestamp van de golven doorgaan zodat we bijna niet aan rusten toekwamen. De boot was zo gebouwd dat hij zichzelf oprichtte, maar dit werkte alleen als het luik gesloten was zodat er een luchtzak ontstond. Maar als we het luikgat helemaal afsloten, dan kon er geen lucht meer de kajuit in waardoor we uiteindelijk zonder zuurstof zouden komen te zitten. Dus lieten we die nacht het luik op een kiertje staan, terwijl we ieder een hendel vasthadden. Kwam er dan een grote golf en kapseisde de boot, dan zouden we snel de hendels naar ons toetrekken om zo het luik te sluiten. Het was niet bevorderlijk voor een goede nachtrust, maar op dat moment hadden we geen idee hoe ver de boot kon overhellen voordat hij daadwerkelijk kapseisde.

Andrew hield de wacht. Het zat hem niet lekker dat we nog steeds dwars op de golven lagen en hij was ervan overtuigd dat we iets fout deden. De nacht was een ware bezoeking voor hem geweest. Iedere keer dat een golf tegen de zijkant van de kajuit klotste, dacht hij dat het de *Troika Transatlantic* was die het begaf, terwijl ik het geluid juist rustgevend vond. Het was een geluid dat ik kende en waarop ik als kind dol was geweest. Het deed me denken aan toen ik op mijn vaders boot sliep.

Op de ochtend van de tweede dag, terwijl het licht naar de horizon kroop, lukte het ons de omgeving te overzien. De omstandigheden waren duidelijk niet verbeterd. Andrew werd paranoïde. Hij dacht dat wij de enigen waren die in het ruwe weer verzeild waren geraakt, en hij was ervan overtuigd dat de andere vierendertig teams nu honderden mijlen op ons voorlagen. We begonnen de mogelijkheden te bespreken, maar omdat we geen oplossingen hadden, werd Andrews gevoel van machteloosheid alleen nog maar groter. Ik was optimistisch en zat vol suggesties, maar deze werden stuk voor stuk afgewezen. En dat was eigenlijk niets voor Andrew.

'Ik ben helemaal de kluts kwijt,' zei hij ongelukkig. 'Ik ben hier niet naartoe gekomen om door de golven alle kanten uit gesmeten te worden. Ik ben hierheen gekomen om te roeien en door het weer kunnen we dat niet.'

'Die lui die in '97 aan de wedstrijd hebben meegedaan vertelden toch dat de eerste vijf dagen de moeilijkste zijn,' hielp ik hem herinneren.

'Ik dacht anders dat ze hadden gezegd dat het aan de start verschijnen het moeilijkste was!' snauwde Andrew. 'Nu zijn het ook nog de eerst vijf dagen!'

'Het wordt wel beter,' zei ik. 'Na vijf dagen is de zeeziekte zo goed als zeker verdwenen, dan hebben we zeebenen gekregen en zijn we uit de acceleratiezone.'

Ik hoopte echt dat het waar was, vooral wat de zeebenen betrof. Met zijn bijna twee meter was Andrew veel te groot voor de boot en hij botste dan ook constant tegen alles aan. Óf hij óf de *Troika* zou gegarandeerd schrammen oplopen!

De uren daarna zei Andrew vrij weinig. Hij was duidelijk alles aan het overdenken. Toen hij eindelijk reageerde, zei hij: 'Vooruit dan, laten we het nog een dag of vijf aankijken en dan zien we wel hoe het gaat.'

Tot mijn grote opluchting verbeterde zijn humeur en een tijd lang leek hij een stuk opgewekter. We gaven onze strijd om over de golven heen te komen op, veranderden onze koers en lieten ons nu met de golven meevoeren. Dit veroorzaakte weer een heleboel nieuwe frustraties. De boot volgde de golven niet en ging constant van de ene naar de andere kant. Ervan overtuigd dat er een oplossing moest zijn en nog steeds even optimistisch, hing ik een boei achter de boot die ik met een touw aan de achtersteven vastmaakte. Het remde niet echt veel af, maar de boot kwam er wel rechter door te liggen. Ik deed wat ik maar kon om ervoor te zorgen dat Andrew zich minder ergerde aan de boot en aan de situatie in het algemeen.

Tegen de avond zag Andrew het opnieuw niet meer zitten en wat ik ook zei of deed, het maakte geen verschil. We bedachten dat het misschien zou helpen als hij via de satelliettelefoon eens een praatje maakte met zijn vriend Pete King, een sleutelfiguur uit ons begeleidingsteam. Pete had via het internet toegang tot informatie over de vooruitgang van de andere roeiers. Ik hoopte dat Andrew zou ophouden met piekeren als hij ontdekte dat wij niet de enigen waren die vastzaten in zwaar weer.

Andrew vroeg Pete meteen welke positie we hadden.

'Dat is moeilijk te zeggen,' legde Pete uit. 'Sommigen peilen constant en anderen doen dat nooit.'

Andrew keek geërgerd en antwoordde: 'Waar bevinden we ons dan ongeveer in de vloot: vooraan, in het midden of achteraan?'

Pete legde uit dat de vloot zich in drieën had gesplitst: er was een groepje dat de leiding had, onmiddellijk daarachter zat nog een groep en helemaal achteraan nog een.

'Jullie zitten ergens in het midden van de tweede groep,' zei hij, 'op ongeveer de twintigste plaats.'

Pete probeerde ons gerust te stellen door uit te leggen dat de berekeningen waren gebaseerd op de afstand die we nog moesten afleggen voordat we Barbados bereikten. De ploegen die ervoor hadden gekozen een rechtstreekse route te nemen, hadden aanvankelijk de leiding genomen want ze stevenden als het ware recht op het eiland af. Degenen die door gebruik te maken van de krachtige passaatwinden probeerden sneller vooruit te komen, hadden koers naar het zuiden gezet. Daardoor zaten ze nog bijna even ver van Barbados af als toen ze begonnen.

Het gesprek haalde inderdaad een heleboel spanning weg. Het was een opluchting te horen dat iedereen door het weer was opgehouden, maar ook een teleurstelling om te ontdekken dat we van de vierde plaats die we op de eerste dag hadden bezet, op de tweede dag al naar de twintigste plaats waren gezakt. Maar we hadden geen tijd om lang bij deze teleurstelling stil te staan. We hadden grotere zorgen: zou Andrew het nog een dag volhouden?

Na die eerste nacht had Andrew geen last meer van zeeziekte, maar hij had ook nog steeds niet gegeten. Op de derde dag, na weer een slapeloze nacht, begon ik me toch echt zorgen te maken over het gebrek aan voedsel en slaap en het effect dat dit had op Andrews vermogen om helder te denken. Mijn emoties gingen met me aan de haal. Ik maakte me vreselijk veel zorgen om Andrew. Maar de zon scheen, ik surfte over de golven en genoot van het leven op zee. Hoe was het mogelijk dat we dezelfde ervaring zo verschillend beleefden?

Toen ik wat later achter in de boot de lunch aan het klaarmaken was, keek ik hoe Andrew verder roeide.

'Is dit niet heerlijk?' Ik straalde helemaal.

Andrew gaf geen reactie. Ik ging door. 'Hier op de oceaan, niemand om ons heen, alleen wij tweetjes.'

Toen hij uiteindelijk antwoord gaf, betrok zijn gezicht: 'Zag ik het maar zo, wat zou het dan allemaal een stuk leuker zijn.'

Ik zag het verdriet in zijn ogen. Hij wilde er zo graag van genieten.

'Was ik maar niet de hele tijd zo bang...'

Juist omdat ik zo van de omgeving genoot, kon ik me van zijn angst en ontgoocheling absoluut geen idee vormen. Het was voor ons allebei dan ook een enorme schok toen we zijn latente angst ontdekten voor een verblijf in een klein bootje op een grote oceaan. Tijdens onze oefentochten voor de Britse kust had immers niets in die richting gewezen. Maar de Atlantische Oceaan was dan ook een stuk uitgestrekter en de weersomstandigheden veel en veel zwaarder. Nu de kust uit het zicht was verdwenen en we nog duizenden mijlen voor de boeg hadden, werd duidelijk dat Andrew echt bang was. Hij leek er best over te willen praten en we hoopten dat dit zou helpen.

'Waar ben je dan eigenlijk bang voor?' vroeg ik aarzelend.

'Voor alles, maar niets in het bijzonder. Ik kan niet een ding eruit pikken en zeggen "dat is het". Was dat maar zo, dan konden we er misschien iets tegen doen.' Zoals altijd, wilde hij het 'even regelen'.

'Maar kijk eens naar het alternatief,' probeerde ik. 'Als je opgeeft, moet je weer iedere dag naar Londen en dat is nu juist waar je zo'n hekel aan hebt. Het is er koud en iets om naar uit te kijken heb je niet meer.'

Ik stak er de draak mee in de hoop hem daarmee wat gerust te stellen.

'Ik weet het,' zei Andrew. 'Daar heb ik ook al aan gedacht. Maar zoals ik me nu voel, is eerlijk gezegd alles beter dan hier te blijven. Met de snelheid die we nu hebben, duurt het volgens mijn berekening eerder honderdvijftig dan vijftig dagen voordat we er zijn. Ik kan het gewoonweg niet aan om zo lang op zee te zijn.'

We probeerden erachter te komen of die angst misschien een diepere oorzaak had en bedachten wat we daar dan tegen konden doen. Voor elk probleem moest toch een oplossing te vinden zijn. Op de universiteit was 'buitensportactiviteiten' een van mijn hoofdvakken geweest en ik herinnerde me een college over 'angstdrempels'. Het had te maken met een piramide. Kon ik me nog maar herinneren hoe het precies in elkaar zat. Ik belde mijn tweelingzus Hayley en vroeg haar of ze Mike Bartle, mijn toenmalige docent aan de universiteit, wilde opsporen. Hij had zich beziggehouden met de psychologie die ten grondslag lag aan Andrews angst en hij was ook degene die dat college over die piramide had gegeven. Ik was ervan overtuigd dat hij wel een oplossing zou hebben. Ons ideaal om samen de Atlantische Oceaan over te roeien wilden we absoluut verwezenlijken, dus we moesten er hoe dan ook uit zien te komen. Het lukte echter niet om Mike op te sporen. Hij reageerde niet op Hayleys e-mailtjes en bleek de De Montfort Universiteit te hebben verlaten. Onze vragen bleven onbeantwoord.

De derde dag begon het weer 's avonds wat op te klaren. We besloten om 's nachts samen door te roeien zodat we wat konden inlopen en zo het moreel hooghouden. Onze lange gesprekken van die middag hadden Andrew goedgedaan en hij leek dan ook meer ontspannen.

Het was onze eerste heldere nacht. De sterren waren adembenemend. Ik werd betoverd door alles wat ik boven of op de oceaan zag. Terwijl we onze roeispanen door het donkere water trokken, was het door de zachte weerkaatsing van de sterren net of er schitterende elfjes omheen dansten. Ik raakte betoverd door de magie ervan.

Rond drie uur 's nachts waren we uitgeput. Om niet in slaap te vallen begonnen we uit volle borst 'Jerusalem', 'I Vow to Thee My Country' en 'American Pie' te zingen. Andrews benadering van de verschillende toonsoorten alleen al was genoeg om de stemming erin te houden! Om eerlijk te zijn was hij ook de enige die de teksten kende. Het zingen gaf ons een grote morele opkikker, maar daar we van maar drie liedjes de tekst kenden, begon het rond zes uur toch wat eentonig te worden! Maar het was zoals we hadden gehoopt dat het zou gaan – lachen en plezier hebben, genieten van ons gezamenlijk avontuur en allebei afgaand op hetzelfde doel. Ik wist nu wat het was om een voldaan gevoel te hebben en wilde meer.

Al waren er ook gelukkige momenten geweest, tegen het einde van de vijfde dag was er aan Andrews geestesgesteldheid nog steeds weinig veranderd. We vonden het niet meer dan normaal om onze supporters van onze vorderingen op de hoogte te houden, maar het complete verhaal hielden we toch voor onze meest intieme vrienden en familieleden. Daarom lieten we ons dilemma maar voorzichtig doorschemeren op een humoristische manier.

Dagboeknotitie op internet
Na de vrij zakelijke gegevensuitwisselingen vonden we het tijd worden jullie ook eens wat over onze persoonlijke indrukken van het leven aan boord van de Troika Transatlantic te vertellen.

Om kort te gaan, Debra is er absoluut weg van, zo erg zelfs dat Andrew het idee heeft dat ze in een vorig leven vast een dolfijn is geweest. Andrew daarentegen is in zijn incarnaties waarschijnlijk niet veel verder gekomen dan een visarend (die af en toe graag zijn klauwen in het water steekt, maar er toch de voorkeur aan geeft in de bomen te slapen!).

Degene die de boot heeft ontworpen, had duidelijk meer iemand in gedachten van Debra's lengte dan die van Andrew, het comfort is dan ook niet om over naar huis te schrijven daar. Dat heeft tot heel wat zeemansvloeken van Andrews kant geleid en ook heel wat gebrom dat zeker niet alleen afkomstig was van de scheepsbeer (Woody, drie jaar).

De Challenge Business, de organisator van de wedstrijd, begreep het onderliggende probleem en stuurde een van de begeleidende jachten langs om te kijken of alles goed met ons ging. Ze waren op de terugweg naar Tenerife met de bemanning van de *Dartmothian*, een ander team uit Devon, de streek waar ik ook vandaan kom, en zouden zeker niet binnen een week terug zijn. We hadden gehoord dat een van de roeiers van de *Dartmothian* last had van hetzelfde soort angsten als Andrew en besloten had ermee te stoppen. Zijn teamgenoot was alleen doorgegaan, maar had ten slotte eveneens opgegeven. We vonden het vervelend voor hen, al gaf het nieuws Andrew vreemd genoeg een soort opkikker. Hij was ervan overtuigd geweest dat hij de enige was die het moeilijk had. Te horen dat anderen al waren afgehaakt gaf hem net die motiverende prikkel die hij nodig had. De bemanning van de volgboot was er al min of meer van uitgegaan dat we zouden opgeven, en klom aan boord. Maar we hadden de hoop nog niet helemaal verloren. We geloofden nog steeds dat we er wel zouden uitkomen en dat we het zouden halen... samen.

Heel wat sceptici hadden voorspeld dat het de doodsteek voor ons huwelijk zou zijn om zo lang tot elkaar veroordeeld te zijn in een klein roeibootje, maar niets was minder waar. Doordat we zo onder druk stonden en in een stressituatie verkeerden waarbij we elkaar eenvoudigweg niet konden ontlopen, werd onze onderlinge band alleen nog maar hechter. Zo hecht zelfs dat het soms iets te verleidelijk werd om bij een romantisch opgewarmde vacuümmaaltijd te zitten kletsen, of de kajuit in te duiken en het roeien te laten voor wat het was. We konden uren praten over verhuizen: waar we heen zouden gaan en hoe het huis van onze dromen eruit zou moeten zien. We fantaseerden hoe het zou zijn om een gezin te stichten, welke namen we zouden kiezen en naar welke school onze kinderen zouden gaan. We haalden herinneringen op en praatten opgewonden over de toekomst en wat die voor ons in petto zou hebben.

Sommige dagen ging het Andrew beter af dan andere, dagen waarop we een prachtig zicht hadden op dolfijnen en zeeschildpadden, en avonden die we zingend doorbrachten, al roeiend onder de sterren. Alleen slaagde hij er gewoonweg niet in het idee van zich af te zetten dat bij iedere klap van een touw of slag van een golf tegen de zijkant van de boot er iets barstte of in stukken brak.

Door slaap- en voedselgebrek begon hij na een week echte angstaanvallen te krijgen. We vonden weliswaar kalmeringstabletten in de medicijnkist, maar dat leek ons weer te veel van het goede. Zouden medicijnen echt helpen? We besloten Sian, de ploegarts, te bellen voor advies.

'Voel je je gestrest, bang of onrustig?' vroeg Sian.

'Driemaal raak!' gaf Andrew dapper toe.

Ze gingen nu verder in op zijn symptomen en Andrew vroeg wat de bijwerkingen zouden zijn als hij dergelijke medicijnen nam.

'Dus voor de verschijnselen die ik heb beschreven, kan ik ze gerust nemen?'

Sian was er zeker van. 'Absoluut,' zei ze.

De tabletten maakten een duidelijk verschil. Ze haalden de scherpe kantjes van Andrews angst, waardoor hij een helderder beeld van de situatie kreeg. We zagen het nu allebei weer wat zitten en waren er echt van overtuigd dat we er op deze manier wel uit zouden komen. Maar op de achtste dag kwam dan toch het grote keerpunt en dit keer was er geen weg terug.

Andrew probeerde die dag of hij een lekkende pomp van het waterapparaat kon repareren. Naarmate de uren verstreken liet hij de moed steeds meer zakken en hij was ervan overtuigd dat hij het lek alleen maar erger maakte. Hij was het vertrouwen verloren in wat hij kon en haalde zichzelf steeds verder omlaag. Deze kant van zijn anders zo stoïcijnse en optimistische karakter had ik nog niet eerder gezien. Hij misschien ook niet. Zijn frustratie hoopte alsmaar verder op.

's Avonds laat was het hard gaan regenen en de eerste tekenen dat het zou gaan stormen waren al zichtbaar geworden. Ik trok mijn Musto-regenpak aan en kroop, terwijl Andrew in de kajuit bleef, door het luik naar buiten omdat het mijn beurt was om te roeien. Met die donder en bliksem voelde ik me niet erg op mijn gemak, maar ik was vastbesloten door te gaan en ervan te profiteren dat het wateroppervlak door de hevige regenval een stuk vlakker was geworden. Uit de duisternis flitste ineens een bliksemstraal en verlichtte met geweld de horizon van 360 graden om mij heen. Mijn hart begon te bonzen. Het lage gebrom van het onweer in de verte klonk als een dier dat pijn had, waardoor ik het in die gespannen momenten voor het onvermijdelijke crescendo bijna niet meer had. Toen de donder eindelijk ratelde en de bliksemstralen afketsten op het wateroppervlak, trilde het lawaai na in mijn longen en dook ik in elkaar in de wollige voering van mijn opgezette kraag.

Toen mijn twee uur roeien erop zaten, kroop ik over het dek en bleef voor het luik zitten. Ik deed het iets open, zodat het niet zou inregenen. Boven het lawaai van de kletterende regen op het kajuitdak uit, schreeuwde ik: 'Andrew, het is jouw beurt!'

Hij bewoog zich niet. Ik vroeg me af of hij me wel had gehoord.

'Andrew!' Nog steeds niets. Ik probeerde hem wat gerust te stellen.

'Als je je Mustos aantrekt, valt het buiten best mee. Het getik van de regen op het multiplex klinkt in de kajuit vast veel erger dan het is.'

Hij reageerde nog steeds niet, maar na de dag die hij achter de rug had, vermoedde ik dat hij wat meer aansporing nodig had.

'Zet onder je capuchon anders je koptelefoon op, dan kun je onder het roeien wat naar de muziek luisteren.' Niets. 'Andrew?'

Nog steeds niet echt ongerust stak ik mijn hoofd wat verder naar binnen en schrok van wat ik zag. Met zijn grote lijf lag Andrew in de foetushouding. Hij kreunde alsof hij pijn had en trilde van top tot teen. Hij was duidelijk doodsbang. Ik probeerde hem moed in te spreken, te steunen, er voor hem te zijn, maar het hielp niet. Misschien moest ik eens proberen wat resoluter te zijn, bedacht ik.

'Andrew, ik heb je hulp nodig,' smeekte ik, en toen, met een ironie die ik op dat moment nog niet kon beseffen: 'Ik kan deze boot toch niet alleen naar Barbados roeien? We zijn een team. We moeten het samen doen.'

Ik keek even hoe hij daar lag. Zijn verstijfde lichaam beefde en reageerde nergens op. Ik wist dat ik van hem niets meer hoefde te verwachten.

'Nou, als je toch niet van plan bent te helpen, dan zal ik het alleen moeten doen.'

Het was een gemene en onnodige opmerking, maar ik zei het om hem tot actie te dwingen. Maar dat gebeurde niet.

Ik kon nu niets meer doen en gefrustreerd keerde ik terug naar de roeispanen voor de volgende twee uur zwoegen.

Waarom kon Andrew hier niet van genieten? Ik wilde gillen dat hij ermee moest ophouden en zich moest vermannen, al wist ik diep vanbinnen dat hij dat niet kon. Ik wist ook dat je angst niet kon uitschakelen door eenvoudigweg een knop om te zetten. Het was ondraaglijk, de persoon van wie ik hou zo te zien lijden. Ik was zo verschrikkelijk verdrietig omdat hij het de hele tijd zo moeilijk had en ik niet in staat was er iets aan te doen.

Twee uur later was er nog steeds niets veranderd, behalve dat ik nu helemaal uitgeput was. Ik trok mijn kletsnatte kleren uit, deed ze in een vuilniszak en kroop de kajuit in naast Andrew. Proberen te praten had geen zin. Hij had al uren nergens op gereageerd. Ik besefte dat ik beter kon wachten tot we allebei wat hadden gerust.

Toen ik 's morgens om half zes wakker werd, lag Andrew op zijn rug met wijdopen ogen naar het plafond van de kajuit te staren. Het was bijna niet te geloven dat ik nu naar dezelfde persoon keek die een paar uur daarvoor nog opgerold als een bal had gelegen. Hij had een bepaalde kalmte over zich gekregen, bijna iets vreedzaams. Er was wat veranderd.

'Het gaat niet meer.' Zijn stem was kalm en beheerst. Hij klonk of hij de hele nacht over zijn beslissing had nagedacht, maar toen hij het zei zag ik een traan over de zijkant van zijn wang rollen. Op dat moment besefte ik dat hij niet langer tegen zijn angst vocht en zich eindelijk gewonnen had gegeven. Vandaar die rust.

'Het is goed,' zei ik zacht. 'Ik weet het.' Vanaf het moment dat ik de avond ervoor mijn hoofd door het luik had gestoken en Andrew doodsbenauwd in een houding had zien liggen die niets voor hem was, had ik het geweten. Ik zag geen reden hem dat te vertellen.

Het was de juiste beslissing, de enige goede beslissing. We moesten hem van de boot af zien te krijgen. Ik begreep zijn tranen van frustratie. Hij had zich erbij neergelegd dat hij zijn droom moest opgeven en hij was er kapot van. Wat had ik graag zijn verdriet weggenomen. Zo'n beslissing ging je niet in de koude kleren zitten.

Urenlang, zo leek het wel, lagen we in elkaars armen en spraken we de bijzonderheden door. Pas toen begonnen we over de mogelijkheid dat ik alleen zou doorgaan.

'Heb je er wel eens aan gedacht dat als jij opgeeft ik graag alleen verder zou gaan?'

Dat had hij inderdaad niet gedaan!

Ik legde hem uit dat ik het volgens mij had verteld voordat we uit Engeland vertrokken. Ik was er dan ook van uitgegaan dat als een van ons moest opgeven, de ander zou proberen alleen verder te gaan. Dit was iets wat ik al jaren in mijn hoofd had zitten. Al sinds ik het verhaal had gelezen van iemand die in zijn eentje aan de Atlantic Rowing Race van 1997 had meegedaan. John Searson, een meteoroloog uit Guernsey, was alleen doorgegaan nadat zijn partner vanwege een ernstige rugblessure gedwongen was geweest het op te geven. John wist dat hij gediskwalificeerd zou worden als hij alleen verderging, maar hij was vastbesloten de moeilijke taak te volbrengen. En hij deed het met stijl en versloeg daarbij zelfs nog diverse tweekoppige bemanningen. Nadat ik een aantal fragmenten uit Johns e-maildagboek had gelezen, was ik zo geïnspireerd dat ik op dat moment besloot dat ik de tocht alleen voort zou zetten, mocht Andrew gewond raken.

Ik had die beslissing klaarblijkelijk niet aan Andrew verteld. Door wat hij had doorgemaakt, maakte Andrew zich meteen zorgen over mijn veiligheid. Zo erg zelfs dat hij onmiddellijk reageerde met: 'Nou ja, dan kan ik niet weg. Dan blijf ik wel bij jou.' Maar we wisten allebei dat dit geen oplossing was. Hij bevond zich in een onmogelijke situatie en kon geen kant uit. Andrew kon onder geen beding aan boord van de *Troika Transatlantic* blijven, maar als hij wegging en ik in mijn eentje doorging dan stond er nogal wat op het spel. Toch zou Andrew nooit zo arrogant zijn te denken dat hij het recht had me te dwingen gelijk met hem op te geven. Daarvoor heeft hij nu eenmaal te veel respect voor me en voor hem was het duidelijk hoe gelukkig ik me voelde op zee. Hij had een vertrouwen en zekerheid in me bespeurd, meer nog dan hij ooit had gezien. De vastberadenheid leek van me af te stralen en hij wilde dat van ganser harte steunen en aanmoedigen.

Zodoende namen we de risico's van een eventuele solotocht stuk voor stuk door en we hadden er allebei behoefte aan duidelijk te zijn over de noodprocedures. Ik kende Andrew goed genoeg om te weten dat hij eerst alle details op zich moest laten inwerken voordat hij tot een besluit kon komen.

'Als je alleen aan boord bent, kun je onmogelijk vierentwintig uur alert zijn. Voordat je er erg in hebt, word je ondersteboven gevaren door een tanker.' Hij had gelijk. Dat was een van de grootste risico's waarmee ik te maken zou krijgen. Ik moest toch ook een keer slapen.

'Daar ben ik ook bang voor. Maar ik kan voorzorgsmaatregelen nemen. Ik ga wel dertig minuten per keer slapen en dan opstaan om de horizon af te speuren. En ik hou een lichtbaken bij het luik zodat ik snel een signaal kan zenden en ik laat de radio aanstaan zodat ik schepen kan aanroepen. De kans dat we dan allebei op dezelfde tijd op hetzelfde stuk water zitten, wordt dan al een stuk kleiner.'

'Wat als je door een golf overboord wordt geslagen?' ging hij verder. 'Geen mens die weet dat je in het water ligt, en je kunt dan geen alarm slaan.'

'Maar dat kan ook gebeuren als we allebei aan boord zijn. Ik kan ook overboord slaan aan het begin van mijn wacht. Als jij dan twee uur later wakker wordt, ben ik allang verdwenen!'

'Dan moet je me beloven dat je altijd je zwemvest aanhoudt en dat je je reddingslijn aan de boot vast laat zitten.'

Het enige wat ons allebei geruststelde was het feit dat ik een satelliettelefoon bij me had. We konden elkaar dan altijd bereiken. Ik kon Andrew bellen als ik het moeilijk had en als het helemaal uit de hand dreigde te lopen, kon ik altijd om assistentie vragen. Het betekende ook dat hij actief betrokken kon blijven bij mijn tocht over de Atlantische Oceaan. Door mij te adviseren bij het navigeren, me op de hoogte te houden van de weersomstandigheden en me de emotionele en morele steun te geven die ik zeker nodig zou hebben, zouden we nog steeds als een team kunnen opereren, ook al waren we duizenden zeemijlen van elkaar verwijderd. Met de satelliettelefoon kon ik ook sms'jes ontvangen van waar ook ter wereld, mits de afzender maar toegang tot het internet had. Een link van de website van de *Troika Transatlantic* naar die van het telefoonbedrijf betekende dat ik een constante stroom van bemoedigende en inspirerende boodschappen zou krijgen en, niet te vergeten, nuttige informatie.

Terwijl Andrew zich verschrikkelijk veel zorgen over mijn veiligheid maakte, was ik even bezorgd over hem. Zou hij worden bedolven onder de beschuldigingen dat hij zijn vrouw op zee had achtergelaten? Wat als de pers besloot met het verhaal aan de haal te gaan? Ik besefte dat ik, door mijn keus om alleen verder te gaan, Andrew best eens in een vernederende en pijnlijke positie kon brengen en dat hij mijn steun dan hard nodig zou hebben.

Vele uren later hadden we alle voors en tegens van het alleen verdergaan doorgesproken. Er kleefden inderdaad heel wat bezwaren aan, maar diep in zijn hart wist Andrew dat ik het aankon. Hij had gezien hoe vaardig en één met de elementen ik de afgelopen week aan boord van de *Troika* was geweest. Ja, er zaten risico's aan, maar op veel daarvan hadden we toch geen grip. Anderzijds nam je geen deel aan een roeiwedstrijd over de Atlantische Oceaan als je daar geen groot aantal risico's bij incalculeerde! Er waren alleen wat risico's bij gekomen.

We wisten dat Andrew het goed zou maken op de volgboot van de Challenge Business. Het was niet de eerste keer dat hij op een jacht zou zitten. En niets is beter om je zelfvertrouwen op te krikken dan een 22 meter lange stalen romp onder je te hebben.

Wat mezelf betrof had ik geen idee of ik het wel in mijn eentje zou redden. Als helft van een eeneiige tweeling was ik nog geen dag in mijn hele leven alleen geweest. Toch wist ik dat ik het zou moeten proberen. Gingen we allebei van boord, dan zouden we volgens de internationale zeewetten de *Troika Transatlantic* in brand moeten steken om te voorkomen dat ze een drijvend gevaar voor andere schepen zou worden. Los van een heleboel geld hadden we vier jaar van ons leven in de boot gestoken en het zou dus wel bijzonder wrang zijn de boot op die manier te moeten verliezen. Als ik het alleenzijn niet aankon, dan kon ik altijd de volgboot nog terugroepen!

Nu we de beslissing genomen hadden, namen we contact op met ons begeleidingsteam – mijn zus Hayley, haar man Leigh en onze vrienden Pete en Joanna – om het met hen te bespreken. Even loyaal als altijd kwamen ze met bruikbare suggesties. Als medewerkster van Challenge Business kon Hayley vertellen met welke problemen we zouden worden geconfronteerd. Ze was erop gespitst om uit te zoeken of mijn veiligheidsrisico nog steeds door de verzekering zou worden gedekt, of de Spaanse autoriteiten noodhulp zouden bieden mocht dat nodig zijn, en tot welke hoogte de volgboten ondersteuning zouden verlenen als de *Troika Transatlantic* werd gediskwalificeerd.

Daarna volgde het officiële telefoontje aan Teresa Evans, de wedstrijdleidster, om haar van onze beslissing op de hoogte te brengen. Ik zat erover in wat het 'officiële' antwoord zou zijn en was benieuwd of ze me alleen door lieten gaan. Hun antwoord was eigenlijk overweldigend positief. Ze stonden voor honderd procent achter me. Teresa bevestigde dat we, door Andrew van de roeiboot over te laten stappen op de volgboot, uitgesloten zouden worden van de Ward Evans Atlantic Rowing Challenge. Volgens de bepalingen van het reglement is hulp van buitenaf absoluut verboden, en heeft onmiddellijke diskwalificatie tot gevolg. Daarnaast bevestigde ze echter ook dat Challenge Business me alle dekking zou geven die in haar vermogen lag, mits ik niet te ver achterop zou raken ten opzichte van de andere deelnemers. Ten slotte vertelde ze ons nog dat wij al de derde boot waren waarvan een van de bemanningsleden het niet meer zag zitten en dat nog eens twee bemanningen teruggekeerd waren naar Tenerife om opnieuw te starten.

De dagen die volgden waren druk en verliepen uitstekend. Hoewel Andrew zich zorgen maakte over mijn veiligheid, wilde hij niet dat ik mijn droom opgaf. Hij deed dan ook zijn uiterste best om de boot zo veilig mogelijk voor me te maken. De stuurinrichting moest worden verbeterd zodat ik vanuit mijn centrale roeipositie makkelijk bij de klampen kon komen. En het gewicht moest opnieuw naar de achtersteven worden gebracht om te voorkomen dat de boot slagzij zou maken.

Terwijl we aan het werk waren hadden we het erover hoe de buitenwereld tegen de situatie zou aankijken. Ik vertelde Andrew dat ik me zorgen maakte dat de mensen hem als een slechte echtgenoot zouden afschilderen omdat hij me 'in de steek had gelaten' en dat ik ervan overtuigd was dat de situatie verkeerd zou worden begrepen. Wie weet werd er gedacht dat de wedstrijd voor een breuk tussen ons had gezorgd. Of dat we zo'n knetterende ruzie hadden dat we ieder onze eigen weg waren gegaan. Wilden we ons verdedigen, dan konden we maar het beste vertellen hoe de vork werkelijk in de steel zat.

Een paar dagen voor de volgboot zou komen om Andrew op te pikken, belden we met John Searson, de soloroeier uit 1997. Hij zat vol goede adviezen over hoe we de boot het beste konden optuigen en als de altijd even behulpzame meteoroloog vertelde hij ons wat de laatste weersvoorspellingen waren. We bevonden ons bijna op dezelfde plaats op de Atlantische Oceaan als waar John had gezeten toen hij alleen verderging, en we bespraken wat de beste route zou zijn. Het had hem 59 dagen gekost om in 1997 van Tenerife naar Barbados te komen en dat was een knap stukje werk.

'Ik kan je niet zeggen dat het allemaal wel mee zal vallen en dat je het moet doen,' waarschuwde John. 'Die beslissing is echt helemaal aan jou.'

Het ging er niet om of ik de knoop al dan niet door moest

hakken, dat was al gebeurd. Zelfs een heel leger zou me nu niet meer kunnen tegenhouden. Maar ik begreep wat John wilde zeggen.

Op de dertiende dag hadden we alles wat het leven aan boord tijdens mijn solotocht veiliger en makkelijker kon maken stevig vastgemaakt, verankerd en opnieuw weggezet. Van roeien was niet veel gekomen. Het was nu afwachten.

Die veertiende dag stonden we al heel vroeg op de uitkijk of we de karakteristieke lichtgele zeilen van *Challenge Yacht 24* nog niet aan de horizon zagen verschijnen. Een oude vriend uit Devon, Jonathan Crawford, was kapitein op het jacht en ik keek ernaar uit hem weer te zien. Terwijl we wachtten, wilde ik toch graag doorroeien, ook al zou dat ons alleen nog maar verder van het zeiljacht af brengen. Ik had immers nog 2300 zeemijlen voor de boeg!

We hadden allebei een dubbel gevoel. Enerzijds waren we verdrietig, anderzijds ook opgewonden. Andrew was dolgelukkig dat hij eindelijk van de *Troika Transatlantic* af mocht en ik was opgewonden over mijn nieuwe soloavontuur. Maar allebei haatten we de gedachte om zonder de ander verder te moeten gaan. Andrew leek soms wat afwezig. Hij werd constant heen en weer geslingerd tussen zijn gevoelens en hij had het er duidelijk moeilijk mee. Zelf wist ik niet welke emotie de boventoon voerde. Was het mijn enthousiasme om aan mijn solotocht te beginnen, het verdriet om van Andrew gescheiden te worden of de opluchting omdat ik wist dat hij zich nu eindelijk veilig en prettig zou voelen? Het idee om helemaal in mijn eentje midden op de oceaan te zitten boezemde me allerminst angst in en evenmin voelde ik een bepaalde druk om te moeten slagen.

We zagen het jacht voor het eerst om een uur 's middags. Het vinden van een roeiboot op de Atlantische Oceaan is vergelijkbaar met de spreekwoordelijke speld in een hooiberg. Zelfs op een mijl afstand is het voor een jacht nog bijna onbegonnen werk om een roeiboot te vinden, omdat deze constant verstopt zit tussen de golven.

Het kostte de bemanning toen nog bijna twee uur om ons te vinden. Uiteindelijk slaagden we erin radiocontact te maken waarna Andrew en ik nog twintig minuten samen waren voor ze langszij kwamen liggen. Het was tijd om afscheid te nemen.

Andrew zat voor de kajuit te wachten. Hij had zijn spullen gepakt en was klaar om te vertrekken. 'Denk eraan,' verzekerde hij me, 'dat als het niet gaat, of als er iets gebeurt, we meteen terugkomen om je op te pikken.'

'Dat weet ik. Waarschijnlijk vind ik het verschrikkelijk om alleen te zijn en zijn we over twee dagen dan ook weer bij elkaar, maar ik moet het gewoon proberen. Als ik dat niet doe, zal ik me altijd blijven afvragen: "Stel dat ik nu toch eens..?" '

'Je blijft toch wel vastgegespt zitten, hè?'

'Ja.'

Andrew drukte me stevig tegen zich aan. 'Ik zal je missen,' zei hij met gedempte stem, en hij verborg zijn gezicht in mijn haar.

'Ik jou ook.'

We hielden elkaar vast en huilden. Andrew had het moeilijk, en dat was te zien: 'Ik wil je nu niet achterlaten.'

'Ik jou ook niet, maar het komt allemaal goed.'

Het had iets onheilspellends om toe te kijken hoe het jacht langzaam door het water onze kant uit gleed. Het was net alsof haar gele zeil steeds groter werd en het had dan ook iets weg van de vin van een reusachtige haai. Dit is dus de boosdoener die mijn man bij me weg komt halen, mijmerde ik.

Ik was eigenlijk vrij kalm. Misschien kwam dat omdat we een hele week de tijd hadden gehad om ons op dit moment voor te bereiden, of misschien had ik me wel vier jaar geleden al geestelijk voorbereid dat dit kon gebeuren. Tijdens de weekendcursussen meteorologie en navigeren op zee, had ik mezelf altijd voorgehouden: 'Goed luisteren, Debra, want mocht er iets met Andrew gebeuren, dan zul je dit zelf ook moeten kunnen.'

Ik was ervan overtuigd dat alles goed zou gaan. En het vooruitzicht om nog veel meer weken door te brengen op de oceaan waarop ik al meteen verliefd was geworden toen we Tenerife verlieten, maakte me helemaal opgewonden.

'*Troika Transatlantic, Troika Transatlantic, Troika Transatlantic*. Hier *Challenge 24, Challenge 24, Challenge 24.* Over.'

Ik herkende onmiddellijk de zachte Ierse tongval van Jonathan Crawford. Het jacht kwam vlak naast ons liggen, maar via de radio konden we elkaar beter verstaan.

Andrew antwoordde: '*Challenge 24*, hier *Troika Transatlantic*. Ga door.'

'Ha luitjes. We blazen de tender op en laten hem zakken en dan roeit een van ons naar jullie toe om je op te halen. Als je het niet erg vindt, Debra, dan hebben we graag dat je ook even aan boord komt zodat we wat veiligheidsaspecten kunnen doornemen.'

Ik had dit half verwacht, maar wilde eigenlijk de roeiboot niet verlaten om vervolgens aan boord van het jacht te klimmen. De Challenge Business had een getekende verklaring van me nodig om de aansprakelijkheid te regelen. En ik wist ook dat ze het beste met me voor hadden.

Het deed vreemd aan om aan boord te klimmen en ineens een stevige en stabiele ondergrond te voelen. Ik voelde me meteen al niet prettig en had moeite met lopen. Verlangend keek ik over mijn schouder naar de *Troika* en kon bijna niet wachten tot ik weer terug mocht. Wat was ze klein zoals ze daar helemaal alleen tussen zoveel lucht en zoveel zee ronddobberde, als een stipje in zo'n uitgestrekte leegte. Ik geloofde bijna mijn ogen niet toen ik zag hoe ze door de golven heen en weer werd geslingerd. We waren aan de beweging gewend geraakt en hadden er geen besef van gehad met hoeveel geweld dat gepaard ging totdat we het van een afstand bekeken.

Andrew en ik gingen bij Jonathan in de kombuis zitten en spraken over de problemen die Andrew had gehad. Vervolgens hadden we het erover hoe ik het in mijn eentje zou aanpakken. Ik wist het gewoonweg niet en het had geen zin om iets anders te beweren. We konden Jonathan alleen vertellen hoe onze plannen er in grote lijnen uitzagen om hem ervan te overtuigen dat het wat veiligheid betreft wel goed zat.

'Uiteraard is veiligheid nu mijn grootste prioriteit,' legde ik uit. 'Bij zwaar weer blijf ik aangelijnd zitten, net als 's nachts.'

'Die stelregel hanteren we op de boten van de Challenge ook en het is goed om daaraan vast te houden,' zei Jonathan. 'Je moet niet vergeten dat als je door een golf overboord wordt geslagen, de wind de boot sneller wegduwt dan dat je hem met zwemmen bij kunt houden.'

'Daar ben ik me terdege van bewust. Ik heb dan ook een lichtbaken en het EPIRB-positiebaken net achter het luik liggen en we hebben het reddingsvlot achteraan op het dek gelegd zodat ik er zo in kan, mocht het nodig zijn.'

Jonathan leek gerustgesteld. 'Zo te horen hebben jullie hier allemaal al zorgvuldig over nagedacht.'

'Dat hebben we inderdaad.' Ik knikte. 'We zijn ervan overtuigd dat we doen wat voor ons beiden het beste is. Ik wil echt niet beweren dat ik Barbados zal halen, maar ik wil het wel proberen.'

Jonathan glimlachte. 'Ik ben ervan overtuigd dat je het geweldig zult doen, Debs, maar lukt het niet, laat het Teresa dan weten en dan zijn we zo weer terug.'

Hij grinnikte omdat hem nog iets te binnen schoot. 'We hebben een dvd-speler aan boord, warme douches, een stereo-installatie, fatsoenlijk eten en alles wat er nog meer bij hoort. Mocht je toch beslissen ermee te stoppen, dan kom je bij ons niets te kort.' En hij grijnsde nu van oor tot oor.

'Breng me niet in verleiding, Jon!'

Ik was helemaal niet in de verleiding gebracht, maar ik was blij dat Andrew hier nu van kon gaan genieten. Ik wist dat Jonathan op hem zou letten. Het was een hele opluchting om Andrew zo ontspannen te zien. De schaduw van angst in zijn ogen was al verdwenen, en ook zijn gezicht was nu ontspannen.

Daar de *Troika* zich helemaal achter in de vloot bevond, hield dat voor het Challenge-jacht in dat ze nu met volle kracht vooruit moesten om de rest in te halen. Ze konden Andrew dan ook niet terug naar Tenerife brengen. We wisten dat hij dan toch uiteindelijk via het water Barbados zou bereiken. En dat was een hele prestatie, al zou die waarschijnlijk door Andrews criticasters over het hoofd worden gezien. Andrew kreeg te horen dat hij na een dag van rust zou worden ingezet bij het wacht lopen, en zou worden opgenomen in het team dat tijdens de wedstrijd met de veiligheid was belast. Nu zijn angst was verdwenen, keek hij er echt naar uit.

Ik voelde me op de boot niet op mijn gemak. Iets aan de manier waarop de tonnen staal zich traag door het water bewogen, maakte me misselijk. De beweging was anders. Ik moest van boord voordat ik echt ziek werd. Ik kon nauwelijks wachten om terug naar de *Troika* te gaan en ik zag dat als een bevestiging dat ik de juiste beslissing had genomen. Toen de verklaringen eenmaal waren getekend, verlangde ik ernaar om aan mijn nieuwe avontuur te beginnen.

Tijdens het afscheid van de bemanning was de sfeer aan dek luchtig en vrolijk. Andrew werd geplaagd dat het die avond zijn beurt was om te koken en hij nam de uitdaging aan. Ik omhelsde hem stevig en in mijn oor fluisterde hij: 'Succes'. Alles wat we moesten zeggen, hadden we al gezegd. Het was tijd.

Ik klom over de reling en terwijl een van de bemanningsleden de tender in bedwang hield, liet ik me erin zakken, me stevig vasthoudend aan de romp. We gooiden de trossen los en vervolgens waren we op weg terug naar mijn prachtige *Troika*. Ik keek recht vooruit. Er was nu geen weg meer terug. Mijn besluit stond vast.

Die eerste ogenblikken terug aan boord van de *Troika*, maar nu alleen, voelden goed aan. Ik stond ervan te kijken hoe weinig angst ik voelde, maar de Atlantische Oceaan was dan ook goed voor me geweest. Hoe het was als de oceaan weer een van zijn buien had, zou ik nog wel merken.

Ik was vol hoop en blaakte van zelfvertrouwen.

Andrew stond naast de mast van het Challenge-jacht en zwaaide naar me met een brede grijns op zijn gezicht. Ik lachte terug, blij dat hij veilig was. Maar toen ik hem langzaam in de verte weg zag varen, begon de twijfel toch wat aan mijn geluk te knagen. Wat als er iets verkeerd ging? Wat als er een ongeluk gebeurde of de elementen zich tegen me keerden? Misschien zag ik Andrew wel nooit meer terug.

2

Hoe het allemaal begon

De eerste keer dat ik de Henley Royal Regatta meemaakte, was in 1997, een maand nadat ik was afgestudeerd aan de De Montfort University in Bedford. Het waren lange, zonnige dagen en de glazen Pimm's waren zo mogelijk nog langer. Ik wist het toen nog niet, maar Henley '97 zou een week worden met een heel speciale betekenis voor mij.

Mijn vriendinnen Charlie en Joanna, allebei lid van de Thames Tradesmen Rowing Club, hadden voor die week een achtpersoonsboot gehuurd en hadden die afgemeerd langs de vaarroute. De hele week zou die boot als feesttent dienstdoen. Terwijl we in de buurt stonden waar de roeiboten aan moesten komen, ging plotseling Charlies telefoon.

'Het is voor jou!' zei ze, en ze gaf onmiddellijk de telefoon door. Het was mijn vader. Hij klonk erg geëmotioneerd en ik raakte meteen in paniek. Paps had al twee jaar chemotherapie en uiteraard vermoedde ik het ergste.

'Wat is er aan de hand, pap?'

'Niets,' stelde hij me snel gerust. 'Eigenlijk het tegenovergestelde. Ik heb net een telefoontje van je professor uit Bedford gekregen. Hij wilde de uitslag doorgeven. Je bent cum laude geslaagd!'

Terwijl zijn stem oversloeg van trots, vertelde mijn vader in grote lijnen wat de professor had gezegd, zei dat hij van me hield en hing weer op. Ik mocht gaan feesten.

'Ik ben cum laude geslaagd!' gilde ik naar Charlie, naar iedereen en niemand in het bijzonder. Terwijl ik maar bleef herhalen dat ik er niets van snapte, alsof ik mezelf wilde overtuigen, maakte ik het ene vreugdesprongetje na het ander.

Zo lang had ik het stempel gehad een 'sportieve en kunstzinnig aangelegde studente' te zijn met weinig academische talenten. Mijn criticasters hadden het dus duidelijk bij het verkeerde eind gehad. Dat moest gevierd worden.

De roeiploeg waarop we stonden te wachten toen ik het nieuws hoorde, had verloren en de bemanning was dringend toe aan een borrel.

In het overvolle salongedeelte van de partyboot zat ik die avond nog wat na te genieten toen een van de leden van de verliezende ploeg binnenkwam en tegenover me ging zitten. 'Liefde op het eerste gezicht' had ik altijd beschouwd als een of ander verzinseltje van een renaissancedichter uit de vijftiende eeuw, maar misschien bestond het dan toch. Al snel deed ik die overdreven romantische wilde ideeën af als een gek gevoel dat waarschijnlijk was ontstaan door de combinatie van cum laude slagen en champagne.

Wat later schoof de roeier naar mijn kant van de tafel en stelde zichzelf voor. Als ik zo terugkijk is het toch wel merkwaardig dat ik Andrew Veal uitgerekend op een boot voor het eerst heb ontmoet! Het klikte meteen, al had ik toen we met elkaar in gesprek raakten het gevoel dat ik misschien wel de juiste persoon had ontmoet, maar op het verkeerde moment. Ik was populair en was al enige tijd vrijgezel. Ik stond aan het begin van een onderwijscarrière in Devon en had allerlei plannen. Maar het belangrijkste was misschien wel dat ik thuis wilde zijn voor paps. Sinds hij te horen had gekregen dat hij aan kanker leed, was ik namelijk niet in de gelegenheid geweest veel thuis te zijn.

Toen ik hoorde dat hij kanker had, zat ik op de universiteit. Ik was bezig aan mijn tweede jaar toen ik op een middag een telefoontje kreeg van mijn tweelingzus Hayley. Ze klonk ongerust en haar stem beefde. Hayley vroeg of ik al iets van mams had gehoord. Ik zei van niet en vroeg: 'Waarover dan?'

Het was even stil.

'Het klinkt een stuk erger dan het eigenlijk is, maar... het gaat over paps. Hij heeft kanker.'

Terwijl Hayley doorging met praten en me tegelijkertijd probeerde het een en ander uit te leggen en te troosten, hoorde ik mezelf 'nee!' gillen. Ik was gewoon hysterisch en hoorde niets van wat ze zei. Mijn slapen klopten en terwijl mijn temperatuur de lucht in schoot, liepen de tranen over mijn wangen. Het kon niet waar zijn. Paps die altijd lachte, die altijd blij was, hij was een vader die alles en iedereen aankon. Hij was ook nooit ziek. Zo iemand kon toch niet doodgaan?

Hayley probeerde me te kalmeren en deed haar best me te laten inzien dat het niet altijd fataal hoefde te zijn.

'Maar wat is er dan gebeurd?' kon ik met moeite uitbrengen.

Hayley legde uit dat paps naar de huisarts was gegaan omdat hij last had van iets wat op zware indigestieaanvallen leek. De arts had hem onderzocht en had knobbeltjes in zijn nek gevoeld. Onderzoek had vervolgens aangetoond dat het ging om non-Hodgkin lymfoom, een kanker van het lymfesysteem.

Ik probeerde alle details in me op te nemen, maar kwam niet verder dan wat het gevolg zou zijn. 'Gaat hij dood?' vroeg ik.

Na een lange stilte antwoordde Hayley: 'Ik weet het niet.'

Ik was altijd een echt vaderskind geweest. Ik moest er niet aan denken dat ik zonder hem verder moest leven. We hadden samen plannen gemaakt en wilden nog zoveel samen doen. Op een dag zou ik trouwen en dan zou hij me naar het altaar begeleiden. Hij had het over later gehad, als hij op de kleinkinderen zou passen, en verheugde zich er al op dat ze met hem en mams op de *Rio Luna*, onze familieboot, zouden logeren.

De *Rio Luna* had een grote rol gespeeld in mijn eigen jeugd.

Tijdens een van hun eerste afspraakjes was hij met mams naar de film *Breakfast at Tiffany's* geweest, waarvan 'Moon River' de titelsong was. Hij zei altijd: 'Ooit hebben we zelf een boot en dan noemen we die *Moon River*.'

Paps had er een handje van zijn dromen waar te maken. Hij had een middelbare vooropleiding in kunst en houtbewerking en had verder geen titel voor zijn naam staan. Maar hij was een keiharde werker, had een visie en was creatief. Hij was een echte ondernemer en had een succesvolle zaak opgebouwd in Devon. Zoals hij van plan was geweest kocht hij een boot voor het gezin en noemde deze *Rio Luna*, Spaans voor 'Moon River'. We zijn er nooit de oceaan mee overgestoken, maar al die dagen dat ik er op zee in heb rondgedobberd hebben me een zelfvertrouwen geschonken waarvan ik op de *Troika Transatlantic* vaak profijt heb gehad. De *Troika* klonk en rook hetzelfde als de *Rio Luna* en bewoog ook op dezelfde manier en ik moest dan ook vaak denken aan al die gelukkige perioden dat ik deel uitmaakte van paps' droom.

Mijn jeugdherinneringen worden vooral gevormd door botententoonstellingen, jachthavens en tochten in het Middellandse-Zeegebied. Paps heeft mijn zus Hayley en mij liefde voor boten en voor de zee bijgebracht en al heel vroeg zwommen we als een vis. Als we ook maar even de kans hadden, zaten we in het water.

Een identieke tweelingzus is een geweldig bezit. Ze is dan ook mijn beste vriendin. We zijn samen opgegroeid en zijn altijd onafscheidelijk geweest. En onze ouders, die ook nog twee oudere zonen hadden om voor te zorgen, hadden ongetwijfeld hun handen vol aan ons.

De vier kinderen van ons gezin konden het prima met elkaar vinden. Je kunt nergens aan merken dat Simon, de oudste, en Matthew, hun eigen kinderen zijn, en dat Hayley en ik zijn geadopteerd. We hebben ons altijd enorm bevoorrecht gevoeld, opgenomen te zijn in zo'n warm gezin, en we hebben een enorm respect voor mams en paps dat ze de moed hebben gehad er nog twee bij te nemen. Ieder jaar kochten ze twee verjaardagstaarten. Een in juli om onze daadwerkelijke verjaardag te vieren, en een in december om de dag te herdenken dat de adoptiepapieren werden getekend, de dag dus dat hun gezin met twee werd uitgebreid.

Paps heeft altijd hard gewerkt om een goede opleiding voor ons te kunnen bekostigen. Hayley en ik behoorden tot de gelukkigen die naar de Stover School gingen, midden in een uitgestrekt natuurgebied aan de rand van Dartmoor. Een blik op de grote bomen rondom ons was genoeg om te weten dat dit een school voor ons was! Voor fanatieke boomklimmers en huttenbouwers als wij waren, was dit een waar paradijs. Bij de toelatingsexamens behoorden we niet tot de uitblinkers, maar we speelden al in de regionale tenniscompetitie en gelukkig zag de directrice, mevrouw Lunel, dat er meer in ons zat.

Mijn jaren op Stover School waren gelukkige jaren. Ik behoorde tot de besten als het ging om sport, kunst en muziek. Vakken waarbij het op leren aankwam daarentegen, interesseerden me minder. Ik begon van Dartmoor te houden en wandelde er graag door de heuvels. Mijn hang naar avontuur bloeide op door gebeurtenissen als de 'Tien Rotspunten' en de Duke of Edinburgh's Award Scheme. Hayley was zowel een goede student als een uitblinker in sport en muziek. Ze had iets wat ik niet had, ze wist wat ze kon. In mijn ogen had ze alles wat ze moest hebben en ik vertrouwde op haar talenten en ik aanbad haar dan ook. Ze was me in alles altijd iets voor, maar dat vond ik niet erg. Ze was gewoon in alles beter en ik wilde dat iedereen net zo tegen haar opkeek als ik, wat in de meeste gevallen ook gebeurde. Hayley werd in 1992 eerste van de school, terwijl ik eerste van mijn groep werd. Zoals altijd was ze me dus weer net iets voor.

Pas toen we achttien waren en naar verschillende universiteiten gingen – Hayley naar Lampeter in Wales en ik naar De Montfort in Bedford – en onze wegen scheidden, besefte ik dat ik mijn hele leven in Hayleys schaduw had geleefd. In het begin vond ik het verschrikkelijk om haar niet bij me in de buurt te hebben. Ik wist niet hoe ik me als een volwaardig persoon moest gedragen, want ik was immers altijd de helft van een tweeling geweest. Tijdens de introductieweek stelde ik me aan anderen voor met: 'Hallo, ik ben Debra en ik heb een tweelingzus die Hayley heet.' In Bedford was niemand die Hayley kende en ook niemand die wist dat ik als de minst slimme van de twee werd beschouwd. Ik had zo lang de tweede plaats bekleed dat ik inmiddels niet beter wist. Het was dan ook een hele openbaring voor me dat ik ineens zelf kon ontdekken hoeveel ik in mijn mars had.

Vier jaar later was ik dus cum laude geslaagd. Het betekende een keerpunt in mijn leven. Dat ik Andrew uitgerekend op die dag ontmoette, zorgde voor een extra dimensie. Ook al had ik mijn studie met succes afgerond, op Bedford heb ik me vaak ongelukkig gevoeld. Toen ik aan mijn tweede jaar bezig was en paps ziek werd, was het net of er constant een donkere wolk boven me hing. Die wolk en ik vormden geen prettig gezelschap, dus stortte ik me op mijn studie. In Henley kwam vanachter die donkere wolk dan toch eindelijk de zon tevoorschijn.

Het feit dat ik cum laude was geslaagd gaf me een zelfvertrouwen dat ik lang niet had gehad. Ook al deed ik niet anders dan glimlachen!

Er gingen een paar weken overheen voordat ik Andrew opnieuw zag. Al na een paar afspraakjes waren we tot over onze oren verliefd, al hadden we een totaal verschillende levensstijl. Ik woonde en werkte in Devon en als managementadviseur reisde hij de hele wereld rond. Onze relatie werd gekenmerkt door de factor van de liefde versterkende afwezigheid. De ene week zat Andrew voor vergaderingen in Australië, de andere week had hij gesprekken met klanten in Londen, terwijl ik door de week gymles gaf aan St. Margaret's School in Exeter en in het weekend in Dartmoor wandelingen door de heuvels begeleidde en navigatiecursussen gaf. De tijd die we samen hadden, was ons bijzonder kostbaar, ook al betekende dat vaak weekends in Dartmoor met twintig tienermeisjes in ons kielzog!

Het bleek al snel dat Andrew net als ik een echt buitenmens was en ook dol op avontuur. Tijdens mijn periode in Bedford waren mijn liefde voor expedities en mijn hang naar avontuur alleen nog maar groter geworden. De meeste weekeinden en vakanties waren besteed aan berg- en rotsbeklimmingen en wildwatertochten. En in verschillende buitensporten had ik zelfs mijn bevoegdheid als instructrice verkregen. Het leek dan ook niet meer dan normaal dat Andrew en ik op een bepaald moment samen op avontuur gingen.

We beschouwden het als een fantastische gelegenheid om

elkaar beter te leren kennen. Leef je onder extreme omstandigheden, dan is het bijna onmogelijk de diepste roerselen van je ziel te verbergen. We waren ervan overtuigd dat we door samen op overlevingstocht te gaan, elkaar beter zouden leren kennen dan op een geheel verzorgde twee weken durende reis door Europa.

Datzelfde jaar hield de Challenge Business, waarvoor mijn zus Hayley toevallig werkte, de allereerste roeiwedstrijd over de oceaan. Het was de bedoeling dat het een eenmalig gebeuren zou zijn, maar het bleek zo'n succes dat de Challenge Business besloot het nog een keer te doen. Hayley had ons al vaak over de wedstrijd verteld en het had ons meteen aangesproken. De volgende wedstrijd zou pas over vier jaar worden gehouden en daar we er toch van overtuigd waren dat we dan nog samen zouden zijn, schreven we ons in. Met Andrews achtergrond als roeier en mijn expeditie-ervaring wisten we dat we een goede kans zouden maken. We waren zo enthousiast over het concept dat we aanvankelijk niet opzagen tegen de enorme berg werk die verzet moest worden om alleen al het project van de grond te krijgen. Daar kwam bij dat het toch pas over vier jaar zou zijn. Er was dus genoeg tijd om alles te plannen en voor te bereiden.

We vertelden het aan onze ouders en onze vrienden, maar ik geloof niet dat het precies tot hen doordrong wat wij nu eigenlijk van plan waren. Mijn ouders hadden zo'n houding van 'wat leuk, schat'. Ze luisterden met een half oor, in de veronderstelling dat we ons belachelijke project toch niet zouden doorzetten. Ze sliepen er in ieder geval geen minuut minder om.

In diezelfde periode, eind 1997, trouwde Hayley met Leigh Barnard. Als kind al had ik enorm tegen Hayleys huwelijksdag opgezien, want dat betekende immers, zo dacht ik, dat Hayley van iemand anders meer hield dan van mij! Maar in werkelijkheid was dat natuurlijk niet zo. Ze ging gewoon verder met de volgende fase in haar leven. We waren niet langer tweelingzussen die alles deelden. Ze had nu iemand anders om haar leven mee te delen. Ook al was ik blij voor Hayley, toch voelde ik me af en toe ook verdrietig. Maar Leigh is een geweldige man en ik zag hoeveel geluk hij in haar leven bracht.

Andrew en Leigh begonnen elkaar nu ook goed te leren kennen. Ze ontdekten dat ze iets gemeen hadden: Ellesmere College in Shropshire. Andrews ouders hadden daar allebei lesgegeven en hij had er tussen zijn vierde en tiende op school gezeten. Jaren later had Leigh er als leraar gewerkt.

Toen een leraar van de school, Sandy Mackinnon, in juli 1998 een vossenjacht organiseerde, kregen Andrew en Leigh het te pakken. Vrijwel iedere vrije minuut die ze hadden, stroopten ze samen het platteland van Shropshire af op zoek naar aanwijzingen die hen bij de felbegeerde zilveren schaal zou brengen.

De vossenjacht was op een heel andere manier voor mij belangrijk. Ik wist inmiddels dat ik ooit mevrouw Veal zou worden. Dus leek het van levensbelang dat Leigh en Andrew een hechte vriendschap ontwikkelden. Trouw je met een helft van een tweeling, dan zit je in veel opzichten ook aan die ander vast, die ander zit als het ware bij het pakket inbegrepen!

In augustus van datzelfde jaar bezochten Andrew en ik Cornwall. Zijn familie had een speciale band met Cornwall en dan vooral met de kuststrook tussen Kynance en Mullion. Vroeger gingen ze daar ieder jaar tijdens de vakantie naartoe en zochten ze Andrews grootouders op, die daar geboren en getogen waren. Als kind hadden Andrew en zijn broer Richard urenlang spelend op de stranden van de zuidkust doorgebracht en op krabben gejaagd in de poelen tussen de rotsen. In 1988 stierf Andrews vader helaas aan kanker en tien jaar voordat wij er kwamen had Andrew de as van zijn vader meegenomen naar de kustweg om daar te verstrooien. Toen Andrew en ik die bewuste augustusdag het pad volgden en die plaats bezochten, was ik ontroerd.

Ik had Andrews vader nooit gekend, dus dichterbij dan dit zou ik nooit meer komen. En ik moest er ook aan denken hoe kwetsbaar mijn eigen vader op dat moment was.

Het was een trieste dag, maar ook een gelukkige, want op die prachtige zomermiddag, terwijl we uitkeken over een zacht schitterende, blauwgroene oceaan (die steeds weer opduikt!) vroeg Andrew me ten huwelijk.

'Wat zou je zeggen als ik je vertelde dat ik een verlovingsring in mijn zak heb zitten?' vroeg hij plagend.

Ik zei dat ik hem dan niet zou geloven. Hij had het veel te druk gehad om ook nog eens te gaan winkelen.

'Wedden?' zei hij.

Dus wedde ik om een groot glas bier dat hij geen verlovingsring in zijn zak had. Daarop knielde hij neer en haalde een blauw doosje uit zijn zak. Toen hij het opendeed weerkaatste het heldere zonlicht in de inhoud en wierp lichtstrepen op zijn gezicht. Het was de prachtigste briljanten ring met saffier die ik ooit had gezien.

Dat grote glas bier moet ik hem volgens mij trouwens nog steeds geven.

Mijn verloving met Andrew gaf me het gevoel helemaal compleet te zijn. Hij was mijn rots in de branding geworden. Met onze afzonderlijke talenten en vaardigheden vulden we elkaar uitstekend aan. Als ik het over paps' kanker had en hij zei: 'Ik begrijp het', dan wist ik dat hij het ook begreep. Hij had het al een keer met zijn eigen vader meegemaakt, had ook de dood al een keer van dichtbij gezien en was het te boven gekomen, iets waarvan ik niet wist of ik dat wel zou aankunnen. Andrew gaf me de kracht om datgene wat misschien komen zou onder ogen te zien.

Paps was dolgelukkig met onze verloving. Hij had altijd het beste voor zijn gezin gewild. Zijn hele leven had in het teken van ons geluk gestaan. Ook toen hij er eigenlijk niet meer toe in staat was, was dat zijn drijfveer om met zijn bedrijf door te gaan. Hij liet niet toe dat de kanker zijn leven zou bepalen. Ik merkte hoe opgelucht hij was dat, als hij zou sterven, Hayley en ik beiden iemand in ons leven hadden die van ons zou houden en voor ons zou zorgen. Ik wist dat dit belangrijk voor paps was. In Andrew zag hij een geestverwant.

Tegen de tijd dat we ons verloofden, had mijn vader er al bijna vier jaar chemotherapie op zitten. Hij was altijd positief als hij over zijn ziekte sprak, maar hij bekeek eigenlijk altijd alles van de zonnige kant, waar hij het ook over had. Hij bagatelliseerde het door mij nooit te vertellen hoe de behandeling er eigenlijk voorstond.

Als ik zei: 'Maar, pap, hoe gaat het nu écht?', dan antwoordde hij: 'Geweldig, schat. Ik kreeg in het ziekenhuis gerookte zalm als lunch en die smaakte werkelijk voortreffelijk.' Geen alledaagse chemotherapie dus!

Er zijn ook perioden geweest dat paps in het ziekenhuis lag en dat het duidelijk niet goed ging. Maar hij was onvermurwbaar en vond dat onze levens gewoon door moesten gaan en dat zijn situatie ons niet mocht beletten weg te gaan of onze plannen ten uitvoer te brengen. Hij vond het verschrikkelijk om in het ziekenhuis te liggen en zijn arts was er dan ook een kei in om redenen te bedenken waardoor hij na zijn behandeling even naar huis kon gaan. De arts plande de chemotherapie zelfs zo dat paps een week of twee niet hoefde te komen, zodat hij even op de *Rio Luna* kon zijn. Misschien zag hij ook wel hoezeer mijn vader opknapte van een kort verblijf op de boot.

Mijn besluit om terug naar Devon te komen om daar les te gaan geven was sterk ingegeven door mijn wens om zoveel mogelijk tijd bij hem door te brengen. De school waar ik lesgaf, lag dicht bij het ziekenhuis. Maar naarmate het jaar verstreek, besefte ik dat paps hier niet altijd even gelukkig mee was. Hij had er de fut niet meer voor om dag na dag de schijn op te houden dat alles goed met hem ging. Hij wilde niet dat iemand van ons hem zag lijden, maar dat kon hij niet altijd verbergen, vooral omdat hij mams en mij steeds om zich heen had. Door zijn verzwakte immuunsysteem had hij regelmatig luchtweginfecties die nooit helemaal weg leken te gaan. Wat voelde ik me hulpeloos als hij 's nachts urenlang lag te hoesten. Ik wist dat hij zich ervan bewust was dat ik naar hem lag te luisteren als hij het weer eens moeilijk had. We begonnen ons dan ook steeds meer zorgen om elkaar te maken. Ik begon daarom te denken aan verhuizen opdat paps en mams meer ruimte zouden krijgen.

Op dat moment leek Zuidwest-Londen de meest voor de hand liggende plaats. Ik was verloofd met Andrew, die daar woonde, en was samen met Charlie, mijn oude vriendin van de universiteit, onverwacht in een nieuwe sport op de Thames gerold: drakenbootracen. Bij deze sport nemen tweeëntwintig mensen, twintig peddelaars, een drummer en een stuurman of -vrouw, in een uitvoerig gedecoreerde kano compleet met drakenkop en -staart, het op tegen een ander team. Drakenbootracen vereist een combinatie van timing en techniek met brute kracht.

De spiergroepen die bij drakenbootraces worden gebruikt, zijn dezelfde als degene die ik door het kajakken had ontwikkeld, dus ik had het zo onder de knie. Al na een paar maanden deed ik mee aan de Britse kwalificatiewedstrijden en zette een van de snelste tijden neer. Toen ik eenmaal een plaats in de Engelse ploeg voor de Europese Kampioenschappen had bemachtigd, was het niet praktisch om voor trainingen iedere keer van Devon naar Kingston te gaan. Ik ging daarom op zoek naar een nieuwe baan in het onderwijs in de buurt van Zuidwest-Londen.

De coach van de Britse ploeg, Griff, hechtte evenveel belang aan mentale training, ofwel de kracht van de geest, als aan lichamelijke training. In het begin had ik er wat moeite mee en had niet het idee dat het voor mijn lichamelijke prestaties veel uitmaakte. Maar Griffs voortdurende aanmoediging en eindeloze 'stel je eens voor'-aantekeningenvellen begonnen hun vruchten af te werpen. 'Visualisatie' en 'mentale overhoring' begonnen tot mijn normale vocabulaire te behoren. Dat ik wel degelijk iets aan zijn lessen heb gehad, werd duidelijk tijdens mijn verblijf op de *Troika Transatlantic*.

In september 1998 nam ik deel aan de Europese Kampioenschappen en reisde Andrew met paps en mams naar Rome om naar me te komen kijken. Altijd al had ik een keer voor mijn land willen uitkomen in wat voor sport dan ook, dus voor mij was het een droom die in vervulling ging. Ik vond het geweldig om rond te lopen in het trainingspak van de Britse nationale ploeg, en dat vonden paps en mams ook. Toen ik aan het einde van de kampioenschappen het ereschavot betrad om mijn bronzen en zilveren medailles in ontvangst te nemen, had paps tranen in zijn ogen van trots. Ik had mijn ouders in jaren niet zo gelukkig gezien. Paps had pas weer een chemokuur achter de rug en zijn haren waren inmiddels weer wat aangegroeid waardoor hij er echt goed uitzag. Vlak voordat ik mijn medailles in ontvangst ging nemen, maakte ik een foto van mams, paps en Barbara, Charlies moeder. Hun lachende gezichten spraken voor zich, en de trots in paps' ogen die dag is iets wat ik dan ook nooit zal vergeten. Drie jaar later nam ik die foto mee naar zee om me eraan te herinneren hoe gelukkig hij was toen hij zag dat ik mijn dromen waarmaakte.

In september 1998 begon ik aan mijn nieuwe baan aan de Claremont Fan Court School in Esher, Surrey. Het trimester was al begonnen en door de overlap met de Europese Kampioenschappen was ik iets later. Ik had het jammer gevonden om afscheid te nemen van de St. Margaret's School in Exeter en ging daar weg met een nieuw harig vriendje dat ons later zou vergezellen op onze roeitocht over de Atlantische Oceaan. Charlotte Wood, een leerlinge van de basisschool, had me een beertje als afscheidsgeschenk gegeven. Ik noemde hem 'Woody', naar haar. Hij werd een belangrijk lid van de *Troika*-bemanning. Geen enkele boot is compleet zonder een scheepsbeer!

Ondanks de uitdaging van een nieuwe baan, en het feit dat het tijd werd om me nu eens bezig te houden met de roeitocht over de Atlantische Oceaan, kon ik niet wachten om aan de training voor de wereldkampioenschappen drakenbootracen te beginnen. Die zouden in september 1999 worden gehouden, een paar maanden na ons trouwen, een speciale gebeurtenis waarvan ik altijd had gedroomd en waarbij paps een bijzonder belangrijke rol zou spelen.

Paps sprak altijd over gebeurtenissen in de toekomst alsof er geen kanker bestond die hem belette erbij te zijn. Ik wilde dat zijn toekomst veel verder zou strekken dan die speciale dag, dus de wereldkampioenschappen waren voor mij iets wat ik hem wilde geven om naar uit te kijken als de trouwdag voorbij was. Ook wilde ik weer die trots in zijn ogen zien.

In december van dat jaar kondigde mijn vader aan dat hij met het hele gezin met Kerstmis naar Oostenrijk wilde. Dat hadden we ook gedaan toen Hayley en ik elf waren en het was een van de leukst gezinsvakanties geweest die we ooit hadden gehad. We verbleven in het schitterende vakantieoord Zell am See. Iedere dag gingen Andrew en ik samen met mijn broers en met Hayley en Leigh skiën. We hadden allemaal een ander niveau, maar dat mocht de pret niet drukken. We hadden het samen gewoon prima naar ons zin en lachten aan een stuk door, waarschijnlijk omdat we wat te lang in de bergcafeetjes bleven hangen en daar het ene na het andere glas glühwein dronken!

Aan het einde van iedere middag wipte ik na het douchen steevast nog even op de kamer van mijn ouders binnen om een aperitiefje te drinken. Paps was 's avonds altijd in een feeststemming en vermaakte ons allemaal. Hij wist hoe hij een feestje moest bouwen. Als we zo bij elkaar zaten en lachten om een spectaculaire duikeling in de sneeuw die een van ons had gemaakt of een andere vrolijke gebeurtenis, voelde ik me in- en ingelukkig.

Maar er waren ook een paar dagen dat ik al vroeg in de middag zijn kamer binnenstapte en hem enorm beroerd op bed aantrof. Vaak moest hij een hele dag rusten om voldoende energie te hebben om de avond bij het gezin door te brengen. Mams ging dan een eind wandelen zodat hij kon slapen.

Hij was echt niet in orde, maar wist het over het algemeen goed te verbergen. Naar de buitenwereld toe was hij altijd even positief, maar hij zag er moe uit en hoestte aan een stuk door. Ik begon me af te vragen wat zijn beweegredenen voor dit uitstapje waren geweest, en maakte me zorgen. Hij zou toch niet het gezin nog een laatste keer bij elkaar willen hebben voordat hij stierf? Misschien voelde hij dat zijn lichaam niet nog zo'n behandeling aankon. Misschien wisten mams en hij iets wat wij niet wisten, of zagen ze in dat hij niet veel tijd meer had. Ik durfde het niet te vragen en hield mijn zorgen voor mezelf. We hadden het allemaal zo naar ons zin dat het niet gepast leek om ernaar te vragen.

Rond nieuwjaar was ik er bijna van overtuigd dat ik het bij het verkeerde eind had gehad. De dag voor oudjaar organiseerden Hayley en ik de laatste jacht op de schat waar Andrew en Leigh het hele jaar op hadden gejaagd! Het was precies de afleiding die ik nodig had. Andrew en Leigh, die inmiddels dikke vrienden waren geworden, gedroegen zich als een stel opgewonden kinderen. Al een paar weken wisten ze dat de zilveren schaal bij een monument ergens in de buurt van Llangollen begraven lag en wachtten ze op een gelegenheid om naar Noord-Wales te rijden om hun prijs op te eisen.

Het samen opgraven van de schat was een bezegeling van wat een speciale vriendschap was geworden, want Andrew had Leigh inmiddels gevraagd of hij getuige bij ons huwelijk wilde zijn. Hayley en ik konden ons geluk niet op. Niet alleen omdat onze beide wederhelften het zo goed met elkaar konden vinden, maar ook omdat we nu niet langer meer weekeinden lang alle mogelijke kerkhoven en monumenten in Shropshire af hoefden te struinen op zoek naar aanwijzingen voor de begraven schat! Met het vinden van de schat waren we 1999 goed begonnen. Dit was een goed voorteken, vonden we. In juli hadden we ons huwelijk om naar uit te kijken, in september de medailles die we met de wereldkampioenschappen in de wacht zouden slepen, en dan nog de voorbereidingen voor de Ward Evans Atlantic Rowing Challenge. We hadden een boeiende en drukke tijd voor de boeg en we blaakten van optimisme.

Omdat ik ook moest trainen voor de nationale drakenbootrace waren de maanden voorafgaand aan ons huwelijk heel hectisch. Ik wilde graag deel uitmaken van de ploeg, maar wist dat de tijd dat ik er vanwege de bruiloft en de huwelijksreis uit lag, tegen me pleitte. Mams en paps hielpen me uitstekend met de voorbereidingen van het huwelijk en vooral mijn vaders betrokkenheid deed me veel plezier. Hoewel ik vanwege mijn trainingen niet veel weekends vrij was, ging ik als ik ook maar enigszins kon terug naar Devon.

In juni gingen we nog een weekend naar Rose Cottage, mijn ouderlijk huis, om de laatste puntjes op de i te zetten en om mijn trouwjurk te passen. Omdat Hayley en Leigh ook meekwamen, besloot paps een barbecue te houden. Wijn en bier vloeiden rijkelijk, zoals altijd als paps een feestje gaf, maar jammer genoeg kwam ook de regen met bakken tegelijk uit de hemel. Ten slotte zaten we met ons eten en drinken allemaal op elkaar gepropt in het tuinhuisje en hadden we de grootste lol. Toen het weekend er weer op zat ging ik weg, en ik kon nauwelijks wachten tot de dag van de bruiloft waarop we weer allemaal bij elkaar waren. Ik prees me gelukkig met zo'n bijzondere familie.

Het was de laatste keer dat ik paps in leven heb gezien.

Een paar dagen later was ik vroeg op school en ging naar de docentenkamer om een praatje te maken met Sam, een van mijn collega's. Ik vertelde haar dat mijn vader in het weekend iets had gezegd wat maar door mijn hoofd bleef spoken. 'Mocht er straks met mij iets gebeuren, verander je plannen dan niet.' Tijdens een gesprek had hij het tussen neus en lippen door gezegd, en was er niet verder op ingegaan. Ik vertelde Sam dat hij er volgens mij mee bedoelde dat we de bruiloft toch gewoon volgens plan moesten laten doorgaan, mocht hij onverhoopt eerder komen te overlijden. Hij zei me altijd dat ik in mijn leven mijn eigen weg moest volgen en dat ik me door niets moest laten weerhouden, dus ik wist niet helemaal zeker of hij de bruiloft had bedoeld. Alleen de manier waarop hij het had gezegd, zat me dwars. Hij had er niet echt slecht uitgezien, maar hij was er inmiddels wel een expert in geworden om de positief ingestelde, gelukkige vader uit te hangen die absoluut geen zorgen had. Ik had er geen idee van kunnen hebben hoe ziek hij was.

Toen ik vanuit de docentenkamer de hal in liep, zag ik Andrew de trap op rennen. Zijn gezicht stond uitdrukkingloos en op mijn verbaasde glimlach dat ik hem op school zag, kwam geen reactie. Hij bleef vlak voor me staan.

'Het is je vader.'

Dat was alles wat hij zei. De rest wist ik al.

Ik had het idee dat door die vier woorden mijn hele wereld in elkaar stortte, al had ik het al jaren eerder verwacht. Iedere keer als de telefoon ging, dacht ik onmiddellijk: zou dit het bericht zijn dat paps dood is? Hoezeer ik me hierop ook had voorbereid, me dit had voorgesteld of dacht dat ik me bij het idee had neergelegd, de boodschap kwam als een donderslag bij heldere hemel. Voor het eerst wist ik wat het betekende om door verdriet overmand te zijn. Daarvoor was het niet meer dan een loze kreet geweest, maar nu wist ik dat het zowel geestelijk als lichamelijk pijn deed. Het zou dan ook nog maanden duren voordat die pijn uit mijn hart verdwenen was.

'Waarom nu?' vroeg ik aan Andrew. 'Waarom had hij niet nog een paar weken kunnen wachten? Na al die tijd dacht ik dat het hem zou lukken, dat hij me aan zijn arm de kerk binnen zou leiden.'

Ik had niet in de gaten dat ik schreeuwde, dat de leerlingen langs me heen de school binnenstroomden of dat ik me hysterisch gedroeg. Ik zat gevangen in mijn eigen wereld vol pijn waar alles leek te draaien om oneerlijkheid en wreedheid. Mijn hele leven had ik ervan gedroomd dat paps me naar het altaar zou leiden en nu gebeurde dat niet.

Het had zo weinig gescheeld.

De dag dat mijn vader werd begraven was pijnlijk ironisch. Ik liep over het middenpad van de kerk, maar wel achter zijn kist. De vrienden en familieleden langs wie ik liep, zouden als ik over een paar weken trouwde opnieuw in deze kerk zitten. De bloemist die ook de bloemen voor ons huwelijk zou verzorgen, had een prachtig bloemstuk gemaakt in de vorm van de *Rio Luna*. Tijdens de dienst probeerde ik me uit alle macht op de bloemen te concentreren en te denken aan de gelukkige tijd die we met het gezin op de boot hadden doorgebracht.

Terwijl we buiten stonden toe te kijken hoe paps' kist in het graf werd neergelaten, hielden mams, Hayley en ik elkaars handen vast. Ik had een paar bloemblaadjes in mijn hand die ik van de rozenstruik had geplukt die langs de gevel van het huis klimt, en wachtte tot ik ze kon uitstrooien. Paps had het zo fijn gevonden om in Rose Cottage te wonen dat ik een stukje van het huis bij hem wilde leggen. We hadden alledrie iets bij ons dat we hem mee wilden geven. Mijn moeder legde een foto van de *Rio Luna* in het graf en Hayley een brief die ze hem had geschreven.

Ik bleef naar het koperen plaatje met paps' naam erop staren en om me ervan te overtuigen dat hij inderdaad degene in de kist was. Uiteindelijk trok Hayley me weg.

Het leek zo onwerkelijk. Het was een prachtige dag, de vogels zongen en de zon scheen. Ik was ervan overtuigd dat mijn vader daar een hand in had gehad. Hij had ons altijd verteld dat we niet bedroefd moesten zijn als hij stierf, maar dat we een feest moesten geven. Dat we met iedereen moesten toosten op zijn leven. Hij was tevreden geweest met wat hij had bereikt. Het was een tevredenheid die ik zelf ook na wilde streven.

De weken voor de bruiloft waren emotioneel bijzonder zwaar, maar ik wist wat paps van me had verlangd. Ik probeerde mijn hoofd niet te verliezen, al waren er momenten dat ik door de spanning van de hele organisatie en de tactloosheid van sommige mensen alles het liefst wilde uitstellen. Andrew was een enorme steun. Intuïtief leek hij te weten wanneer hij iets moest zeggen, me met rust moest laten of zijn arm om me heen moest slaan als ik huilde.

De nacht voor het huwelijk deed ik geen oog dicht. Ik maakte me druk over hoe de dag zou verlopen. Ik wist gewoon niet wat ik ervan moest verwachten. Ik maakte me zorgen over mijn moeder, die op zo'n belangrijke dag nu ineens alleen stond, en ik vroeg me af hoe de stemming zou zijn gezien de omstandigheden.

Ondanks mijn zorgen voelde ik me ook heel opgewonden omdat ik voortaan aan Andrews zijde verder door het leven zou gaan. Terwijl ik die nacht lag na te denken, vlogen mijn gedachten twee jaar vooruit naar de start van de Atlantic Rowing Challenge. Ik had op de film de start van de wedstrijd van 1997 gezien, dus ik kon dat beeld duidelijk voor mijn geest halen.

Ik zag ons al in ons roeibootje aan de start, vol enthousiasme om samen aan het grote avontuur te beginnen. Ik kon de zon op mijn huid bijna voelen en de oceaan ruiken. Ondanks mijn verdriet was er nog zoveel om naar uit te kijken.

Ik keek hoe Hayley naast me lag te slapen in de kamer die we altijd samen hadden gedeeld. Wat zag ze er vredig uit. Ik dacht weer aan de dag die komen zou. Ik dacht aan paps en werd vervuld met een gevoel van enorme blijdschap. Het overrompelde me bijna. Ik had het gevoel dat paps bij me was, en ik wist dat alles goed zou gaan.

De blijdschap bleef de hele dag voortduren en straalde uit op de gasten. Toch maakte ik me nog steeds zorgen om mams. Het was een moeilijke dag voor haar zonder mijn vader naast zich te hebben. Mijn broers waren geweldig. Simon begeleidde me naar het altaar en tijdens de receptie in de Stover School nam Matthew de toespraak voor zijn rekening die normaal door de vader van de bruid wordt gehouden. Het was een perfecte dag. De zon scheen en de champagne vloeide rijkelijk. Op de bruidstaart stond in het Latijn de tekst: 'In eeuwigdurende liefde, vriendschap en avontuur'. Het leek een perfecte samenvatting van onze relatie.

Het was geweldig om op onze trouwdag weer terug te zijn in de magnifieke omgeving van Stover. De grote bomen stonden er weer even prachtig bij als altijd en ik kon het niet laten nog een keer in mijn favoriete boom te klimmen om de dag te vieren. Met al die witte stof waarvan de rok van mijn bruidsjurk was gemaakt, was dat overigens nog een hele uitdaging, maar niettemin de moeite waard. En het werd prachtig vastgelegd door onze artistieke fotograaf.

In overeenstemming met de tekst op onze bruidstaart wilden we dat ons gezamenlijk avontuur vanaf de eerste dag van ons huwelijk begon. Een vertrek per heteluchtballon was daarom een perfecte start. We stegen op vanaf de lacrossevelden waarop ik in mijn jeugd zo vaak wedstrijden had gespeeld, en werden getrakteerd op een schitterend uitzicht over Dartmoor. Onder ons bevonden zich de Tors, rotsen en kronkelige valleien waar in mijn kindertijd mijn avonturen waren begonnen. Het was een lust om ze vanaf zo'n verbluffend mooi punt op onze speciale dag te aanschouwen. Terwijl we langzaam verder omhoogdreven, werden we omarmd door de stilte. Ik vroeg me af of we midden op de Atlantische Oceaan soortgelijke momenten van volledige stilte zouden meemaken. We keken naar onze gasten beneden ons die, hoe hoger we kwamen, steeds meer op mieren begonnen te lijken. Als paps daar naast mams had gestaan, zou hij naar de hemel hebben gekeken en waarschijnlijk hebben gezegd: 'Wat schitterend toch'.

3

Op naar de start

Tijdens de acht uur durende vlucht naar Afrika, waar onze huwelijksreis heenvoerde, had ik voor het eerst de gelegenheid om op mijn gemak na te denken over wat er de afgelopen twee maanden was gebeurd. De voorbereidingen voor de bruiloft waren enorm hectisch geweest en nu het allemaal achter de rug was, begon eindelijk tot mij door te dringen dat mijn vader niet meer terugkwam. Het had een speciale tijd voor Andrew en mij moeten zijn, en dat was het ook, maar ik ontdekte dat de herinneringen van mijn tijd met paps steeds meer mijn gedachten in beslag namen. Al had ik Andrew om mijn toekomst mee te delen, ik kon maar niet van me afzetten dat er voor mij en paps geen toekomst samen meer bestond, tenminste niet in het ondermaanse.

Heel wat middagen zaten Andrew en ik samen onder het genot van een koud biertje te discussiëren over wat de toekomst ons brengen zou. Wat ik nodig had was een geestelijke uitdaging om zo wat van de leegte te vullen die paps' dood had achtergelaten. Met zowel het wereldkampioenschap drakenbootracen en de Atlantic Rowing Race in het verschiet had ik op lichamelijk vlak uitdaging genoeg, maar geestelijk voelde ik me in mijn werk niet gestimuleerd.

Met twee vriendinnen had ik het er al eens over gehad om samen een internetbedrijfje te beginnen. Dus vele glazen later toen Andrews brein als management consultant genoeg gekweld was, werd het businessplan op papier gezet. Er was een beslissing genomen. Het werd tijd om in paps' voetsporen te treden en een poging als ondernemer te wagen. Ik had er toen nog geen idee van hoe veeleisend mijn bestaan zou worden. De leegte die mijn vader had achtergelaten werd dan wel langzaam gevuld, de onderliggende kwesties bleven nog steeds onaangeroerd.

Een zaak beginnen terwijl je al een fulltime baan in het onderwijs hebt, aan het trainen bent voor het wereldkampioenschap en nog moet wennen aan de nieuwe rol van echtgenote, was zeker stressvol te noemen. Ik had te veel hooi op mijn vork genomen en, perfectioniste als ik was, probeerde ik me in alles volledig te geven. Andrew was ook net in een nieuwe baan begonnen en werd daar volledig door in beslag genomen. Tijd om ons voor te bereiden voor een roeitocht over de Atlantische Oceaan hadden we niet!

Het wereldkampioenschap drakenbootracen draaide uit op een enorme persoonlijke teleurstelling. Mams, Andrew en Simon waren meegegaan als toeschouwer, maar zonder mijn vader was het gewoon niet meer hetzelfde. Ik presteerde ver beneden mijn kunnen en had moeite met concentreren. Bij de Europese Kampioenschappen was ik nog een van de snelste van de bemanning en nu zat ik bij bepaalde wedstrijden zelfs op de reservebank. Ik was boos en teleurgesteld in mezelf, want ik wist dat ik tot veel meer in staat was.

Toen we terug waren, stortte ik me op de verdere ontwikkeling van wat inmiddels The Well Hung Art Company – een kunstgalerij en adviesbureau op internet – was gaan heten. De zaak begon serieuze vormen aan te nemen en ik wist dat ik niet lang meer een fulltime baan kon aanhouden naast mijn functie als directeur. Dus in de zomer van 2000 sloeg ik een kruisje en gaf ik, gesteund door Andrew, mijn carrière in het onderwijs op en richtte me volledig op het bedrijf.

Andrew was een grote steun maar liet me wel mijn eigen fouten maken. Als consultant had hij jarenlang bedrijven geadviseerd bij het verbeteren van hun bedrijfsvoering. Hij zag vaak hoe het al dan niet beter kon met Well Hung Art, maar hij zei niets en gaf er de voorkeur aan mij mijn eigen weg te laten ontdekken. Hij was er altijd voor me, maar gaf alleen advies als ik daar specifiek om vroeg. Langzaam maar zeker groeide mijn vertrouwen in het zakendoen.

De taken die we ieder in ons werk op ons hadden genomen, vormden tot op zekere hoogte een weerspiegeling van hoe we het thuis hadden geregeld. Wellicht was het daarom voor ons beiden ook zo'n schok toen tijdens de eerste twee weken op zee de rollen werden omgedraaid. Tot dan toe was Andrew degene geweest die altijd overal de oplossingen voor had gehad. Mijn taak had er voornamelijk uit bestaan hem te steunen en bij te staan. Op zee was ik plotseling degene die voor hem de oplossingen moest bedenken en hem advies moest geven. Het gaf me een goed gevoel nu eens een keer als rots in de branding te fungeren en terug te doen wat hij de jaren ervoor allemaal voor mij had gedaan.

Andrew daalde beslist niet in mijn achting omdat de geestelijke en emotionele steun nu van mijn kant moest komen en hij die zonder tegensputteren aannam. Het feit dat hij accepteerde dat hij hulp nodig had, is op zich al een bewijs van een sterk karakter en dat is iets wat vaak over het hoofd wordt gezien. We hadden altijd gedacht dat het bij het oversteken van de Atlantische Oceaan een voordeel zou zijn dat we als man en vrouw samen een team vormden. Het was een geweldige kans elkaar beter te leren kennen en verder naar elkaar toe te groeien.

Noch wij, noch onze vrienden en kennissen hadden ooit kunnen voorspellen dat het zo zou aflopen. Ze hadden altijd gedacht dat ik degene zou zijn die het op zee moeilijk zou krijgen. Andrew had dan ook regelmatig te horen gekregen dat als hij echt van plan was de wedstrijd te winnen, hij met een man moest gaan. We hadden allebei verbaasd gestaan van de reacties die we kregen als we vertelden dat we ons als team voor de wedstrijd hadden ingeschreven. De ondoordachte opmerkingen en verbaasde blikken die we ontvingen, spraken voor zich. Dat we nog steeds in zo'n seksistische wereld leefden, was eenvoudigweg niet in ons opgekomen.

Een gesprek tijdens de Henley Royal Regatta in juli 2000 illustreerde deze algemene opvatting uitstekend. Andrew, Joanna en ik waren in de Farley Bar een oude kennis van het roeien tegen het lijf gelopen. Het gesprek draaide uit op de Atlantic Rowing Race.

'Met wie waag je de oversteek?' vroeg de kennis, die bijna twee meter lang was en zelf ook roeide.

'Met mijn vrouw,' antwoordde Andrew, terwijl hij de vragensteller, die even lang was als hij, recht in de ogen keek. Ervan uitgaande dat de 1,80 meter lange en magere Joanna Andrews vrouw was, wendde de man zich onmiddellijk tot haar en begon haar uit te horen over de wedstrijd. Ik werd genegeerd. Doordat het gesprek zich ver boven mijn 1,67 meter hoge hoofd afspeelde, voelde ik me net een klein meisje. Ik had het idee dat er ieder moment staartjes aan weerskanten van mijn hoofd konden gaan groeien en ik een lolly zou krijgen!

'Jo is mijn vrouw niet,' zei Andrew tot opluchting van Joanna, die zich inmiddels dood geneerde. 'Dit is mijn vrouw.'

Hij gebaarde trots naar mijn bescheiden postuur. De blik op het gezicht van de ander was een foto waard: het was een combinatie van absoluut ongeloof en schaamteloze afkeer. Na wat wel een eeuwigheid leek, gebaarde hij ten slotte in de richting van Joanna en zei: 'Nou, kerel, als je dan toch van plan bent met een vrouw de Atlantische Oceaan over te roeien, neem er dan ten minste een van dit formaat!'

Nu kan ik er om lachen, maar op dat moment was ik er behoorlijk pissig over. De voortdurende reacties die suggereerden dat ik niet groot genoeg, sterk genoeg of om wat voor andere reden dan ook niet de juiste persoon was om samen met Andrew aan de race deel te nemen, begonnen behoorlijk aan mijn zelfvertrouwen te knagen. Het enige wat ik kon doen, bedacht ik, was alle negatieve commentaren juist te gebruiken om mijn eigen vastberadenheid nog groter te maken. Ik zou die sceptici wel eens bewijzen dat ze het bij het verkeerde eind hadden, en hoe!

De enige uitzonderingen op de regel kwamen tijdens eerlijke discussies met goede vrienden zoals Joanna en Pete King. Ze waren onze beste vrienden geworden. We hadden elkaar op dezelfde avond, op dezelfde 'partyboot' in Henley ontmoet. Joanna Biggin werd Joanna King toen ze een paar maanden na ons trouwde, en sindsdien zijn onze levens parallel blijven lopen. Pete en Andrew hadden samen geroeid en zowel Joanna als Pete kende ons goed. Ze werden de belangrijkste figuren van onze achterban. Op een avond zaten we met Joanna en Pete te eten en we hadden het zoals wel vaker over de wedstrijd. Ik zei terloops iets over winnen en Pete antwoordde: 'Je denkt toch niet dat jullie een kans maken om te winnen?'

Ik was verbijsterd. 'En waarom dan niet?' reageerde ik.

Joanna, die meteen merkte dat Pete zo ongeveer het ergste had gezegd wat mogelijk was over mijn kansen voor de wedstrijd, keek bezorgd.

'Nou ja,' zei hij aarzelend. 'Je kunt niet verwachten dat jullie sneller gaan dan een team dat uit twee sterke mannen bestaat.'

Ik had Pete altijd beschouwd als een van de weinigen die begreep wat de kracht van ons team was. Ik was er steeds van uitgegaan dat hij vertrouwen in mijn talenten had. Hij kende zelfs de feiten: dat een team, bestaande uit man en vrouw, in 1997 derde was geworden en dat ook andere gemengde roeiploegen het goed hadden gedaan. Pete weet veel van de sportpsychologie en kent maar al te goed het effect van wilskracht als het om presteren gaat. Toch deed hij hetzelfde als al die anderen. Hij ging uit van mijn lengte om te bepalen dat ik geen partij was voor teams die uit louter mannen bestaan. Ik voelde me diep gekrenkt.

Het klopt dat als je me naast een man op een roei-ergometer zet, ik op de korte afstand absoluut geen kans maak: alleen al door mijn korte armen en benen lukt het me niet even hard te roeien. Maar daar gaat het bij deze wedstrijd ook niet om. Het is een wedstrijd over drieduizend mijl waar van alles en nog wat kan gebeuren en waarvoor om te winnen meer nodig is dan lichamelijke kracht alleen.

Na Petes opmerkingen had ik het helemaal gehad. Wanhopig probeerde ik niet te laten merken hoe ondersteboven ik was. Als mijn eigen achterban al niet geloofde dat ik kon winnen, dan deed niemand dat. Ik wist dat Pete het niet persoonlijk had bedoeld en dat hij er beslist spijt van zou hebben als hij wist hoeveel verdriet hij mij met zijn opmerkingen had aangedaan. Ik ben dol op Pete. Hij is een van mijn beste vrienden en toen hij later zijn excuses aanbood, voelde ik me dan ook verschrikkelijk. Ik had mijn gevoelens beter in bedwang moeten houden.

Mijn zelfvertrouwen had niettemin door dat gesprek een danige knauw gekregen. Ik begon me af te vragen of Andrew er misschien net zo over dacht als Pete, en of hij er misschien diep in zijn hart spijt van had om met mij te gaan; dat ook hij ervan overtuigd was dat we geen kans maakten om te winnen omdat ik te klein was. Ik vertelde Andrew wat ik op mijn hart had en hij zei me meteen waar het op stond: 'Ik zou met niemand anders willen dan met jou. We vormen het ideale team.'

Discussie gesloten.

Met nog een jaar te gaan hadden we als voorbereiding voor de wedstrijd nog weinig anders gedaan dan door middel van maandelijkse automatische afschrijvingen onze deelnamekosten betalen. We gingen naar de bijeenkomsten van de Challenge Business om de instructies te horen en we hadden nog niets voorbereid. Andere deelnemers hadden het wedstrijdreglement al bestudeerd, sponsors gevonden, en zelfs al trots foto's laten zien van hun boot. Het was duidelijk dat voor sommige teams de oversteek van de Atlantische Oceaan per roeiboot datgene was waar alles om draaide. Ze hadden weinig afleiding of gebeurtenissen meegemaakt die hun hele leven veranderden. Bij ons lag dat anders, dus we maakten ons niet druk. We waren een zaak begonnen, waren ieder in onze eigen sport voor ons land uitgekomen, waren getrouwd, hadden een huis gekocht en een ouder verloren. We hadden gewoonweg nog geen tijd gehad om ons bezig te houden met een wedstrijd die op dat moment pas over een paar jaar zou worden gehouden.

Zelfs al hadden we onze boot gebouwd, dan nog zouden we geen plaats hebben gehad om hem onder te brengen, en opslagruimte is in Londen bijna niet te betalen. Dus een jaar voor de wedstrijd stelden we een begeleidingteam samen, begonnen te brainstormen en zetten nog eens op een rijtje wat er allemaal moest gebeuren. Voor mij was het duidelijk: ik moest leren hoe ik moest roeien!

Jarenlang had ik met roeiers opgetrokken, maar ik was erin geslaagd buiten de boot te blijven. Ik rende liever met water-flessen en een tros bananen langs de kant. Ik had dan ook geen flauw idee hoe je moest roeien. Verscheidene jaren had ik me dan wel met watersporten zoals kajakken en drakenbootracen beziggehouden, maar roeien was toch duidelijk anders en ik kon er maar weinig technieken bij gebruiken. Om te beginnen kijk je een heel andere kant uit. Het duurde dan ook even voordat ik eraan gewend was om achteruit te sporten. Ook moest ik meer kracht in mijn benen zien te krijgen, daar het bij mijn vorige watersporten vooral het bovenlichaam was dat het werk deed.

Een zomercursus van een week bij de Tideway Scullers School was voldoende om dat allemaal onder de knie te krijgen. Ik was al meteen helemaal verkocht en was vastbesloten om in de kortst mogelijke tijd bij de allerbesten te horen. De meeste ochtenden was ik al om zes uur op de rivier, gefascineerd door het gevoel over het wateroppervlak te glijden. De winter naderde en de koude, heldere, stille ochtenden waren prachtig. Terwijl de zon nog aan het opkomen was, gleed ik door de vroege ochtendnevel die opsteeg vanaf het water.

Samen met Andrew roeien was een heel aparte ervaring. We hadden een tweepersoons sculler genomen om te leren hoe we in een kleine boot op elkaar moesten reageren en geloof maar dat ik heel wat had om op te reageren! Ik had Andrew nog nooit meegemaakt in een situatie waarin hij zich waar moest maken of het tegen een ander moest opnemen, en ik was dan ook verbaasd over wat ik te zien kreeg. In de boot was hij vaak uit zijn humeur en fokte hij zichzelf op door boos te worden en tegen zichzelf te schreeuwen. Dat was precies het tegenovergestelde van hoe ik ben en, in het dagelijks leven, ook van hoe hij is. Andrew is op emotioneel vlak altijd evenwichtig, dus ik schrok er dan ook een beetje van. Daar ik de enige andere aanwezige in de boot was, kon het bijna niet anders, dan dat ik de oorzaak van deze stemmingsverandering was. We hadden gelijk gehad: deze tocht zou ons inderdaad heel wat gelegenheid geven elkaar tot in het diepst van de ziel te leren kennen, en we waren nog niet eens begonnen!

Op de dag af een jaar voordat we zelf aan de start moesten verschijnen, gingen we als een symbolisch gebaar om de campagne voor onze roeitocht in gang te zetten, naar Los Gigantes op Tenerife, waar het startschot zou worden gegeven. We overtuigden onszelf ervan dat dit meer was dan een gewone vakantie: een 'verkenning' vormde een belangrijk onderdeel van onze voorbereiding op de wedstrijd. Het was inderdaad een heel nuttige trip. We observeerden de weersomstandigheden en de omstandigheden op zee, vonden accommodatie, maakten kennis met enkele mensen die er woonden en ontdekten waar de scheepsleveranciers en de supermarkten zaten. Nu we er al enigszins bekend waren, wisten we in ieder geval wat we over een jaar konden verwachten als we in Tenerife ons kamp gingen opslaan. Maar het belangrijkste was dat we razend enthousiast over de wedstrijd waren en uiterst gemotiveerd terug naar Engeland gingen om aan de voorbereidingen te beginnen.

Van een aantal mensen dat in 1997 aan de wedstrijd had deelgenomen, hadden we gehoord dat het aan de start verschijnen het moeilijkst was, en dat was het ook. De wedstrijdorganisatie, de Challenge Business, had een maximum ingesteld wat het aantal deelnemers betrof. Er was al snel geen plaats meer en er ontstond een lange wachtlijst. Maar hoe dichterbij de dag kwam dat het inschrijfgeld betaald moest zijn, hoe meer teams afhaakten. Een roeitocht over de Atlantische Oceaan voorbereiden kost enorm veel geld, dus het was van het grootste belang om een sponsor te vinden. De aanschaf van een boot en alles wat daarbij hoorde was ook belangrijk, maar we konden het een niet zonder het ander.

Het vinden van een of meer sponsors was een tijdrovende, ondankbare bezigheid. De oceaan overroeien is geen erkende sport en is voor een sponsor dus een onzekere investering. Daarnaast speelde het percentage dat de overkant haalde een rol. Vóór de eerste wedstrijd, die in 1997 werd gehouden, hadden er meer mensen een voet op de maan gezet dan er mensen met succes de Atlantische Oceaan waren overgestoken en nog niet de helft van degenen die het hadden geprobeerd, had het ook daadwerkelijk gehaald. We probeerden dat probleem aan te pakken door bedrijven de kans te bieden hun logo onder op de romp te zetten, zodat het merk nog steeds te zien zou zijn mochten we omslaan. Maar het lukte ons niet hen te overtuigen!

Het jaar 2001 vloog voorbij en de gelegenheid deed zich voor een roeiboot te huren die speciaal was gebouwd om de Atlantische Oceaan mee over te steken. Hij was spiksplinternieuw. De eigenaren konden zelf niet aan de wedstrijd deelnemen omdat de ene helft van het team geen toestemming had gekregen zijn pilotenopleiding bij de Britse luchtmacht tijdelijk te onderbreken. Normaal gesproken komen de boten in 34 platen watervast multiplex aan, dus het was op z'n zachtst gezegd handig dat we de roeiboot, zeker met nog zo weinig tijd voor de boeg en nog steeds zonder sponsor, nu niet meer in elkaar hoefden te zetten.

De boot kwam in maart aan waardoor we nog precies zes maanden de tijd hadden hem tot een oceaanwaardig vaartuig om te bouwen. Aan de rekeningen van de scheepsbouwers en toeleveranciers leek geen einde te komen, dus toen Andrew plotseling zonder werk kwam te zitten, zag onze situatie er niet bepaald rooskleurig uit. Maar we hadden ook iemand aan onze kant. Andrew ontdekte dat er vraag was naar zijn kennis en ervaring, en door brutaal te onderhandelen over een sponsorschap en drie maanden vakantie als deel van de arbeidsvoorwaarden, kregen we onverwacht toch een sponsor! Grotere adviesbureaus zouden het sponsorgeld waarschijnlijk amper hebben gemist, maar het was een klein bedrijf, Troika, waarop Andrew zijn oog had laten vallen. Hun houding ten opzichte van de balans tussen werk en leven was onweerstaanbaar. Ze bevonden zich niet in een positie om er veel geld tegenaan te gooien, maar ze zeiden dat ze zouden doen wat ze konden. Aldus was de *Troika Transatlantic* geboren en had Andrew een nieuwe baan.

Het in gereedheid brengen van de boot verliep traag. We hadden een sponsor gevonden en we waren druk aan het trainen. Het was tijd om de gaten in onze kennis te dichten. Hoewel we allebei al doodmoe waren van onze volledige banen, het botenbouwen en het trainen, brachten we de weekeinden door in het klaslokaal. We volgden cursussen als navigeren op volle zee, meteorologie, hoe om te gaan met de marifoon, overleven op zee, en nog veel meer. Ook moesten we leren hoe we apparaten zoals de watermaker moesten repareren. Dat deel van de uitrusting zou onze vitale verbindingslijn vormen – immers, zonder gezuiverd water geen wedstrijd – dus moesten we die kunnen repareren mocht er iets fout gaan.

De maanden gingen voorbij en de boot was nog lang niet klaar. De werf in Windsor, van wiens diensten we gebruikmaakten, had te veel andere roeiboten aangenomen en er was gewoon geen tijd genoeg om ze allemaal klaar te krijgen. Omdat we nog maar een paar maanden te gaan hadden, gingen we vanaf toen na afloop van ons werk meteen naar de werf om de scheepsbouwer zoveel mogelijk werk uit handen te nemen. We werkten tot laat in de nacht en gingen vaak zelfs tot vroeg in de morgen door. Alleen de vaste onderdelen en accessoires moesten worden nagelopen, maar aan die lijst leek geen eind te komen en ieder klein karweitje duurde uren.

Door de spanning die de voorbereidingen met zich meebrachten, begonnen we datgene waar het allemaal om te doen was – de roeitocht over de Atlantische Oceaan – uit het oog te verliezen. We konden niet verder kijken dan het einde van het volgende probleem met de *Troika Transatlantic* en dat was het dan. Andere teams verging het precies zo. Sommige hadden zelfs nog niet eens de romp klaar omdat ze nog geen sponsor hadden gevonden om het geheel te bekostigen. We hadden echt te doen met deze teams en met al die andere die onderweg afvielen.

In vele opzichten vormde de stress een uitstekende voorbereiding voor het leven op zee. Zo konden we alvast onder druk leren werken zonder daarbij de spanningen op elkaar af te reageren! We werkten nauw samen als een team, waarbij we onszelf doelen stelden en hindernissen overwonnen, en met de hulp van ons fantastische begeleidingsteam – Joanna en Pete King, mijn geweldige tweelingzus Hayley en haar man Leigh. Pete, die eveneens bedrijfsadviseur was, leidde onze vergaderingen met militaire precisie. Ieder van ons kreeg een lijst met taken en de dag waarop ze klaar moesten zijn, en dat toewerkend tot de grote dag – 11 september – de dag dat de *Troika Transatlantic* naar Felixtowe zou worden gebracht van waaruit ze verder per containerschip naar de Canarische Eilanden werd vervoerd. Het zou een veel belangrijker dag worden dan we ooit hadden kunnen denken. Een dag die de wereld voor altijd zou veranderen.

Nu de *Troika Transatlantic* zich in een redelijke staat bevond, gingen we er de weekeinden mee de zee op om haar uit te proberen. Joanna en Pete staken er vrijwillig hun vrije tijd in om ons daarbij te helpen, en dat maakte het voor ons allemaal een stuk makkelijker. Bijna iedere proeftocht op zee liep echter op niets uit omdat het veel te hard waaide, en dan nog vaak vanuit totaal de verkeerde hoek. Dan werden we óf op de rotsen voor de kust van Wales gespoeld óf vanaf de Engelse zuidkust de zee op gedreven. Toen we er eindelijk in slaagden met de *Troika* het beschutte gebied van Poole Harbour binnen te varen, werden we geramd door een twintig meter lang motorjacht, waardoor er aan de zijkant een plaat werd opengereten en de uitleggers werden verbogen. Het nauwkeurige schema van Pete had daar niet in voorzien!

Uit de oefentochten op zee kwam toch ook iets goeds. Toen we eindelijk bij Fishguard aan de kust van Wales afduwden en tegen Joanna en Pete 'Tot maandag,' riepen, drong het plotseling tot me door dat ik drie dagen met Andrew alleen op zee zou zitten. Ik merkte dat ook Andrew dat besefte en dat hij even opgewonden was als ik. Er was zoveel over gesproken. Iedereen had ons van alles over de wedstrijd gevraagd en al die tijd hadden we een gezamenlijke droom gehad. Het gaf een fantastisch gevoel die nu waar te maken, ook al was het maar voor een paar dagen. Reden om aan te nemen dat Andrews enthousiasme later om zou slaan in angst, was er absoluut niet.

Het leven aan boord was voor ons nieuw en spannend tegelijk. We moesten nog veel leren, wat dan ook met horten en stoten verliep. Dat gold niet zozeer voor het roeien – hoe dat moest, wisten we wel – maar voor het alledaagse leven aan boord van een kleine boot. Dus hoe we het beste konden koken, schoonmaken en naar het toilet gaan in de deining, waar ik het beste kon staan of zitten zonder de boot uit balans te brengen of Andrew te hinderen als hij aan het roeien was, welk deel van ons voedselpakket ik op welk tijdstip moest nemen en hoe ik het beste kon reageren op de wisselende buien van Andrew. Aan al deze dingen moest worden gewerkt en ik genoot van de uitdaging die dit met zich meebracht.

Vanwege de grote hoeveelheid energie die we gedurende de twaalf uur roeien per dag verbruikten, hadden we berekend dat we achtduizend calorieën per etmaal binnen moesten krijgen.

Voor iemand die aan chocolade verslaafd is, lijkt het misschien het einde om viermaal het normale aanbevolen dagelijkse rantsoen naar binnen te werken, maar voor één dag is het een afschuwelijke hoeveelheid. Behalve het speciale voedsel voor onderweg namen we ook een grote hoeveelheid tussendoortjes en andere etenswaren mee.

Om er zeker van te zijn dat we iedere dag voldoende calorieën zouden binnenkrijgen, waren Joanna, Pete, Andrew en ik vier dagen bezig geweest om een uitgekiend voedselpakket waar alles inzat samen te stellen en dat vervolgens per dag te verpakken. Andrew en ik hadden ieder ons eigen pakket. Theoretisch gezien moest dat aan het einde van de dag op zijn, maar dat gebeurde zelden. Zelfs tijdens onze trainingsweekends aten we nog geen derde ervan op.

Nadat we op 10 september de hele nacht op de werf hadden doorgewerkt, was de *Troika Transatlantic* nog niet klaar. Maar we hadden geen tijd meer. Mijn vriend en zakenpartner, Andrew 'Ferg' Fergusson, had geregeld dat de boot naar Felixtowe zou worden gesleept, van waaruit ze verder naar Spanje werd vervoerd. Onderweg ging het drie keer mis, waardoor we de traditie hooghielden dat nu eenmaal niets met de *Troika Transatlantic* soepel verliep. Maar alle spanning van die dag stelde ineens niets meer voor na een telefoontje van Fergs vriendin, die ons vertelde dat twee vliegtuigen zich in de Twin Towers van New York hadden geboord. Op de radio werd het ergste bevestigd. Somber reden we terug en luisterden naar de nieuwsberichten. Alles kwam zo ineens in een ander perspectief te staan.

Een 'dagpakket' kon er bijvoorbeeld zo uitzien:

Ontbijt:	In folie verpakt spek met bonen, warme chocolademelk met een Frosties-granen-reep, pitabrood met jam.
Elfuurtje:	SIS Go (kracht)reep, thee of koffie.
Lunch:	Pasta met saus, in folie verpakte pudding.
Vieruurtje:	Gemengde vruchten met noten, granenreep.
Avondeten:	Chips, in folie verpakte maaltijd (bijvoorbeeld stoofvlees met knoedels), in folie verpakte chocoladepudding met chocoladesaus, warme drank.
Tussendoortje voor de avond:	Noedels, Cup-a-Soup, chocoladereep.
Tussendoortje voor de nacht:	Warme chocolademelk, zandkoekje, Jaffa-cakes, Go (kracht)reep.
Extra tussendoortjes:	Koekjes, gedroogde abrikozen, mango's en pruimen.
Drank:	Vijf liter Science In Sport PSP22 koolhydraatrijke energiedrank en drie liter water.

Nadat de boot weg was, ontstond er een vreemd soort stilte voor de storm. En totdat we in Tenerife waren, konden we daar niets aan veranderen. Dus hielden we ons nu bezig met het ordenen van ons leven en bereidden ons voor op een periode van ten minste twee maanden waarin we geen contact zouden hebben met familie, vrienden en collega's. We gaven Joanna en Pete, die slechts een paar kilometer van ons vandaan woonden, onze bankbescheiden en de sleutels van ons huis, waardoor ze in zekere zin verantwoordelijk waren voor ons leven. Er is een speciale vriendschapsband voor nodig om mensen in die mate te kunnen vertrouwen, en die is er dan ook.

Mijn belangrijkste taak was het overdragen van mijn functie als directeur van The Well Hung Art Company aan Lizzie Baird, die tijdens mijn afwezigheid op mijn 'kindje' mocht passen. Hoewel ik haar al een paar maanden had ingewerkt, was de week voor de uiteindelijke overdracht toch nog spannend. Ik was met niets begonnen en had de zaak in twee jaar opgebouwd tot wat die nu was. Vrije tijd had ik amper gehad omdat het bij een beginnend bedrijf nu eenmaal hard werken is. Het viel me dan ook zwaar de zaak nu voor een onbekend aantal maanden achter te moeten laten.

Nadat de *Troika* ons vooruit was gegaan naar Tenerife, probeerden we zoveel mogelijk bezoekjes in te lassen aan vrienden en familie. De voorgaande drie maanden hadden we zo hard aan de boot gewerkt, dat we nauwelijks tijd met hen hadden doorgebracht. Iedere keer dat we van iemand afscheid namen, vroeg ik me af of we hem of haar nog zouden terugzien. Niet omdat ik zo melodramatisch was aangelegd, maar gewoon omdat we de elementen niet in de hand hadden en ik wist dat er van alles kon gebeuren. In het vliegtuig op weg naar Tenerife schreef ik op vrijdag 21 september dan ook in mijn dagboek:

```
Terwijl ik hier mijn aantekeningen over de
terugkerende tropische stormen (orkanen) zit
na te lezen, kan ik amper mijn opwinding on-
derdrukken. Op mijn mp3-speler luister ik
```

naar 'Chilled Ibiza' en zit op mijn stoel te swingen terwijl iedereen om me heen probeert te slapen. Ik kan nauwelijks geloven dat het eindelijk zover is. Ik ben er klaar voor.

De laatste twee maanden waren ongelofelijk druk geweest. We zaten er geestelijk, lichamelijk en emotioneel volkomen doorheen. Ik had me nooit voor kunnen stellen dat het zo'n zware klus zou zijn om aan de start te verschijnen. We hadden het breekpunt bijna bereikt toen we een paar dagen voor de vlucht een rekening van ruim £ 24.000 ontvingen van de scheepsbouwer. Dat was vele duizenden meer dan waarop we hadden gerekend. Net nu we op het punt stonden het land voor twee maanden of langer te verlaten, wisten we niet waar we dat geld zo snel vandaan moesten toveren. Tijdens een speciale afscheidsborrel riep de Troika-directie ons even apart en vertelde ons dat ze zo trots waren op wat we gingen doen, dat ze niet wilden dat we ons zorgen maakten om het geld voordat we zelfs waren gestart. Ze gaven ons daarom de toezegging ons datgene te lenen wat we nodig hadden. Met zoveel steun kon het volgens ons niet meer fout gaan.

Ik was van plan geweest om, als we eenmaal op Tenerife waren gearriveerd, even vrijaf te nemen om in alle rust over de zee te kunnen kijken. Ik wilde me kunnen concentreren, mijn waarnemingtechnieken oefenen en mentaal alles nog eens op een rijtje zetten zodat ik in alle opzichten goed was voorbereid op de weken die komen zouden. Maar nee dus.

Samen met nog een paar andere teams waren we aan het wachten op de scheepsbouwer uit Engeland, die nog een paar kleine karweitjes moest afmaken en die met het vliegtuig naar Tenerife zou komen. Vanwege de enorme hoeveelheid werk die hij nog had, kwam de man vervelend genoeg pas een week later. Inmiddels hadden we echter besloten het zelf maar af te maken en niet meer op een ander te vertrouwen. Wat de boot betrof was dat een van de beste beslissingen die we hebben genomen. Het opende deuren en we maakten daardoor kennis met een groot aantal van de vierendertig andere deelnemende teams afkomstig uit dertien verschillende landen. Aan iedere boot moest nog wel iets worden gedaan. Sommige waren zelfs nog maar voor de helft klaar! De deelnemers leenden elkaar constant gereedschap en tubes Sikkaflex, en de onderlinge kameraadschap groeide dan ook met de dag.

Toch waren niet alle teams even vriendelijk. Als het enige gemengde team in de race werden we niet als een bedreiging beschouwd voor de machoteams en een paar deelnemers negeerden me zelfs volkomen. De arrogantie van sommige ploegen was verbijsterend, maar misschien lag dat ook aan het hoge testosterongehalte van de wedstrijd!

Onderweg naar een winkel voor scheepsbenodigdheden had ik het er een keer met Simon Walpole over. Simon kwam van Guernsey en de boot waarmee hij deelnam heette *UniS Voyager*. Vergeleken bij die twee meter en nog wat lange roeiers viel hij helemaal in het niet. Simon is niet echt groot en heeft een tenger postuur. Maar daarbij is hij ook onvermoeibaar en beschikt hij over een uithoudingsvermogen waar je u tegen zegt. Wie op zijn uiterlijk afgaat, zou dan ook wel eens bedrogen kunnen uitkomen. Hij had het idee dat bepaalde deelnemers op dezelfde manier tegen hem aankeken als tegen mij. We waren al een tijd serieus met elkaar aan het praten toen hij eindelijk toegaf: 'Debra, de reden dat de andere deelnemers je niet serieus nemen, is dat je er niet manwijfachtig genoeg uitziet om een bedreiging te vormen. Je ziet er, eerlijk gezegd, gewoon te goed en te vrouwelijk uit.' Ik kon Simons openhartigheid best waarderen en in mijn hart wist ik dat hij waarschijnlijk gelijk had. Misschien had ik zelfs die beeldvorming zelf wel in de hand gewerkt omdat ik niet inzag waarom ik me anders zou moeten voordoen. Je kunt toch zeker wel vrouwelijk zijn, dacht ik, en toch de Atlantische Oceaan overroeien! Het waren trouwens niet alleen de mannen. Een jonge vrouw vroeg me of ik ook nog ging roeien of dat ik meeging om te koken en schoon te maken!

Vier dagen voor de start hadden we dan eindelijk de boot in het water liggen en roeiden we de zee op, met de bedoeling de watermaker te testen. Op het moment dat Andrew het inlaat-ventiel wilde openen, hield hij hem al in zijn handen waardoor er in het midden van de boot een fonteintje ontstond.

'Omdraaien en terug naar de haven!' zei Andrew. 'Opschieten!'

Hij had het met zoveel drang gezegd, dat ik niet wist hoe snel ik de riemen door het water moest trekken. Terwijl Andrew met zijn duim de toevloed wilde stoppen, kwam het water door het gat in de bodem naar binnen.

'Het is misschien niet onverstandig om ook nog een paar kurken op het boodschappenlijstje te zetten,' zei ik.

Mijn slecht getimede grap werd niet goed ontvangen.

Het was niet de eerste hobbel in de wedstrijd en het zou beslist ook niet de laatste zijn.

En ja hoor, de dag erop kondigde het volgende probleem zich al aan. We waren van plan geweest een laptop mee te nemen zodat we via de satelliettelefoon e-mails konden versturen. Op die manier, zo had ik bedacht, kon ik toch nog in contact blijven met de andere directieleden van The Well Hung Art Company. Ook hadden we via e-mail dagboeknotities aan ons begeleidingsteam willen sturen om zo vrienden, familie en sponsors van onze verrichtingen op de hoogte te houden, en tevens onze eigen website actueel te houden. In een poging de laptop aan te sluiten op de satelliettelefoon ontdekten we dat ze niet compatibel waren. Toen we probeerden het probleem op te lossen, begaf de laptop het totaal.

De enige mogelijkheid was nu de e-mailberichten en dagboekaantekeningen aan de telefoon voor te lezen zodat ons begeleidingsteam alles verder kon verwerken. Opnieuw bleek de donkere wolk een zilveren randje te hebben, want op die manier had ik meteen een excuus (ondanks de hoge telefoonkosten) vaker met het begeleidingsteam te bellen en was ik gedwongen mijn ideeën om ondanks mijn verblijf op zee toch leiding aan mijn bedrijf te blijven geven, te laten varen. Geen laptop betekende immers geen e-mail, dus ook geen werk!

De dag voor we van start gingen, verzamelden vrienden en familie zich met flessen champagne op ons balkon. Om de een of andere reden kon ik het niet aanzien. Terwijl ik onze tassen inpakte, deed ik net of ik nog een paar dingen in orde moest maken. Ik wilde niemand beledigen, dus bleef ik wat uit de buurt totdat het tijd was om met z'n allen naar het restaurant te gaan voor ons 'laatste avondmaal'.

De sfeer aan tafel was ontspannen en ongedwongen, maar dat ging min of meer langs me heen. Het was voorlopig de laatste keer dat ik vers voedsel zou krijgen, dus ik liet me iedere groente die op tafel stond goed smaken. Tot hilariteit van iedereen demonstreerde Pete hoe je een vis moest doden en fileren, waarbij hij zijn opgerolde servet als vis gebruikte. Dat ik de zaterdagse kerrieschotels bij Joanna en Pete zou missen, wist ik nu al.

Toen we voor het appartementengebouw stonden, brak plotseling het moment aan dat we afscheid moesten nemen van mijn moeder en mijn broers. Andrew en ik moesten de volgende ochtend al vroeg aan boord van de *Troika* zijn. Vanwege de moeilijke verbinding tussen Los Gigantes, waar wij allemaal verbleven, en Playa San Juan, waar de *Troika* lag afgemeerd, zouden we de volgende ochtend zo goed als zeker geen tijd hebben om afscheid te nemen. Mams omhelsde me en zei: 'Tot ziens, lieverd. Kijk goed uit, dan zie ik je weer terug in Barbados.' Ik had ook niet verwacht dat ze meer zou zeggen. Wat moet je trouwens tegen je dochter zeggen als ze op het punt staat de oceaan over te roeien en daarvoor 3000 zeemijl af moet leggen? Mijn moeder geloofde in me en was ervan overtuigd dat het me zou lukken. Ook de jongens waren opgewekt, maar ik wist dat Matthew meer zou willen zeggen. We hadden het er eerder over gehad dat er binnen ons gezin niet snel in woorden (maar wel in daden) werd uitgedrukt hoeveel we om elkaar gaven en ik wist dat Matt daarin verandering wilde brengen.

Toen we van iedereen afscheid hadden genomen, toonde ik nog steeds geen enkele emotie. Ik was niet blij, maar ook niet verdrietig, niet zenuwachtig, maar ook weer niet kalm. Ik had gewoon het idee dat de wereld aan me voorbijging. Ik kon er met mijn pet niet bij, want ik wist maar al te goed dat als er iets mis zou gaan, ik misschien mijn familie nooit meer zou terugzien. Terugkijkend besef ik dat alleen al het aan de start verschijnen me lichamelijk en emotioneel had uitgeput. Het was tijd om aan de slag te gaan.

Die avond lukte het niet goed om de slaap te vatten. Het is een bekend gegeven, je moet ergens vroeg voor op dus de hele nacht door kijk je op je wekker om te zien of je je niet verslapen hebt, of hoe lang je nog kunt blijven liggen. Die nacht was het bij mij niet anders. Om vijf uur 's morgens gaf ik het op en ging uitgebreid onder de douche staan in de wetenschap dat het voorlopig de laatste keer zou zijn. Ik had er geen idee van hoe lang het zou duren voor ik weer een douche zou kunnen nemen.

Terwijl ik het op het balkon ochtend zag worden, dacht ik aan al die ansichtkaarten die ik had meegenomen om de andere teams succes te wensen. Ik had geen gelegenheid gehad ze te schrijven en nu was het te laat. Ik was boos op mezelf, want ik was nog wel zo van plan geweest ze te versturen. Of ze er nu wel of niet in slaagden het water over te steken, ik wist hoe zwaar het voor iedere deelnemer van elk team was geweest om deze dag te halen. Of ze nu als eerste of laatste binnenkwamen, ze stonden allemaal op het punt iets buitengewoons te presteren.

Toen Joanna, Pete, Hayley en Leigh kwamen, voelde ik me ongelofelijk kalm en toonde geen enkele emotie. Joanna's bovenlip trilde al en nog voor we het balkon hadden verlaten, was ze al een keer in een hevige huilbui losgebarsten. In mijn familie waren ze' er al redelijk aan gewend dat ik wegging om vreemde dingen te doen, maar voor Joanna was het nieuw. Mijn gebrek aan emotie betekende niet dat het me niets kon schelen, maar ik voelde me wel opgelaten. Andrew leek eveneens ontspannen. Maar dat was eigenlijk niet anders dan anders.

Toen we in Playa San Juan aankwamen, waar de roeiboten lagen aangemeerd, stond ik ervan te kijken hoe weinig deelnemers er pas waren. Nog steeds half verdoofd bleef ik bij Joanna staan, die nog steeds aan het huilen was. Langzaam maar zeker arriveerden ook de andere teams en niemand leek haast te hebben.

Na nog een keer afscheid te hebben genomen, sprong ik in een tender die klaarlag om me naar de *Troika Transatlantic* te brengen waar Andrew, die alles voor de laatste keer aan het controleren was, al op me wachtte. Terwijl we zigzaggend langs de vissersboten gingen, zag ik de *New Zealand Telecom Challenge 25*. Het was het enige team dat uit vrouwen bestond en ze waren bovendien de enige andere vrouwen in het zeventig koppen tellende deelnemersveld. Ik had echt respect voor hen allebei.

'Steph! Jude!' riep ik. 'Tot in Barbados!' Ze zwaaiden en riepen terug. Ze leken in alle opzichten geknipt voor de race: lang, sterk, atletisch en goed gedisciplineerd. Ik wist dat ze het goed zouden doen. Tegen verschillende ploegen had ik 'tot in Barbados' gezegd, maar de kans dat dat echt zou gebeuren was bijzonder klein. Ik was ervan overtuigd dat wij in de toptien zouden zitten, misschien zelfs in de topvijf, en dat we dan ook allang weg zouden zijn voordat de teams die achter in de vloot zaten, arriveerden. Ironisch genoeg zwoer ik dat ik zou proberen aan de kade te staan om iedere ploeg in Barbados te verwelkomen, zo lang we daar zouden zijn.

Even later zaten Andrew en ik in de *Troika Transatlantic* klaar om te vertrekken. Op dat moment hadden we lang gewacht. Ik zat op mijn roeibank en keek naar Andrew die achter op de boot naar mij stond te kijken. 'Zo, daar zitten we dan,' zei hij terwijl we naar elkaar grijnsden. We waren net twee opgewonden kinderen op kerstochtend, niet zozeer omdat de adrenaline al door ons lijf werd gepompt bij het idee de strijd met de andere deelnemers aan te gaan, maar omdat we het toch maar hadden gepresteerd om aan de start te verschijnen.

We waren bovendien uitgeput en wilden de zee op zodat we eindelijk wat rust zouden krijgen! Maar we waren ook van plan het beste te maken van het avontuur en eruit te halen wat erin zat. Bovenal keek ik ernaar uit om vierentwintig uur per dag bij Andrew te zijn. Terwijl ik naar hem keek, werd ik overmand door mijn gevoelens voor hem. Hij stond helemaal te stralen.

Het was schitterend weer toen we de haven uit roeiden. We

wilden even tot rust komen en wat gaan liggen, en zonderden ons daarom een tijdje af van de andere boten. De stralende zon weerkaatste op het wateroppervlak, waardoor het net leek of je erdoorheen kon kijken. Er was geen rimpeling, alleen een grote, rollende deining die werd veroorzaakt door een stevige bries. Toen we ons weer bij de anderen voegden, heerste er een opgewonden sfeer. Tim en Jonathan (ofwel Jo) in de *Keltec Challenger* roeiden ons voorbij, allebei gehuld in een met lovertjes versierd bikinitopje gemaakt van de Engelse vlag. Waarlijk een 'top'prestatie. Het deed me goed dat iemand iets leuks deed. Iedere ploeg leek opgewonden en opgelucht nu ze na al dat harde werken eindelijk op weg konden.

De veerboot met supporters verliet de kade om ons allen uitgeleide te doen. De Troika-aanhang zag er fantastisch uit en overtrof alle andere supporters (al ben ik misschien wat bevooroordeeld). Met hun Troika-blauwe topjes en zwaaiend met Troika-blauwe ballonnen haalde je hen er zo uit. Hayley speelde 'Row, row, row your boat' op haar trompet en de anderen zongen mee, terwijl ze borden in de lucht staken met daarop de tekst: 'Troika, *row your boat*'.

Wat was ik trots op hen. Dankzij hen waren we immers aan de start verschenen, en na al hun harde werken en opofferingen voor ons verdienden ze het dan ook een leuke dag te hebben.

De start was een denkbeeldige lijn tussen de *Challenge Yacht 24* en de havenmuur. We slaagden erin met de *Troika* een uitstekende positie te krijgen vlak naast het jacht. Ineens moest ik denken aan toen ik een tijdje geleden met Sir Chay Blyth in een bar zat en hij me vertelde hoe verbaasd hij was geweest toen hij zag hoe de roeiers in 1997 elkaar verdrongen voor een goede startpositie. Hij vond dit komisch, te meer omdat ze nog zo'n drieduizend zeemijl voor de boeg hadden. Na deze race vertelt hij weer hetzelfde verhaal in de bar, dacht ik, want in 2001 ging het precies zo.

Over een paar minuten zou het startschot worden gelost en nu al was duidelijk welke ploegen ervoor hadden gekozen om de rechtstreekse route naar Barbados te nemen, en welke naar

Rechts: Drie jaar oud. Zou het zo allemaal begonnen zijn?

Onder: Ons gezin: Matt, Simon, paps, mams, Hayley, ik en de hond Harvey.

Boven: Dankzij mijn eerdere avonturen heb ik me leren behelpen. Vandaar dat ik me ook zo snel kon aanpassen aan het leven op de *Troika Transatlantic*.

Onder: Europese kampioenschappen in Rome met het Britse drakenbootteam (ik ben nummer 14)

Boven: 17 juli 1999 onze speciale dag.

Boven: Andrew werd helemaal gek van mijn geschilder, geschilder en geschilder. Ik wilde dat de *Troika* er tip-top uitzag!

Onder: 7 oktober 2001. Eindelijk was het zover en kon de wedstrijd beginnen. Hier liggen we klaar voor de start.

Boven: De beste begeleiders ter wereld. Van links naar rechts: Pete, Leigh, Hayley, Chris, Simon en Joanna.

Onder: Alleen maar vol enthousiasme over mijn solo-avontuur.

Boven: 20 oktober 2001. Na Andrews overstap was duidelijk te zien hoe opgelucht hij was.

Onder: Regelmatig kwamen er walvissen op bezoek.

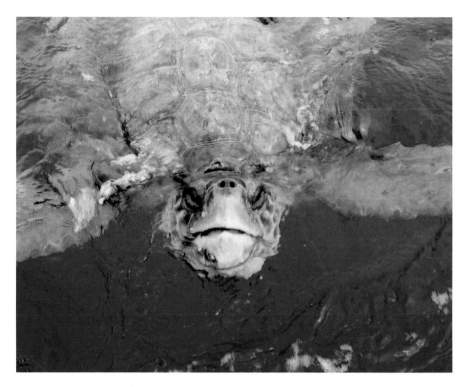

Boven: Mijn vriend Barney de zeeschildpad.

Onder: Om wat uit te rusten bleef 'Zompie' een paar dagen op de *Troika Transatlantic*. Voor mij betekende het wat afleiding.

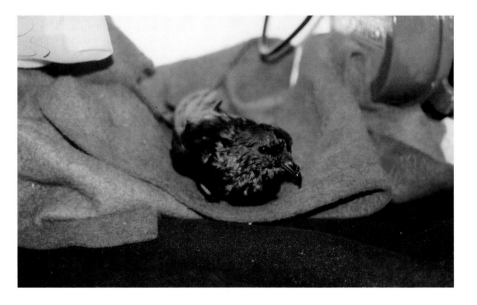

Rechts: Iedere keer vormde de zonsopkomst en zonsondergang weer een schitterend schouwspel.

Links: Kerstmis op zee met Woody.

het zuiden gingen om te proberen de krachtige passaatwinden op te pikken. Amper een halfuur later had de vloot zich al zo verspreid dat we de andere ploegen nauwelijks meer zagen. Pas toen Chay en de andere directieleden van Ward Evans, die de wedstrijd sponsorde, naar ons toe voeren, wisten we wat onze positie was. Springend op de boeg maakte Chay wilde gebaren richting Barbados en riep: 'Jullie zijn vierde!' Hij had ons team altijd erg aangemoedigd. Voor een deel kwam dat door zijn vriendschap met Hayley, die vijf jaar voor hem had gewerkt. Ik wist niet of ik die 'vierde plaats' serieus moest nemen, maar Chays gespring overtuigde me wel!

Terwijl we verder roeiden, had ik er een goed gevoel over, al was ik niet echt verbaasd dat we al zo snel een koppositie innamen. Ik was er altijd van overtuigd geweest dat we een behoorlijke snelheid met de boot konden halen, al hadden we nog wel een heel eind voor de boeg. Ik hoopte dan ook dat we dat zo konden volhouden. Terwijl ik in de verte twee grienden boven het wateroppervlak zag opduiken, kwam er een gevoel van tevredenheid over me. Ik zag de twee als een goed voorteken voor alle geweldige ervaringen die we onderweg zeker zouden opdoen.

Ten slotte keerden ook de boten van de supporters en zetten koers naar de haven. Eindelijk waren Andrew en ik alleen, samen. Op dat moment wist ik nog niet dat het niet lang zou duren voordat ik een andere boot zou zien omdraaien en wegvaren, maar dan met Andrew aan boord.

Dan zou ik helemaal alleen zijn.

4

Gebruinde teentjes

'Terwijl je bezig bent de Atlantische Oceaan over te roei-
en en je kijkt naar je gebruinde teentjes, vraag jezelf dan
eens af: "Is dit nu voor mij het toppunt van geluk?"'
Sir Chay Blyth

Vrijwel meteen nadat Andrew de boot had verlaten, stelde ik
mezelf Chays vraag opnieuw. Ik had er vaak over nagedacht,
maar op dat moment moest ik het antwoord weten: 'Is dit nu
voor mij het toppunt van geluk?' Ik bekeek mijn buitengewoon gebruinde teentjes eens goed, en de tranen sprongen in
mijn ogen, want het antwoord was een onmiskenbaar 'Ja!'

Terwijl Andrew van me wegvoer, wist ik met mezelf geen
raad, dus deed ik wat ik altijd doe en dat is Hayley bellen. Ons
gesprek verliep niet anders dan tijdens onze kinder- en tiener-
tijd: zoals altijd mocht Hayley, de (tien minuten) oudere en
wijzere zus, haar 'kleine' zus weer eens geruststellen.

'Haley, met mij.'

'Hé, kleintje. Is de boot er al?'

'Ja, en hij is weer weg ook. Ik sta nou te kijken hoe Andrew
wegvaart.'

'Waarom hang je dan met mij aan de telefoon? Je zou minstens kunnen wachten totdat hij helemaal weg is!'

'Ik wist met mezelf geen raad.'

'Gaat het een beetje met je?'

'Prima. Om eerlijk te zijn zie ik het weer helemaal zitten.
Het is spannend!'

'Mooi zo. Dan zou ik nu maar eens gaan roeien.'

'Oké.'

'Bel me straks maar weer, als het al donker is, en je bang wordt.'

'Bedankt, Hayley-Bailey.'

Bij twijfel, bel dan een zus. Bij voorkeur een tweelingzus.

Ik pakte de riemen. Die eerste paar slagen in mijn eentje voelden goed aan. Over mijn schouder keek ik steeds naar de boot waarop Andrew zat totdat er niet meer overbleef dan een klein zeil in de verte. Toen hij eindelijk aan de horizon verdween, zei ik tegen mezelf: 'Zo, daar zit ik dan, helemaal alleen in een roeibootje op de Atlantische Oceaan.'

Ik wist dat de eerste dag in m'n eentje wel zou gaan, maar ik wist niet hoe ik het er 's nachts zou afbrengen. Ik ben nogal bang in het donker, dus ik ging er dan ook van uit dat de eerste nacht een hele bezoeking zou zijn. Mijn hart sloeg echter beduidend minder over dan ik had verwacht. Ik had het idee dat ik de hele wereld aankon en hoopte dat dat de nachten die volgden, zo zou blijven. Dat ik me zo voelde, was grotendeels te danken aan dagenlange visualisatie en mentale training. Uur na uur had ik mezelf toegesproken dat ik in m'n eentje sterk en onoverwinnelijk zou zijn en dit wierp zijn vruchten af. De vaardigheden die ik had geleerd bij het Britse drakenbootteam bleken erg nuttig. Onze coach, Griff, had ons geleerd hoe we in een andere huid moesten kruipen om zo een positieve mentale gesteldheid op te wekken. Hij moedigde ons dan aan om pseudoniemen aan te nemen zoals 'Krijgshaftige Prinses' om zo gevoelens op te roepen van kracht en ons te bevrijden van zwakkere, alledaagse kwalificaties. Van 'Debra de roeister' werd ik dus 'Debra, Strijdster tegen de Golven'!

De volgende ochtend werkte Leigh de website bij en vertelde aan iedereen dat ik alleen was verdergegaan. Ook legde hij uit dat ik sms'jes kon ontvangen op mijn satelliettelefoon, waarna hij de mensen opriep me wat bemoedigende woorden te sturen. De reactie was enorm. Honderden mensen stuurden bemoedigende berichtjes:

✉

Debs, ik kan niet zeggen hoe trots ik op je ben dat je helemaal alleen die grote oceaan oversteekt. Liefs, SIMON

✉

Lieve Debs, wat goed van je. Ik kreeg er tranen van in mijn ogen. Wat moet het een moeilijke beslissing voor A en jou zijn geweest. Denk veel aan je. Je kunt het. Veel liefs van ons allen. Pip

✉

Ha die Debs, heb het net gehoord over Andrew – was ook blij te horen dat je er nog steeds voor gaat – Goed zo, meid! Het allerbeste, Martin Ward

✉

Ga zo door meisje! Mijn pet af, hoor. Ben gisteren vanuit de States teruggevlogen en moest er ineens aan denken dat jij daar ergens beneden in het donker zat. Liz (TwRC)

Wat later op de dag had ik mijn moeder voor het eerst aan de telefoon. Ze was verbaasd iets van me te horen en iedere keer opnieuw zei ze dan ook weer 'Ik hou van je', 'Ik ben zo trots op je' en 'Wat ben je toch slim'. Mams voelt zich nooit op haar gemak aan de telefoon, dus haar woorden betekenden extra veel voor me. Het was een opluchting te horen dat ze vertrouwen in mijn kunnen had en dat ze zich niet te veel zorgen maakte. Ik kreeg ook mijn eerste telefoontje van een andere boot die aan de wedstrijd deelnam. Simon van de *UniS Voyager* en zijn Hongaarse partner belden om te kijken of ik het wel in mijn eentje redde. Ik was er gewoon ontroerd door.

Pas toen mijn avontuur erop zat en ik bezig was aan mijn terugreis naar Engeland, las ik Andrews reactie op wat er was gebeurd:

Andrews dagboeknotitie

Aan de ene kant is het net of je wakker wordt uit een verschrikkelijke nachtmerrie. Als je lichaam de nawerking nog voelt, maar je weet dat het gevaar is geweken.

Aan de andere kant gaat de nachtmerrie gewoon door. Drieënhalf jaar hard werken en dan kan ik het niet. Ik weet nog steeds niet hoe ik mijn gevoel onder woorden moet brengen. Natuurlijk ben ik teleurgesteld. Het enige positieve waar ik aan vast moet houden is dat in tegenstelling tot de andere keren dat ik iets heb opgegeven, ik meteen daarna al dacht dat ik door had moeten gaan. Maar vanaf het moment dat ik op dit jacht stapte heb ik geen moment getwijfeld of ik misschien de verkeerde beslissing had genomen. Ik denk en hoop dat ik na verloop van tijd hierop terug zal kijken als iets dat me inzicht in mezelf heeft gegeven, iets waar overigens weinig mensen de kans voor krijgen, maar ook dat ik blij zal zijn met de goede momenten die we samen hebben meegemaakt.

Desondanks is Debra ondertussen nog steeds daar buiten en het ziet ernaar uit dat het haar nog zal lukken ook. Een deel van me hoopt dat ze ermee kapt zodat we nog een maand samen op de boot de Atlantische Oceaan over kunnen gaan. Ik probeer me voor te stellen wat we nog van de boot kunnen redden en hoe lang het zal duren voordat we al onze schulden hebben afbetaald. Maar tegelijk stel ik me ook voor hoe het zal zijn als ze het haalt — hoe gelukkig ze dan zal zijn, en hoe trots ik dan ben, wat een buitengewoon verhaal het zal worden — en als ik er nu zo over nadenk… O Heer, alsjeblieft, zorg dat haar niets overkomt.

Met moeite kon ik die avond de boot in de golven houden. On-vermijdelijk greep een golf de *Troika* in een vreemde hoek waardoor ze bijna omsloeg. Ik werd vanaf mijn roeibank tegen het veiligheidskoord geslingerd waarbij mijn nek, die tegen de geplastificeerde metalen lijn aankwam, de grootste klap op-ving. Ik kreeg onmiddellijk een barstende hoofdpijn en moest de kajuit binnenkruipen om even te gaan liggen.

Als er iets ergs gebeurd was, zo besefte ik, dan was er nie-mand geweest om me te helpen. Als ik bewusteloos was gesla-gen, dan had de wedstrijdleiding niet geweten dat ze een volg-boot had moeten sturen. Maar het had geen zin om stil te blijven staan bij wat eventueel had kunnen gebeuren. Ik wist wat de risico's waren en moest me gewoon geestelijk op alles voorbereiden. De volgboot bevond zich nog steeds betrekkelijk dichtbij, maar ik wist dat er tijden zouden komen dat dit niet zo was. Ik moest nu voor mezelf zien te zorgen. Voor het eerst had ik het idee dat ik mijn leven nu echt in eigen hand had.

Ik bedacht dat mijn soloavontuur over het algemeen posi-tief was begonnen. Ik had het gevoel dat ik ieders verwachtin-gen allang had overtroffen, want ik wist zeker dat velen ervan overtuigd waren dat ik het niet langer dan een paar dagen zou volhouden.

Misschien had ik wat te veel zelfvertrouwen gekregen, want op de vijfde avond zag ik het ineens niet meer zitten. Ter-wijl ik aan het eten was, keek ik hoe een paar vrij grote vissen, duidelijk aangetrokken door de gloed van mijn navigatielam-pen, rondjes om de boot zwommen. In het begin gaf hun aan-wezigheid me een geruststellend gevoel. Als er grote zeemon-sters in de buurt waren, dan zouden ze, zo dacht ik, niet zo achteloos in het rond spetteren. Terwijl ik de nacht in roeide, bleven ze nog steeds bij me tot er zich ineens een enorm zee-monster van misschien wel twee meter lang bij hen voegde. Daarvoor had ik er met smart op gewacht dat de maan weer wat licht in de duisternis zou brengen, maar die bewuste nacht wilde ik dat zij weer verdween. De lichte huid van die grote beesten weerkaatst in het maanlicht waardoor er een onheil-spellende schittering onder het wateroppervlak ontstaat. Als ze hard zwemmen, laten ze een opvallend fosforescerend spoor in hun kielzog achter als een soort bliksemflits onder water. Had er geen maan gestaan, dan had ik ze waarschijnlijk niet eens gezien. Wat maar weer bewijst dat onwetendheid een zegen kan zijn!

Terwijl ik hem als een flits met een gigantische snelheid op de boot af zag komen, recht op de plaats waar ik zat, hoopte ik dat ik een dolfijn had gezien en geen haai. Maar dat was ijdele hoop. Ik kon de beelden van de film *Jaws* waarin haaien door de wanden van de boten heen beten, maar niet uit mijn hoofd zetten. Als ik er even rustig over nadacht, dan hield ik mezelf voor dat haaien alleen aanvallen als ze worden uitgedaagd. Maar het gevolg daarvan was weer dat ik me zorgen maakte of ik ze misschien toch uitdaagde door met mijn roeispanen in het water te spetteren. Ik liet nu de riemen voorzichtig in het water zakken, waarbij ik zo min mogelijk gespetter veroorzaakte. Voor het geval dat.

Bij daglicht lijkt het misschien absurd, maar als je moederziel alleen in een multiplex bootje zit, honderden mijlen van het vasteland, en geen oog hebt dichtgedaan, dan is het heel moeilijk om daar nog nuchter onder te blijven! Uiteindelijk was ik zo bang dat ik hartkloppingen begon te krijgen, en ik wist niet hoe snel ik de kajuit in moest komen, waar ik me doodsbenauwd schuilhield en bleef zitten tot het weer licht begon te worden.

Nu mijn gevoel dat ik onoverwinnelijk was, was verdwenen, moest ik me erbij neerleggen dat de nacht niet mijn favoriete dagdeel ging worden van mijn verblijf alleen op zee. De twaalf uur overdag waren schitterend, maar de nachten vormden een ander verhaal.

Via de satelliettelefoon had ik het met Hayley gehad over de uitdrukking 'je houding bepalen'. We waren van mening dat ieder van ons zelf kon bepalen met welke houding we de dag die komen zou, tegemoet gingen treden. Een belangrijk deel van mijn succes had te maken met mijn keuze de nacht met een positievere blik te bekijken. Tot dan had ik de nachten gezien als donkere, boosaardige uren die met succes mijn angsten en twijfels voedden. De volgende nachten ging ik dan ook met een andere instelling tegemoet en dat leek wel degelijk verschil te maken. Het luisteren naar harde muziek hielp eveneens om de geheimzinnige geluiden van de nacht te bannen. Als het donker is en het zicht beperkt, dan werken de andere zintuigen, met name het gehoor, in een hogere versnelling. Bij iedere golfslag sloeg mijn hart over, maar hoorde ik het niet, dan was er ook geen probleem.

Niettemin was er niets mooiers dan het moment waarop de zon aan de horizon haar gezicht liet zien. Als de dag eenmaal aanbrak, dan voelde je je als het ware herboren, dan was het of de nieuwe dag behalve licht ook nieuwe levenskracht met zich meebracht.

Muziek ging een steeds belangrijker rol spelen en dat niet alleen 's nachts. Dankzij de muziek was het geen opgave om twee uur achter elkaar te moeten roeien en de tijd ging er bovendien snel door voorbij. Aan boord had ik een persoonlijke jukebox. Hij was even groot als een walkman, maar was eigenlijk een soort harde schijf met een opslagruimte voor honderd cd's. Ik wist er zo'n veertig op te slaan voordat ik uit Engeland vertrok. De muziek was onderverdeeld in een brede variatie. Als 's morgens de zon aan het opkomen was, luisterde ik naar rustige muziek zoals van David Gray, Dido, Sting of James Taylor. Had ik overdag eenmaal de smaak te pakken, dan swingde ik erop los met Ibiza dansmuziek, *garage* en R&B of popmuziek. 's Avonds ten slotte vlogen de spetters eraf met de Red Hot Chili Peppers, Train, Lenny Kravitz en Toploader, al was het alleen maar om zo de nachtelijke geluiden te weren.

Toen mijn eerste week alleen op zee erop zat, beschouwde ik dat als een hele prestatie. Tijdens de afgelopen achtenveertig uur was ik me steeds meer op m'n gemak gaan voelen en ik had een routine ontwikkeld die aansloot bij mijn nieuwe status van soloroeier. Het kwam er in grote lijnen op neer dat ik tijdens het roeien perioden van rust inlaste, zodat ik per vierentwintig uur toch twaalf uur aan het roeien was. Twee uur op en twee uur af, zoals Andrew en ik het bij toerbeurt hadden willen doen, zou betekenen dat ik de helft van de tijd in het donker zou moeten roeien. Daar dit niet ideaal was nu ik alleen was overgebleven, veranderde ik het schema in twee uur op en een uur af zodat ik overdag wat meer kon roeien.

Dagindeling

05.00	Telefonische wekdienst – alsjeblieft, GPS, vertel me dat ik vannacht twintig mijl in zuidwestelijke richting ben afgedreven.
05.30	Eerste maal aan de roeispanen – Ding, dong, eerste ronde.
07.30	Ontbijt – 'Eieren met spek en de ochtendbladen, graag.'
08.30	Tweede maal aan de riemen – Dit is beter dan forenzen!
10.30	Ochtendpauze – Wie is er aan de beurt om koffie te zetten?
11.30	Derde maal aan de roeispanen – Wil je snel bruin worden, roei dan de Atlantische Oceaan over!
13.30	Lunch – Te warm om iets te doen, laat staan om te koken.
14.30	Vierde maal aan de roeispanen – ...si, si, muy bueno!
16.30	Theepauze – Een of twee klontjes?
17.30	Vijfde maal aan de roeiriemen – De laatste zonnestralen van de dag.
19.30	Avondeten – Wat zal het zijn: stoofpot, stoofpot of stoofpot?
20.30	Zesde maal aan de roeispanen – Laat de sterren maar komen.
22.30	Avondpauze – Zou ik de zevende keer nog halen?
23.00	Zevende maal aan de riemen – Vanavond dan maar niet de kroeg in?
01.00	Ga voor anker – Stop de Troika in voor de nacht.
01.30 – 05.00	Naar bed – 'Geen boot te zien' – dat hoop ik tenminste...

Het is maar goed dat ik me aan mijn eigen dagindeling heb gehouden en niet aan die van Pete, anders had ik het nooit volgehouden!

✉

Dagindeling van Pete King (volgens zijn dagboek): 8 a.m. taart, 9 a.m. taart, 10 a.m. taart, 11 a.m. taart, 12 a.m. taart, 1 p.m taart, 2 p.m. taart, 3 p.m. nog meer taart, 4 p.m. naar bed.

Ik begon mijn dag altijd met het masseren van mijn vingers. Ze zaten als het ware 'op slot'. Doordat ik twaalf uur per dag roeide, namen ze als vanzelf de vorm van een kommetje aan, alsof ze nog steeds de riemen vasthadden.

De pijn in mijn gewrichten en spieren was afschuwelijk. Totdat ik mijn vingers eindelijk in beweging had, kon ik niets!

✉

Debra, zit er maar niet over in. Kromme vingers komen best goed van pas als je in Barbados een glas rum of iets dergelijks wilt vasthouden!
Het beste, Bernard

Ik zette altijd eerst mijn GPS-navigatiesysteem aan om mijn positie te controleren en te zien hoe ver ik tijdens mijn slaap was weggeblazen. Vervolgens maakte ik me klaar voor de eerste roeibeurt. Ik was altijd moe. De eerste keer dat ik de roeispanen weer vast had, voelde mijn lichaam altijd aan alsof ik acht ronden lang met Lennox Lewis in de ring had gestaan. Maar over het algemeen genoot ik ervan, vooral ook omdat ik de laatste tien minuten steevast met een zonsopkomst werd beloond.

Tijdens het ontbijt, als ik mijn warme chocolademelk dronk en mijn zandkoek en ontbijtrepen at, vond ik het heerlijk om de lucht van kleur te zien veranderen. Deze rust besteedde ik voornamelijk aan navigeren. In het scheepslogboek hield ik de bijzonderheden over het weer en over mijn positie bij en eens in de vijf dagen bracht ik mijn positie in kaart.

De passaatwinden, die mij een zetje in de goede richting hadden moeten geven, waren nog niet gearriveerd dus veel vordering maakte ik niet. Wilde ik slechts een paar millimeter op de kaart van de Atlantische Oceaan opschuiven, dan moest ik de totalen van verschillende dagen bij elkaar optellen. Ik werd er niet vrolijk van als ik de zeekaart voor me uitrolde en zag hoeveel oceaan er nog zat tussen mijn positie, net voorbij Afrika, en Barbados, helemaal aan de andere kant.

Al snel leerde ik een foefje om mezelf gerust te stellen: ik rolde de zeekaart zo op dat als ik hem weer tevoorschijn haalde, ik hem uitrolde vanaf de Afrikaanse kant, even ver dus als ik had gereisd. Ik zag dan hoever ik al was gekomen en niet hoe ver ik nog moest om Barbados te bereiken.

Als ik de kaart weer had opgerold, dan pakte ik zoals aan het begin van iedere rustperiode de satelliettelefoon om met bonzend hart te zien of er nog sms'jes waren binnengekomen. Waren er geen, dan was dat iedere keer opnieuw een grote teleurstelling. Dan voelde ik me hulpeloos en alleen. Gelukkig kwam dit zelden voor. Meestal waren er berichtjes waardoor de tranen over mijn wangen rolden van het lachen, of voelde ik me klein en gesteund. De sms'jes gaven me nooit een gevoel van heimwee, zelfs niet als ze afkomstig waren van familie en vrienden. Ze gaven me altijd net dat steuntje in de rug dat ik nodig had.

Als ik de berichtjes in een notitieboekje had overgeschreven, maakte ik een verslag van de gebeurtenissen van de vorige dag. Daar genoot ik met volle teugen van, het was dan ook nooit iets waar ik tegen opzag. Het onder woorden brengen van mijn ervaringen en gevoelens hielp me alles in de juiste verhoudingen te blijven zien. Ook kon ik zo volgen hoe ik me voelde, zowel geestelijk als lichamelijk. Voor rustige momenten van zelfreflectie als deze leek ik op het vasteland nooit tijd te kunnen vinden.

Als ik zeg dat ik mijn leven in Londen in de hoogste versnelling leef, is dat nog zacht uitgedrukt. Nog voordat ik klaar was met waar ik mee bezig was, waren mijn hersenen al in beslag genomen door het volgende karwei. Het was dan ook heerlijk om echt eens de tijd te hebben om erbij te kunnen stilstaan hoe het met me ging en hoe ik me voelde, zonder te worden afgeleid zoals thuis. Iedere dag leerde ik meer over mezelf.

Als ik voor de tweede maal aan de riemen ging, was mijn lichaam al wat meer wakker en was de zon nog betrekkelijk koel. Dat was een goede tijd om te roeien. Tijdens de ochtendpauze, als ik wat tussendoortjes naar binnen had gewerkt, was er altijd nog wel iets te doen: de kleren die ik 's nachts had gedragen wassen, uitzoeken wat ik moest eten, zonnepanelen goed zetten en voor vers water zorgen. In de romp had ik 150 liter water als ballast zitten, maar alleen in geval van nood zou dat worden aangesproken als drinkwater. Om te overleven was ik dus iedere dag aangewezen op mijn trouwe waterzuiveraar die werd aangedreven door zonnepanelen. Het proces verliep betrekkelijk traag, want het apparaat had twee uur nodig om tien liter zout water om te zetten in drinkwater. Er mocht daarom geen druppel verloren gaan. Na al dat gedoe had ik een vloeistof die eruitzag als water, maar waaraan toch een vreemd, zilt smaakje zat. De ene dag smaakte het trouwens beter dan de andere, maar ik raakte eraan gewend. Toen ik echter terug op het vasteland voor het eerst weer flessenwater dronk, besefte ik hoe vies mijn 'gezuiverde' zeewater was geweest!

Overdag roeide ik altijd naakt (er was toch niemand in de buurt!). Niet omdat ik een naturist of een exhibitionist ben, maar omdat het de enige manier was om geen pijnlijke billen te krijgen. Wil je pijnlijke plekken, steenpuisten of schaafwonden op je billen, dan moet je, terwijl je al helemaal onder de zoutkristallen zit, in een zweterige korte broek, bij een temperatuur van ruim dertig graden twaalf uur per dag op een harde plank gaan zitten. Kwam daar nog een infectie bij, dan zou de pijn op welke ondergrond je ook zat, laat staan op een harde roeibank, niet uit te houden zijn.

We hadden er alles aan gedaan om dat te voorkomen. Andrew en ik waren naar onze scheepsbouwer gegaan met het onalledaagse verzoek gipsafdrukken van onze achterwerken te nemen. Uit die vormen kon hij dan weer glasvezel mallen maken als basis voor zittingen op maat die wij vervolgens overtrokken met schaapsvacht. Door de huid te laten ademen en de zitting te bekleden met schaapsvacht spaarden we inderdaad onze billen, al moesten we af en toe wel onze toevlucht nemen tot luierzalf.

Veel ploegen roeiden naakt en degenen die dat niet deden, kwamen er al snel achter dat ze iets fout hadden gedaan! Daar steeds meer ploegen radiocontact met me opnamen, kreeg ik van andere boten waarop bloteriken zaten allerlei hilarische verhalen te horen. In dat opzicht is het absoluut een voordeel om met je man te gaan. De kajuit inklimmen via het kleine luik, recht tegenover de persoon die aan het roeien is, was blijkbaar het ergste 'ooggetuigenverslag'. Een keurige manier om die manoeuvre uit te halen, met de benen bij elkaar, is er namelijk niet!

Tijdens de derde roeibeurt, vlak voor de lunch, is het vaak ondraaglijk warm. Om uitdroging te voorkomen dronk ik ieder kwartier wat en hield dat op de klok bij. Ik kwakte hier en daar wat zonnebrandcrème op en kreeg langzamerhand het idee dat ik gebakken werd. Alle lunches die we hadden ingepakt moesten worden gekookt, maar bij een warm gasstelletje zitten was wel het laatste waar ik zin in had. Vaak sloeg ik daarom de lunch over en nam een paar tussendoortjes. Daar van mijn eetlust op zee niets was overgebleven en ik mezelf moest dwingen toch iets te eten, at ik vaak niet meer dan een zakje gemengd fruit en wat noten als lunch.

In het begin hunkerde ik absoluut niet naar bepaalde etenswaren of dranken, al dacht ik er na drie maanden constant hetzelfde te hebben gegeten wel anders over! Het enige wat ik toen wilde was wat meer variatie. Ik ben nooit dol op chocolade geweest en heb ook geen zwak voor bepaalde etenswaren, en dat maakte het waarschijnlijk allemaal wat makkelijker.

Als de derde ronde erop zat, belde ik Hayley of iemand van het begeleidingsteam om verslag te doen van mijn vorderingen. Iedere derde dag las ik aan de telefoon mijn dagboekaantekeningen voor zodat ze de website konden bijwerken. Het team was daar geweldig in. De website was aanvankelijk bedoeld geweest voor vrienden en familie, maar werd steeds populairder. Van over de hele wereld begonnen mensen zich in te schrijven. Het waren er honderden. De *Troika Transatlantic*-website was een groot succes. Leigh, mijn zwager, stak er talloze uren in. De site bevatte informatie over ons team en onze sponsors, de boot, de uitrusting, het volgsysteem (met daarop de posities van alle teams), een forum voor supporters waarop on line kon worden gechat en uiteraard de allerlaatste dagboeknotities. Op onze website plaatste Leigh een link naar de sms-pagina van de Iridum satelliettelefoonmaatschappij. Zo konden de fans direct reageren op wat ik schreef.

De derde roeisessie was ingeruimd voor Spaanse les! Een van de vele doelen die ik mezelf tijdens de wedstrijd had gesteld was Spaans leren. Door anderhalf uur naar een cd met Spaanse grammatica te luisteren, ging de tijd *rápidamente* voorbij. Ik had een Spaanse taalcursus die uit acht cd's bestond. Hij was heel goed en leuk om te doen, al zat de echte uitdaging uiteraard in het daadwerkelijk converseren met iemand. Ik haalde dit toevallig aan in een van mijn dagboeknotities en ik had de reactie die daarop volgde dan ook kunnen verwachten.

✉

Hoi Debra. Mijn naam is Manuela. Ik kom uit Uzla,
maar woon in Dubai. Laten we je Spaans eens
oefenen. ¿Como estas? ¿Como te sientes? Espero que
bien y con mucho animo. Dag, Manuela.

De middagpauze – waarbij ik de thee maar oversloeg, die door het vieze water toch niet smaakte en waarvoor het bovendien te warm was – gebruikte ik om te lezen of in mijn dagboek te schrijven. Andrew en ik hadden onszelf ieder een boek cadeau gedaan, los van het o zo handige naslagwerkje over vissen. Onze Franse vriendin, Christelle, had ons diverse boeken aangeraden. Mij had ze *Dagboek van een Geisha* van Arthur Golden aangeraden en Andrew een boek in het Frans. Achteraf gezien was dit volgens mij niet zo'n geweldig idee, want ik kan geen Frans lezen. Hoe dan ook, het verhaal dat ging over een gevierde geisha was een lust om te lezen en ik stak er veel van op over de tradities in de Japanse cultuur. De eerste twee maanden was dit het enige boek dat ik aan boord had en nadat ik het voor de derde maal had gelezen, vond ik het nog steeds leuk.

Voordat ik voor de vijfde maal de roeispanen oppakte, deed ik soms nog even een dutje. Ik roeide dan nog twee uur met daglicht, waarna de zon onderging. Als de zon achter de horizon was verdwenen, werd het onmiddellijk kouder. Voordat ik aan mijn rijkelijke maaltijd van stoofvlees met knoedels begon, trok ik dan ook altijd eerst mijn kleren aan. Mijn eetlust kwam altijd iets terug als de zon was ondergegaan, dus dan maakte ik een uitgebreide maaltijd klaar met daarin alles wat ik overdag eigenlijk had moeten eten. En dan nog kreeg ik niet alles binnen wat moest, en dat wist ik.

Na het avondeten volgde het hoogtepunt van de dag: Andrew. Ook al kon ik hem alleen op de boot van de Challenge bellen, ik had toch het idee dat ik hem even bij me op de boot had. Jammer genoeg ontdekten we pas op het einde dat die telefoontjes ons acht pond per minuut kostten! We hadden dan ook voor ruim twaalfduizend pond aan rekeningen voor de satelliettelefoon, maar het is het allemaal waard geweest. Andrews steun en aanmoediging in de eerste paar weken dat ik alleen was, zijn van levensbelang geweest.

Bij de zesde roeibeurt kostte het me altijd een minuut of tien voordat ik in het donker het ritme te pakken had, en als er geen maan stond of het erg bewolkt was, vaak zelfs nog veel langer. Om mijn aandacht af te leiden van eventuele enge dingen in het water, zette ik de muziek harder en herhaalde ik voor mezelf: 'In de boot blijven kijken, Debra.' Zag ik een onheilspellende gedaante in het water, dan wierp ik mijn hoofd in mijn nek, concentreerde me op de sterren en probeerde niet te denken aan wat er misschien onder me aan het zwemmen was.

Boven de Atlantische Oceaan zijn de sterren bijzonder goed te zien. De lucht is 's nachts adembenemend mooi. Doordat het valse geschitter van straatverlichting ontbreekt, is de melkweg in zijn volle glorie te bewonderen. Soms stonden er zoveel sterren aan de hemel dat ik verwachtte dat hij ieder moment uit elkaar kon spatten.

Wat me vooral boeide waren de vallende sterren, die met duizenden tegelijk door het donker flitsten. De grotere exemplaren lieten schitterende sporen na in de lucht, net zoals in het begin van een Disneyfilm.

Iedere nacht vormde zich behoorlijk veel dauw op de boot, waardoor het niet echt leuk was om tijdens de rustpauze buiten te blijven zitten. Als ik echter de kajuit in zou gaan, dan was de kans groot dat ik in slaap viel. Als je om vijf uur 's morgens al begint en tien uur roeit in een boot die zo'n driekwart ton weegt, dan is dat niet vreemd. Maar liet ik Klaas Vaak zijn werk doen, dan zou ik het zo goed als zeker niet kunnen opbrengen om voor de zevende roeibeurt op te staan. Het gevolg daarvan was dan ook dat ik die beurt (per ongeluk) het vaakst oversloeg. Ik was niet bijzonder gemotiveerd om 's avonds om elf uur daarvoor uit mijn warme, droge kajuit te komen.

Rond die tijd was ik ook altijd volkomen uitgeput. Ik moest dan ook geestelijk het uiterste van mezelf vergen om me terug naar de roeiriemen te slepen, waar ik af en toe in slaap viel. Het verbaasde me dat ik zittend kon slapen met de riemen nog vast, terwijl het zeewater over me heen spatte, maar het gebeurde! Soms werd ik wakker aan de riemen en ontdekte dan tot mijn verbijstering dat ik meer dan een halfuur had zitten slapen.

Voordat ik na de zevende roeibeurt kon gaan slapen, moest ik eerst de riemen vastbinden en alles in veiligheid brengen aan dek. Onder het slapen werd ik dan geregeld even wakker om de horizon af te speuren naar schepen en het kompas en de windrichting te controleren. Voordat ik er erg in had, was het dan weer vijf uur, ging de wekker af en begon alles weer van voren af aan. Een enkele keer als ik echt heel moe was, sliep ik al zodra mijn hoofd het kussen raakte en dan werd ik ook pas wakker als ik de wekker hoorde. Ik raakte dan compleet in paniek.

✉

Debs. Wees voorzichtig vannacht. Ik zit erover in dat je vier uur gaat slapen zonder de horizon af te turen of er schepen zijn. Geen enkel jacht zou zoiets doen. 143, HB

Het is een hele kunst om in zo'n klein bootje op de oceaan te slapen. De tien centimeter dikke met canvas beklede schuimrubber kussens die op de kajuitvloer lagen, vormden mijn bed, maar lagen daar altijd. Dat moest ook wel, want plaats om ze ergens anders te leggen was er niet.

Hoe de toestand op zee ook was, de boot bewoog altijd. Als ik lag, dan bewoog mijn lichaam met de boot mee, of het moest heel zwaar weer zijn. Datzelfde kan jammer genoeg niet worden gezegd van mijn ingewanden waarvan ik het gevoel had dat ze constant heen en weer klotsten in mijn lijf. Prettig was anders. Bij hoge golven rolde ik tijdens mijn slaap van de ene naar de andere kant van de kajuit, en dat was moeilijk te voorkomen. Helde de boot bij een hevige deining over, dan werd ik tegen de zijkant van de kajuit geslingerd, want ik was niet zwaar genoeg om tegen het bed te worden gedrukt.

Op alle mogelijke manieren heb ik geprobeerd deze problemen op te lossen. Op mijn buik slapen zodat mijn ingewanden nu in de kussens werden gedrukt, hielp inderdaad tegen het klotsen, maar de strijd aanbinden tegen de zwaartekracht als de boot overhelde, was een ander verhaal! Ook legde ik aan alle kanten van mijn lichaam kleren zodat ik als het ware geen kant uit kon. Bij zwaar weer zat er echter niets anders op dan overdwars in de kajuit te gaan liggen slapen, zodat ik met mijn voeten tegen de ene wand en met mijn hoofd tegen de andere wand lag. Dit lukte alleen omdat ik zo klein was. Ik moet wel zeggen dat geen van deze trucjes bevorderlijk was voor de nachtrust, maar de constante vermoeidheid deed het ongemak snel vergeten.

Mijn vaste routine leek goed te werken, al had ik soms wel het idee dat ik de goden aan het verzoeken was. Na tien dagen in mijn eentje had ik de smaak te pakken gekregen. Ik had het prima naar mijn zin en had nergens over te klagen, en toen kwam ineens de dag dat alles fout ging. Eigenlijk had ik blij moeten zijn: één dag van de vierentwintig is zo slecht nog niet, maar op dat moment lukte het me niet het op die manier te bekijken. Het was zo'n dag waarop alles fout leek te gaan en wat ik ook deed, het leek eerder erger dan beter te worden.

Ik had geprobeerd wat van Andrews gedroogde voedsel overboord te gooien, want ik had het toch niet allemaal nodig en het woog heel wat. Het was een stormachtige dag en ik dacht niet goed na. Had ik dat wel gedaan, dan had ik geweten dat die droge bestanddelen door de wind alle kanten op werden geblazen. Terwijl ik het overboord gooide, waaide het recht in mijn gezicht en moest ik mijn ogen dichtknijpen. Toen de zak leeg was en ik mijn ogen weer opende, zag ik een soort wintertafereel. Alles was bedekt met een dun laagje wit poeder. Het lag niet alleen op het dek, maar ook in de kajuit, want het luik had wijdopen gestaan.

Ik had mijn bed, kleren, kussens van een dun laagje voorzien. Alles, maar dan ook alles zat onder. En om het allemaal nog erger te maken, deed het gedroogde voedsel precies wat het moest doen als het met water werd vermengd: het zette onmiddellijk uit! Het dek kon me niet zoveel schelen. Daar kon ik een paar emmers water overheen gooien en de spuigaten kon ik schoonmaken. De kajuit was pas echt een probleem. Ik trok een van de kussens naar buiten om te proberen het poeder eraf te borstelen toen, alsof het zo moest zijn, een golf over het dek sloeg en precies op het kussen terechtkwam. Het poeder veranderde meteen in een drabbige massa en zette met de seconde verder uit. Wat ik ook deed, het werd alleen maar erger. Wanhopig gilde ik: 'Zo kan-ie wel weer, zeg!'

Ik sloot het luik en concentreerde me eerst op de buitenkant. Terwijl ik zwoegend het dek schoonmaakte, vlogen de golven rond mijn oren en ik werd nat tot op mijn huid. Ik had het breekpunt bereikt. Ik keek omhoog om een paar keer diep adem te halen en tot tien te tellen om zo mezelf wat tot kalmte te manen. Bij drie stopte ik al, want mijn hart sloeg over. Van wat ik zag werd ik nu niet bepaald kalm.

Een groot containerschip kwam met grote snelheid op mij

af. Het leek alsof de stalen romp het water tussen ons in naar binnen slokte. De *Troika* deinsde terug van schrik. De boeggolf van het schip werd twaalf meter de lucht ingegooid om vervolgens als een krachtig schuimende watermassa weer neer te komen. Hij zat zo dichtbij dat het te laat was om de kapitein via de marifoon van mijn aanwezigheid op de hoogte te brengen. Ik had het niet meer van angst toen plotseling tot me doordrong dat zelfs als het schip me niet zou raken, de boeggolf de boot zou vernietigen. Door het enorme lawaai van de motor zou de bemanning van het grote stalen monster de multiplex romp niet eens horen kraken, laat staan dat ze mijn geroep om hulp zouden horen.

Dit was het dus. Wat had ik nu aan al die mentale voorbereiding? Ik ging eraan.

Het monster zwoegde verder door het water en seconden leken wel uren. Ik stond als aan de grond genageld, maar toen ik wat beter naar de boeggolf keek, begon mijn angst langzaam weg te ebben. Misschien, heel misschien...

Met iets van opluchting begon tot mij door te dringen dat ik de boeggolf meer aan stuurboord dan aan bakboord zag. Dit hield in dat het schip schuin langs de *Troika* heen zou varen. Zijn koers moest een paar graden afwijken van die van mij. Een paar graden die van levensbelang bleken. Ik werd dus niet geramd. *Troika* kon weer rustig ademhalen. Het schip zou ons gewoon voorbijvaren, alsof we niet meer waren dan een vuiltje.

Ik keek toe hoe het langs ons voer en voelde me geestelijk kapot en eenzaam. Ik voelde me hulpeloos. Wanhopig. De bemanning wist niet eens dat ik er was. Ik weet niet hoe lang ik daar heb gezeten zonder me te bewegen. Lang nadat het schip uit het zicht was verdwenen, was ik nog steeds niet van die afschuwelijke schrik bekomen en ik zat er dan ook helemaal doorheen.

Als je door zo'n diep dal moet terwijl je in je eentje midden op de oceaan zit, dan weet je pas wat isolement is. Er is niemand in de buurt die je kan komen oppikken en je kan vertellen dat het allemaal wel goed komt, of die even een arm om je heen slaat waar je dan echt wel behoefte aan hebt. Er is zelfs niemand met wie je je angsten en twijfels kunt delen. Ik wist dat ik me niet kon veroorloven om medelijden met mezelf te hebben en dat er eigenlijk meer hoogte- dan dieptepunten waren. Maar het was wel erg moeilijk om uit een dergelijk diep dal te klimmen en het gaf bovendien aan hoe kwetsbaar ik was.

Zag ik het niet meer zitten, dan was een visualisatieoefening in de regel voldoende om me er weer bovenop te helpen. Ik greep altijd terug op dezelfde. Dan haalde ik me voor de geest dat ik Port St. Charles in Barbados binnenvoer, waar familie en vrienden samen op de kade stonden te wachten om me te verwelkomen. Het tafereel werkte ik tot in detail uit: wat iedereen zou dragen, hoe het voelde om iedereen te omhelzen en wat ik zou zeggen. Ik stelde me de klanken voor, de geuren, de kleuren, maar vooral het gigantische gevoel dat ik de klus had geklaard. Al snel moest ik dan in mezelf lachen! Jammer genoeg was dat prachtige beeld niet krachtig genoeg om me er die zware dag bovenop te helpen. Mijn zelfvertrouwen was in rook opgegaan en daarmee ook mijn enthousiasme. Ik bedacht hoe lang het nog zou duren voordat ik in Barbados zou zijn. Ik wist dat ik nog minstens twee maanden helemaal alleen zou zijn, en ik werd bang.

Ik belde Hayley en vertelde haar dat ik van plan was het op te geven en te vragen of ik door de volgboot kon worden opgehaald. Ik huilde zo dat ik er bijna geen woord uit kon krijgen. Ik zei dat ik naar huis wilde. Dat ik het gevoel had dat ik de druk niet langer aankon om in mijn eentje op zo'n uitgestrekte oceaan te zijn waar aan alle kanten gevaar dreigde.

'Geef het niet op,' zei Hayley. 'Je kunt het aan, je hebt wel voor hetere vuren gestaan.'

Die ene zin maakte zoveel indruk! Ik weet niet of ik op dat moment ook echt geloofde wat ze zei, en, eerlijk gezegd, zij had makkelijk praten vanuit haar knusse woonkamer thuis in Engeland! Maar hoe langer ik het op me liet inwerken, hoe meer ik besefte dat ze gelijk had. Ik ging niet dood, ik had geen pijn, ik had eten en water. Er was niets met me aan de hand.

Ze had me hoop gegeven. Tijdens het roeien had ik de avond

van die bewuste rampzalige dag een songtekst van de New Radicals gehoord die me wel iets had gedaan. 'You Get What You Give' werd dan ook een belangrijk onderdeel van mijn avontuur:

> But when the night is falling
> And you cannot find the light
> If you feel your dream is dying
> Hold tight
> You've got the music in you
> Don't let go
> Don't give up

Iedere keer dat dit refrein werd gezongen, en dan met name de zin *'don't give up'*, voelde ik mijn vastberadenheid langzaam terugkeren. Ik raakte er steeds meer van overtuigd dat ik me door een slechte dag niet uit het veld zou laten slaan. Ik had het gevoel dat ik weer greep op de situatie had gekregen. Ik zou niets mij in de weg laten staan. Er kwamen nog meer slechte dagen, dat wist ik, maar dat zag ik dan wel en die zou ik ook weer te boven komen.

Ik kwam nu steeds meer tankers en containerschepen tegen, maar gelukkig kwam geen van hen ooit meer zo dichtbij als dat stalen monster. Op advies van John Searson, de soloroeier van 1997, was ik om het lagedrukgebied te vermijden naar het zuiden gegaan en was onbedoeld in de scheepvaartroute voor de Kaapverdische Eilanden terechtgekomen. Slim van me, vind je niet?

De laatste dag van oktober had ik de scheepvaartroute achter me gelaten en ik was er in geslaagd de ergste tegenwind in het lagedrukgebied te vermijden. Enkele mannelijke tegenhangers in het noorden hadden het minder goed getroffen. De weersvoorspellingen van John waren weer van onschatbare waarde gebleken. De tegenwind waarmee ik te maken had gehad, was mild maar toch hard genoeg om me bij iedere rust terug te blazen.

Bij iedere twee zeemijl die ik vooruitging, ging ik een terug.

Terwijl ik tegen de wind in roeide, kon ik het niet laten om elke seconde een blik op het navigatiesysteem te werpen. Ik moest veel moeite doen om ook maar een paar centimeter vooruit te komen en het was behoorlijk afstompend om te ontdekken dat het allemaal voor niets was omdat ik iedere keer als ik maar even ophield met roeien weer terugdreef. Onder deze weersomstandigheden leek het of de boot nog zwaarder was, met het gevolg dat ik de volgende dag helemaal stijf was en dat alles pijn deed. Maar ik kwam tenminste vooruit.

Iedere dag opnieuw verbaasde ik me er weer over dat ik zoveel kracht kon opbrengen en dat ik nog steeds zo vastberaden was. Dat had ik echter niet alleen aan mezelf te danken. Op de universiteit deed ik sportpsychologie als bijvak. Toch begreep ik de kracht ervan pas echt toen ik Griff ontmoette, de coach van het Britse nationale drakenboottteam. En dan met name om wat het nut was je te concentreren op verschillende citaten, spreekwoorden of gezegden met het doel verschillende lichamelijke reacties op te roepen.

Kia kaha (Maori voor 'hou je haaks') was me toegestuurd door een fan uit Nieuw-Zeeland. Ik zei dit iedere keer tegen mezelf als ik in paniek raakte of de situatie niet aankon. Dan haalde ik diep adem zodat mijn longen zich helemaal vulden, en ademde uit met de woorden 'Kia kaha', waarbij ik bij de 'haaa' aangekomen het laatste restje lucht uit mijn longen perste.

Van mensen die me op mijn reis volgden, ontving ik via sms'jes citaten, gedichten en bijbelteksten, uitdrukkingen en gezegden. Ieder woord vormde een bron van stimulatie en aanmoediging. Ze begonnen een vast onderdeel te vormen van mijn dagelijkse routine en werden onontbeerlijk om mijn dag te laten slagen.

Als ik zat te ontbijten en de zon zag opkomen, begon ik met me te concentreren op de drie woorden 'bepaal je houding'. Ik hing ze op aan het luik zodat ik me tijdens het roeien de hele dag op die woorden kon concentreren. Het was geen kunst geweest om aan de riemen te zitten mokken dat het zo saai en vermoeiend was, dat het eten niet smaakte en dat ik helemaal alleen was, maar dat zou me geen goed hebben gedaan.

Dus probeerde ik iedere dag te beginnen met positief te zijn over alle geweldige dingen die me de komende vierentwintig uur te wachten stonden. Ik verbeeldde me dat ik een heleboel dieren zou zien, dat ik die dag de grootste afstand tot dan toe zou afleggen, dat ik er nog een paar Spaanse werkwoorden bij zou leren of dat ik even wat rustiger aan zou doen. Algauw ontdekte ik dat ik er alleen maar het beste van kon maken als ik de dag optimistisch en positief benaderde.

Had ik eenmaal bedacht hoe ik mijn nieuwe dag tegemoet zou treden – een negatieve houding behoorde niet tot de mogelijkheden! – dan las ik twee gedichten die door vrienden per sms naar me waren gestuurd: 'Zeekoorts' van John Masefield, en 'Leven op het kolkend brijn' van Epes Sargent. Deze twee oude gedichten illustreren op briljante wijze de pracht van de oceaan. De gedichten herinnerden me eraan die dag naar iets moois en positiefs uit te kijken.

Zeekoorts

Ik moet weer op zee gaan, een goed schip en in 't
verschiet
Een ster om op aan te sturen, anders verlang ik niet.
Het rukken van 't wiel, 't gekraak van het hout, het zeil
ertegen,
Als de dag aanbreekt over grauwe zee, door een mist
van regen.
Want de roep van de rollende branding, brekende op de
kust,
Dreunt diep in het land in mijn oren en laat mij
nergens rust.
't Is stil hier, 'k verlang een stormdag met witte jagende
wolken
En hoog opspattend schuim en meeuwen om
kronk'lende kolken.
Ik ben een gedoemde zwerver, waar moet ik anders
heen?
Maar gelaten door de wind gaan, weg uit de stad van
steen.

Geen vrouw, geen haard verwacht mij. Ik blijf ook
liever zonder.
'k Heb genoeg aan een pijp op wacht en een glas in het
vooronder.

Uit *Eldorado*, uitgeverij C.A.J. van Dishoeck, Bussum,
1928. Vertaald door J. Slauerhoff

Leven op het kolkend brijn

Het bruist op de oceaan,
Ik leef op het kolkend brijn,
Waar de bries en de orkaan
In het water zwierig zijn!
Als een arend vast te roest,
Smacht ik aan de kust verveeld
Naar spetterend zilt dat woest
Door vliegende stormen speelt.

Aan dek sta ik andermaal
Van mijn eigen snelle schuit:
O! Hijs de zeilen, we gaan!
De wind voert ons recht vooruit.
We vlieten door 't sprank'lend schuim,
Als een zeedier; vrij, tevree –
Als een zeedier, goed van luim,
Voelen wij ons thuis op zee.

Het land is niet langer in zicht,
De wolken staan dreigend aan 't zwerk;
Laat komen, die storm! klinkt het licht,
Want bemanning en schip zijn sterk.
En het lied in ons hart zal zijn,
Terwijl bries aanzwelt tot orkaan,
Ik leef op het kolkend brijn!
Het bruist op de oceaan!

Ik had een hele reeks citaten die me motiveerden, inspireerden of me door moeilijke tijden heen hielpen. Ik zei vaak 'Ook dit gaat een keer voorbij', dat me door diverse mensen was toegestuurd. 'Mijn ogen zijn een oceaan waarin mijn dromen zijn weerspiegeld' (Anna Uhlich), was een bijzonder belangrijke, samen met 'Het is goed om tijdens je reis een doel te hebben, maar het is de reis waar het uiteindelijk om draait' (Ursula Le Guin).

Newtons derde wet bleef maar door mijn hoofd spoken (altijd beter dan schaapjes tellen!). 'Tegenover iedere actie staat een even grote reactie in tegengestelde richting.' Dat was de favoriet van Griff, omdat het uitlegde dat hoe sneller en krachtiger het uiteinde van de riem door het water wordt getrokken, des te harder de boot vooruitgaat.

Ik wilde graag geloven dat voor ieder beetje moeite dat ik in het leven op zee stak, ik een evenredig deel terugkreeg. Terwijl ik aan Newtons wet dacht, probeerde ik geen limiet aan mijn geestelijke inspanningen te verbinden. Deed ik dat wel, dan zou ik ze gegarandeerd zien als barrières in mijn geest die me weerhielden om net die ene stap verder te zetten. Het zou dan te gemakkelijk zijn om te geloven dat ik iets niet had kunnen bereiken omdat het net een stap verder was dan de geestelijke limiet die ik mezelf had gesteld.

Iedere dag leerde ik weer iets nieuws over mezelf. De les die me het meest is bijgebleven, is wellicht dat ik tot veel meer in staat ben dan ik zelf altijd heb geloofd. Als ik veel van mezelf vergde, veel meer dan ik aanvankelijk van plan was geweest, dan merkte ik dat het me nog steeds lukte en dat de resultaten me enorm veel voldoening schonken.

Het gevoel dat overheerste terwijl ik verder de Atlantische Oceaan overroeide, was hoe schitterend hij was. Als ik terugdacht aan die eerste weken alleen, dan besefte ik dat ondanks de momenten van twijfel, wanhoop en eenzaamheid, de Atlantische Oceaan altijd wel iets wist te vinden om me te verleiden en me opnieuw te betoveren. Vaak door eenvoudige, niet-alledaagse dingen zoals naakt roeien in de regen!

Regendruppels op de Atlantische Oceaan zijn groot en zwaar. Regen lijkt maar op twee verschillende manieren te komen: zomaar wat in het wilde weg of hard en zonder ophouden. Soms zat ik in de stralende zon te roeien en vielen de regendruppels plotseling naar beneden uit een volgens mij helderblauwe lucht. Als ik dan omhoogkeek, zag ik dat er een heel dunne wolk recht boven me hing. En terwijl dikke regendruppels op mijn blote lijf vielen, bleef de zon gewoon schijnen. Het was een speciale gewaarwording die voorbij was voordat je er erg in had. Om eruit te halen wat erin zat, zette ik dan vlug 'Naked in the Rain' van de Red Hot Chili Peppers op. Ik probeerde niet ineen te krimpen als elke druppel op mijn huid aanvoelde alsof er een hele beker op werd uitgestort. Het regende soms zo hard dat het 'heilige der heiligen' van mijn kajuit helemaal nat werd. De regen kwam dan naar binnen via de gaten die waren geboord voor de bedrading van de zonnepanelen. Daaromheen zat een waterdichte afsluiting, maar de regen was hardnekkig en vond uiteindelijk toch een gaatje om door naar binnen te druipen. Ik kon hem geen ongelijk geven, het was verschrikkelijk daar buiten! Het lawaai van de regen op de multiplex kajuit was oorverdovend. Kwam daar nog een bliksemflits bij, dan kon het heel angstaanjagend zijn, vooral 's nachts. De regen was er goed in mijn negatieve gevoelens in één klap weg te spoelen. Ik vond het heerlijk om helemaal weggedoken in mijn Musto-regenpak te zitten, de wollige kraag over mijn oren getrokken en dan maar roeien door de regen. Het gespetter op mijn gezicht was zo verfrissend dat ik me er helemaal herboren door voelde.

Alleen als het flink regende, werd ik verlost van het zout dat zich als een korst op mijn huid had vastgezet. Na een paar weken had ik het opgegeven om het er af te wassen, want het leek toch niets uit te halen. Waste ik het eraf, dan zat ik zo weer onder het zoute water en ik kon het me niet veroorloven om vers water te verspillen.

De lucht op de Atlantische Oceaan was heel zuiver. Het begon me al snel op te vallen dat mijn huid er nog nooit zo gezond had uitgezien en dat er geen vuiltje in mijn poriën te bekennen was. Wat een verschil met wat ik gewend was in Zuid-west-Londen! Zelf stonk ik volgens mij ook niet echt, al kan ik dat bij het verkeerde eind hebben gehad! Ik raakte gewend aan mijn eigen lichaamsgeur en met niemand in de buurt die me kon ruiken, was er ook geen manier om erachter te komen. Het kwam wel bij me op dat het een afgang zou zijn als ik in Barbados voet aan wal zette, mijn armen om Andrew heen zou slaan en dat ik dan een dusdanig sterke lichaamsgeur had dat ik het voor hem verpestte! Ik besloot me de dag voor ik aankwam te wassen. Al was het alleen maar om het zekere voor het onzekere te nemen.

'Hoe ging je naar de wc?' is een vraag die me altijd door Britten werd gesteld... wat hebben die lui toch met wc-praat! Gelukkig is er weinig over te vertellen. Ik deed het gewoon op een emmer die ik daarna leeggooide. Dat was ook het eenvoudigste, tenzij het hard begon te waaien en totdat ik zonder toiletpapier kwam te zitten. Ik kwam er al snel achter dat ik bij tegenwind beter maar even kon wachten met de emmer leeg te gooien. Het heeft trouwens wel iets, een openluchttoilet met zo'n schitterend uitzicht. Ik kan het dan ook iedereen aanbevelen!

5

Met wat hulp van mijn vrienden

Mijn favoriete deel van de dag was de zonsopkomst. Ik genoot ervan hoe de roze en rode schakeringen omhoogkropen en zo mijn horizon, die alleen uit water bestond en 360 graden mat, in een schitterende gloed deed baden. Het water om me heen werd zuurstokroze en het licht kaatste terug alsof honderdduizenden diamanten op het oppervlak dreven. Luisterde ik naar rustige muziek, dan was het net of de tijd nog langzamer verstreek waardoor ik nog langer van ieder moment kon genieten.

Tijdens een van deze zonsopkomsten kon ik het verdriet en de pijn over de dood van mijn vader voorgoed van me afzetten. Het knaagde al twee jaar aan me en ik had nooit beseft hoe diep het allemaal nog zat totdat het eindelijk was verdwenen. Ik had verstrikt gezeten in een wereld vol zelfmedelijden en rouw omdat ik één ding maar niet kon aanvaarden: dat ik mijn verdere leven zou moeten leiden zonder paps, terwijl ik het zo graag anders had gezien.

Het 'ik had zo graag'-syndroom is gevaarlijk en ik denk dat ik er zo lang last van heb gehad omdat ik het als het ware had gekoesterd, het overal mee naartoe had gesleept, met name in de periode tussen paps' begrafenis en ons huwelijk. Zoals een boeddhistische monnik zijn mantra's herhaalt, zo bleef maar in mijn hoofd hangen: 'Ik had zo graag dat paps nog leefde zodat hij me aan zijn arm naar het altaar kon leiden; ik had zo graag dat paps nog leefde zodat hij me aan zijn arm naar het altaar kon leiden.' Al snel waren ook mijn andere wensen niet meer los te zien van het 'ik had zo graag'-syndroom. 'Ik had zo graag dat paps zijn kleinkinderen kon zien opgroeien; ik had zo graag dat paps in Barbados kon zijn om me te zien aankomen...' Ik kon me er gewoon niet van losmaken, het loslaten, en accepteren dat mijn leven ook zonder hem door kon gaan.

Toen, op een ochtend nog voor de zon opkwam en de duisternis langzaam verdween, vervaagden plotseling ook al die knagende verlangens. Terwijl de horizon begon te gloeien was het net of zijn warmte tot diep in me doordrong waardoor de pijn wegsmolt en de duisternis die me veel te lang in haar greep had gehouden voorgoed verdween. Ik zag hoe de zachte, feloranje bol van de zon over de horizon begon te schijnen en besefte dat de tijd was gekomen om op te houden met nog langer stil te blijven staan bij mijn verlies en te beginnen met paps, zijn leven en alles waar hij voor stond, te vieren. Ik ontdekte dat ik hem los kon laten zonder hem te vergeten, dat ik me iedere dag opnieuw zijn enthousiasme, zijn eeuwige optimisme en zijn levenslust zou herinneren en trachten te evenaren.

Daarna gleed ik dagenlang over een oppervlak zo glad als een spiegel, waar nauwelijks een rimpeling in te bekennen was. De blauwe lucht en witte schapenwolkjes werden weerkaatst op het oppervlak en alles was stil. Ik had nog niet eerder zo'n intense rust meegemaakt. Het was alsof de Atlantische Oceaan in al zijn uitgestrektheid me had gadegeslagen en wist dat ik tijd en rust nodig had. Het gevoel van absolute voldoening was overweldigend, en het keerde de rest van mijn tocht naar Barbados als een goede vriend regelmatig terug.

Tot mijn vreugde was het net alsof paps bij me in de boot was komen zitten. Omdat het nu niet langer pijn deed, zag ik hem overal. Hij zat bij me als ik at en, zoals hij aan het einde van iedere maaltijd zei die mijn moeder voor hem had klaargemaakt: 'Zo, dat was verrukkelijk.' Ik zag hem als ik aan het roeien was languit liggen bij het luik, met een koel pilsje in de hand en een glimlach op zijn gezicht. Af en toe hief hij zijn vertrouwde gezicht op naar de zon en riep: 'Is dit heerlijk of niet?' op dezelfde manier zoals hij deed op de *Rio Luna*, toen ik nog een stuk jonger was.

Deze ervaring bracht een onverwachte helderheid van geest met zich mee. Ik was nooit goed geweest in het ophalen van herinneringen uit mijn jeugd. Hayley wist zich altijd veel meer te herinneren. De laatste jaren werden mijn gedachten zo in beslag genomen door zakelijke beslissingen en het maken van plannen, dat zelfs bijzonderheden van recente gebeurtenissen me helemaal ontschoten. Maar hier buiten op de oceaan waren mijn gedachten vrij. Bevrijd van alle verantwoordelijkheden – bij mijn dagelijkse karweitjes hoefde ik niet echt na te denken – ontdekte ik dat er plaatsen en gezichten naar boven kwamen die lange tijd in mijn onderbewustzijn weggestopt hadden gezeten. Ik moest erkennen dat mijn hectische leven een schaduw over heel wat herinneringen had geworpen. Het was heerlijk me weer diegenen te kunnen herinneren die mijn leven hadden gevormd en me hadden geholpen te komen waar ik nu was: dobberend in een bootje midden op de Atlantische Oceaan.

Toen de eerste dag van een nieuwe maand aanbrak, 1 november 2001, gaf dat een geweldig gevoel. Ik vierde het door mezelf een nieuwe hoes van schaapsvacht cadeau te doen voor mijn roeibankje. Mijn achterwerk was reuze dankbaar, want ik had inmiddels twee pijnlijke plekken, wat geen pretje was. Maar dat is nu eenmaal het risico als je de hele dag op de Atlantische Oceaan zit! Het vervangen van de hoes werd een maandelijks ritueel. (Ik herinner me dat, toen ik de schaapsvacht voor december tevoorschijn haalde, ik vond dat ik hier al veel te lang zat als ik al maandelijkse, dagelijkse en wekelijkse rituelen had.)

Dit stuk wilde maar niet vlotten, maar het stoorde me eigenlijk niet echt. De meeste dagen had ik het zo druk met genieten van de rust en stilte, dat ik geen tijd had me zorgen te maken over het trage tempo waarmee ik vooruitkwam. De dagen waarop ik tegenwind had, waren daarentegen wel frustrerend en bijzonder afmattend bovendien. Mijn handen en rug kregen het dan zwaar te verduren. Niet de blaren op mijn handen vormden het probleem, maar de stijfheid. De eerste paar slagen met tegenwind nadat ik om half zes 's morgens uit mijn kajuit was gekomen, waren zwaar en afschuwelijk. Iedere vezel van mijn lichaam schreeuwde om genade terwijl ik probeerde de boot vooruit te krijgen in wat wel een stenen muur leek. Als ik ophield om wat te rusten, dan werd ik de mijl waar ik net een uur over had gedaan, weer gewoon teruggeblazen. Het was moeilijk om de moed dan niet te laten zakken.

Tegen de wind in roeien is een vreemde gewaarwording. De weerstand was iedere keer dat ik de riemen aantrok zo groot, dat ik het gevoel had dat ik de boot vooruit bewoog. Blikken op het GPS-navigatiesysteem maakten al snel een einde aan de hoop dat dit ook inderdaad zo was. Gebeurde dit, dan haalde ik onmiddellijk het drijfanker tevoorschijn om de schade zo beperkt mogelijk te houden. Het was het grootste zeeanker dat ik aan boord had en verreweg het handigste om de boot tegen de wind in te keren en te laten stilliggen.

Ondanks de kalme dagen en de tegenwind die af en toe de kop opstak, dacht ik dat ik Barbados nog voor Kerstmis zou kunnen halen. Ik wist dat ik er dan hard aan zou moeten trekken, maar ik was vastbesloten. Op 3 november bekeek ik de zeekaart eens goed en concentreerde me op mijn volgende doel: op de dertiende op dertig graden westerlengte te zitten. Ik rekende uit dat ik de komende tien dagen dan dertig mijl per dag moest halen. Dat moest zeker te doen zijn. Om het spel waarvoor ik had ingeschreven te winnen, had ik alleen de passaatwinden nodig, maar dan moesten ze me wel letterlijk een steuntje in de rug geven.

Met de dag voelde ik me meer op mijn gemak, ik voelde me als het ware één met de oceaan. Aan alles was te merken dat de vogels zich bij mij ook thuis voelden. Ze kwamen regelmatig langs en leken volkomen op hun gemak in mijn aanwezigheid. Ik kwam tot de conclusie dat van alle oceaandieren die ik had gezien, de zeeschildpadden toch wel mijn favorieten waren. Hun karakteristieke onhandige manier van doen deed me denken aan wat liefkozend ook wel mijn 'slungelperiode' werd genoemd en waar ik nog steeds wel eens last van heb. Ik gooi dan alles omver, laat dingen aanbranden of verknoei datgene waar ik mee bezig ben, en ik laat dan steevast mijn portemonnee op de achterbank van een taxi liggen. Ik weet niet waarom ik op sommige dagen zo onhandig ben, maar ik besef nu dat het echt schildpadachtig is.

De eerste zeeschildpad die bij me langskwam, noemde ik Albert. Een speciale reden was daar niet voor, ik vond hem gewoon een Albert. Ik had nog nooit een schildpad van zo dichtbij gezien en was dan ook verbaasd hoe prehistorisch zo'n beest eruitzag en hoe leuk om naar te kijken. Albert leek er totaal niet mee te zitten dat ik aan zijn schild zat, al paste ik wel op niet in de buurt van zijn bek te komen, die er griezelig scherp en hard uitzag. Hij moet gedacht hebben dat al zijn verjaardagen en Kerstmissen op één dag waren gevallen, want hij had niet alleen een boot gevonden met heerlijk jong wier op de romp, maar een die ook nog eens langzaam genoeg voer om bij te kunnen houden. Ik had het idee dat ik een soort varend buffet voor mijn nieuwe vriend vormde. Iedere keer dat hij boven water kwam om lucht te happen, ademde hij uit en ademde daarna met zoveel geestdrift weer in dat zijn kop ervan wiebelde en hij er scheel van begon te kijken, wat steevast een hysterische giechelbui van mijn kant opleverde. Albert had daarna ook altijd problemen met terug onder de boot duiken. Hij misrekende zich regelmatig en stootte dan zijn kop tegen de zijkant van de boot, waardoor ik in plaats van medelijden met hem te hebben, helemaal niet meer bijkwam.

De nacht nadat ik Albert voor het eerst had gezien werd ik om twee uur wakker van een bonzend en schrapend geluid dat van de onderkant van de boot kwam. Na iedere bons schudde de boot. Omdat ik de dag ervoor Albert uitgebreid had gadegeslagen en naar hem had geluisterd, besefte ik dat dit het geluid was van een boot die over het harde schild van een schildpad schuift, gevolgd door het lawaai van een bek die wier aan het afschrapen is. Toen ik over de rand keek, dook de Big Mac van alle schildpadden uit het donkere water op om lucht te happen. Geen wonder dat de boot had geschud. Dit was Albert niet, maar familie van hem, een schildpad van ruim een meter lang. Hoe kwam het dat ik niet vrolijk werd van een reuzenschildpad die me midden in de nacht wakker maakte? Het is tenslotte iets wat ik thuis niet meemaak.

✉

Hallo, Ik moet er niet aan denken om in de kleine uurtjes te moeten plassen en dan alleen maar wat tissues te hebben.
Jooles Payne

Van alle schildpadden was Barney mijn favoriet. Ik had hem zo genoemd vanwege de vele zeepokken (*barnacles* in het Engels) die zich op zijn schild, en dan vooral aan de onderkant en rond zijn bek, hadden gehecht. Zelfs de bultjes op zijn tong zagen eruit als pokken. Barney was niet een van de snelste.

De dag dat we kennismaakten, was de zee nogal ruw waardoor de boot hevig heen en weer werd geslingerd. Iedere keer dat hij naar bakboord werd gerold, kwam hij met een enorm gekraak op Barney terecht. Barney leek er niet mee te zitten, maar ik begon me daarentegen steeds meer zorgen te maken dat door hem de romp, die uiteindelijk vervaardigd was van slechts 9 mm dik multiplex, zou openbarsten. Barney haalde grote hoeveelheden van het blauwe antifouling van de romp. Iedere keer dat hij even naar boven kwam om wat lucht te happen, was zijn schild nog weer blauwer dan de keer ervoor. Voor de veiligheid van de *Troika* besloot ik weg te roeien, maar Barney zette fanatiek de achtervolging in en gaf het pas op na dertig minuten! Ik moest lachen om de absurditeit van het tafereel. Daar zat ik dan, roeiend alsof mijn leven ervan afhing, maar ik slaagde er niet in een grote, oude schildpad van me af te schudden die me volgde als een amateur-detective. Godzijdank gaf hij het eindelijk dan toch op.

✉

Zeg, dame. Ik krijg die blauwe verf er niet af. Mijn vrouw vermoordt me als ik thuiskom. Heb je iets waarmee ik het eraf kan halen? Liefs, Barney

113

Het lijkt een open deur, maar in de Atlantische Oceaan stikt het van de vis. Ik had een naslagwerkje over vissen aan boord en ik dook vaak de kajuit in om de tekeningen door te bladeren en te zien of ik de vis kon vinden die ik net voorbij had zien zwemmen (beetje zielige manier om vissen te spotten, maar midden op de oceaan is er niet veel te doen en je moet je kick toch ergens vandaan zien te halen!). Ik raakte geboeid door de statistieken in het boekje. Op een keer zag ik een mantarog rond de boot zwemmen, en ik dacht net hoe sierlijk het beest was tot ik las dat ze ruim zeven meter lang konden worden, langer dan de boot dus!

Dorades (dolfijnvissen) en vliegende vissen waren altijd wel in de buurt. De vliegende vissen wisten alleen niet dat ík in de buurt was en zorgden voor heel wat ongemak. Iedere nacht bleken ze vliegles te hebben, waarbij steevast een aantal een noodlanding op de boot maakte en stikte, omdat ze zelf niet terug in het water konden komen. Ik kon hun gespartel en gehap naar lucht niet aanzien, dus pakte ik ze iedere keer op en gooide ze overboord. Het vervelende was dat ze glibberig waren, stonken en de helft van hun schubben achterlieten in mijn handen. Deze schilferige prut van je handen zien te krijgen was te vergelijken met het verwisselen van een luier met de verkeerde afloop. Het spul zat overal, was er niet af te krijgen en als de boosdoener allang ergens anders was, hing de lucht er nog steeds. Maar ik kon het niet laten de zorgzame moeder uit te hangen. Zelfs midden in de nacht klom ik uit mijn warme, droge kajuit om mijn taak te vervullen.

Daarentegen deed ik 's morgens vroeg hetzelfde als de kinderlokker uit *Chitty Chitty Bang Bang*. Ik rook de vliegende vissen, maar kon ze niet altijd zien omdat ze in alle mogelijke hoeken en gaten vlogen. Dus ging ik mijn neus maar achterna. De schubben die ze verloren, droogden in het warme zonlicht en werden zo licht als een veertje. Als 's avonds dan de wind opstak, stoven ze alle kanten uit. Er is niets erger dan in gedachten te zitten nippen aan een warme beker chocolademelk om dan te ontdekken dat er een stuk vissenhuid in drijft. Of stukken schub te vinden in mijn slaapzak, of tussen mijn tenen waardoor ik helemaal razend werd. De vissen, die enorme snelheden bereikten, leken overal en nergens vandaan te komen. Als ik door een grote werd geraakt, was het net of ik een enorme vuistslag kreeg. Hoewel de meeste vissen klein waren en gewoon terugketsten, konden ze nog best vervelend zijn, met name als ik aan het eten was of als ze op mijn schoot vielen terwijl ik in mijn blootje aan het roeien was. Zo raakte zo'n beest me een keer tijdens het eten recht tussen mijn ogen en kwam van de weeromstuit in de schaal met pasta terecht waarvan ik aan het eten was. Eerlijk gezegd heb ik mijn pasta liever met tonijn!

✉ Als ik geweten had dat er van die kamikazevissen zaten, dan had ik ook een vlindernetje bij mijn visuitrusting gestoken! AMW

Dorades daarentegen, vormen wel een aardige vissoort. Ze zwommen mijlen met me mee en, hulpvaardig als ze zijn, aten vliegende vissen. De meeste waren ongeveer een meter lang en schitterend van kleur. *Troika*-blauw, met glimmende groengele vinnen en staarten. Wat aardig dat ze de kleuren van mijn sponsor hadden! Ze sprongen hoog op uit het water en kwamen met een klap weer neer in een poging parasieten te doden. Ondanks de afmeting en het gewicht van deze beesten – volgens mijn handige vissennaslagwerkje kunnen ze wel veertig kilo zwaar worden – kwamen sommige van hen twee tot drie meter boven het water uit. Ze kwamen dan weer met zo'n geweldige plons neer, dat ik ineens moest denken aan de duiklessen die ik heb gegeven aan de vijfdeklassers van St. Margaret's School. Het leek meer op een bommetje dan wat anders, van zowel de leerlingen als de vissen.

Op een avond deden ze wel erg hun best en was het alsof ze een wedstrijd hoogspringen hielden. Ik besloot een poging te wagen er een foto van te maken. Ze blijven even in de lucht hangen, dus dacht dat ik een goede foto kon maken als ik de camera vaag in de juiste richting hield. In theorie is het een aardig idee, en ik heb dan ook opnieuw respect gekregen voor na-

115

tuurfotografen. Tim Welford, die ooit de Stille Oceaan is overgeroeid, zei eens dat proberen walvissen te fotograferen, leek op de Kit Kat-commercial met de reuzenpanda, waarbij iedere keer als de fotograaf met zijn rug naar de ingang van de grot ging staan, de panda's op rolschaatsen naar buiten kwamen. Mijn ervaring was niet veel anders. Iedere keer als ik me aan bakboord opstelde, hoorde ik een plons en dan kon ik me nog net op tijd omdraaien om aan stuurboord zo'n enorme kanjer van een heldhaftige hoogte te zien landen. Nadat dit een paar keer was gebeurd, verhuisde ik naar stuurboord, waarna het gespring uiteraard aan bakboord verderging. Het was een samenzwering van dorades, daar ben ik van overtuigd: 'Operatie Hoe Ontvlucht Ik Een Foto', met een van de mindere springers op wacht, die vervolgens de rest van de ploeg informeerde. Ik kon me bijna voorstellen hoe de radio-omroep zou hebben geklonken: 'Bravo, dit is Alpha. Doel verplaatst zich... blijft nu staan aan bakboord. Oproep aan alle vissen, onmiddellijk naar stuurboord, VLUG, VLUG, VLUG!'

Ik kreeg ook regelmatig gezelschap van vissen die niet in mijn nu 'niet zo handig naslagwerkje' waren opgenomen. Ze hadden geen vinnen aan weerskanten van hun ovaalvormige lijf, maar een grote vin op hun rug en een andere op hun buik. Hun vinnen waren belachelijk groot vergeleken met de rest van hun lijf en flapperden onhandig heen en weer. Als ik ze voorbij zag flapperen, moest ik soms moeite doen om niet in de lach te schieten. Ik noemde ze 'kusvissen' vanwege het geluid dat ze maakten als ze aan het eten waren. Ze voedden zich met plankton dat in de luchtbelletjes op het wateroppervlak zat, en dat ze met kracht opzogen. Een verbazingwekkend hard kusgeluid was het resultaat. Iedere keer als ik een kushand van ze kreeg, gaf ik er een terug. Een kwestie van beleefdheid!

✉

Ik kan me die vissen nog steeds niet voor de geest
halen, dus koop ik maar een goudvis. Heb wel graag
wat ideeën voor namen van je.
Liefs, Matt & Christelle
x

116

Andrew en ik waren nu twee weken niet meer bij elkaar. Ik had de mogelijkheid iedere dag met hem te praten of, als ik flink was, om de dag. Andrew was van de *Challenge Yacht 24* overgestapt op de *Challenge Yacht 47* en was samen met de bemanning op weg naar de kop van de vloot, waarbij ze probeerden iedere roeiboot onderweg aan te doen. Inmiddels bedroeg de afstand tussen de kopgroep en de achterblijvers meer dan duizend mijl en het werd dan ook steeds moeilijker om alle boten die alleen voeren, te vinden.

Ik was bang dat Andrew het vervelend zou vinden om al die ploegen onder ogen te komen, daar de meesten pas wisten dat hij had afgehaakt en ik in mijn eentje was verdergegaan als ze hem op hen af zagen zeilen, maar dat bleek niet het geval. Hij vond het heerlijk langs al die andere roeiers te gaan en zij waren op hun beurt een steun voor hem, en vol begrip. Ik ben ervan overtuigd dat ieder van hen wel eens twijfels heeft gehad en wenste dat hij thuis was. Ze wilden vooral graag weten hoe het met mij ging en een aantal teams met een satelliettelefoon aan boord vroeg om mijn nummer. Naarmate Andrew verder de vloot langsging, begon ik steeds meer telefoontjes van andere boten te krijgen.

Met Tim en Jo van de bikinitopjes had ik al snel het meeste contact. Ze belden aanvankelijk van de *Keltec Challenger* om te zeggen hoezeer ze mijn moed bewonderden. Na de heel wat pessimistischer uitspraken van nogal wat twijfelaars betekenden hun woorden heel veel voor me. We hadden hetzelfde gevoel voor humor en iedere keer als ik eraan dacht hoe ze gehuld in bikinitopjes van de Britse vlag aan de start verschenen, moest ik weer lachen. Ze belden iedere woensdag en zondag, mits we verbinding konden krijgen. Iedere keer zongen ze een ander liedje voor me, maar dan moest ik wel een mop voor ze hebben. Mijn moppen waren echter zo slecht dat ze me er al snel voor begonnen te straffen. De afspraak was dat ik bij terugkomst een maaltijd voor hen en hun partners zou koken als dank voor hun niet-aflatende steun. De angel was dat iedere keer dat ik een slechte mop vertelde, zij me straften met een niet-alledaags ingrediënt dat ik dan in het gerecht moest verwerken. Een soort 'Ready, Steady, Cook', maar dan op de manier van de *Keltec Challenger*. Urenlang pijnigde ik mijn hersenen om met een goede mop te kunnen komen, maar uiteindelijk moest ik het opgeven en ik besloot een oproep op de website te plaatsen. Binnen enkele dagen was ik bedolven onder de moppen, afkomstig uit de hele wereld. Maar Tim en Jo lachten nog steeds niet. Er zat niets anders op dan de feiten onder ogen te zien: het lag niet aan de moppen, maar aan de manier waarop ik ze bracht!

Hetzelfde kon niet worden gezegd over de zangkwaliteiten van Tim en Jo. Ze hadden allebei goede stemmen. Ik werd onderhouden met hymnen, vertolkingen van Tom Jones en liedjes van Wham! en Abba. Maar het summum was toch wel hun versie van het Jacky Wilson-nummer 'Reet Petite'. Uren later zat ik er nog om te lachen. (Zelfs toen ze al binnen waren en weer terug in Engeland, belden ze om kerstliedjes voor me te zingen. Hun toewijding is iets wat ik dan ook nooit zal vergeten.)

Ik was de rivalen die contact met me opnamen best dankbaar, maar moest toch af en toe enige bitterheid onderdrukken als ik met sommigen sprak. Waarom moest ik eerst mezelf bewijzen door in mijn eentje verder te roeien voordat ze me serieus namen? Sommige ploegen die me in Tenerife nauwelijks zagen staan, gedroegen zich nu ik alleen was ineens heel anders. Hun eerdere gedrag waren ze ongetwijfeld inmiddels vergeten. In het begin had ik het best moeilijk met die gevoelens, maar al snel ontwikkelde ik een nieuwe, ontspannen kijk op het leven. Ik kwam tot de ontdekking, mede door de gunstige invloed van de oceaan, dat het beetje bitterheid dat ik in me had, veranderde in gevoelens van dankbaarheid. Tenslotte waren ze er voor me als ik hen nodig had.

De tweede week van november zag het ernaar uit dat het team van de Kiwi's de wedstrijd zou winnen en dat het nog zo'n zeven tot tien dagen zou duren voordat ze in Barbados aankwamen. De *Challenge Yacht 24* zette koers naar het eindpunt om hen op het laatste stuk te vergezellen. Om eerder op het vasteland te kunnen zijn, stapte Andrew weer over op de *Yacht 24*. Dit betekende echter wel dat we opnieuw zonder telefoonverbinding zaten.

De dagen gingen pijnlijk langzaam voorbij. Daarbij was er nog steeds geen passaatwind. De dertig mijl per dag die ik mezelf als doel had gesteld haalde ik dan ook bij lange na niet. Midden op de dag was de hitte niet te harden en door het uitblijven van een briesje voelde de lucht die je inademde gewoon plakkerig aan. Zonder het vooruitzicht om met Andrew te kunnen praten, begon ik me vreselijk eenzaam te voelen. Mijn rots in de branding was onbereikbaar en dat had duidelijk invloed op mijn vermogen om bij de les te blijven. Op een middag zat ik in de drukkend warme kajuit en keek via het luik naar het weerkaatsende zonlicht op de oceaan, en ik had het gevoel dat ik vastzat in een gevangenis op het water waaruit geen ontsnappen mogelijk was.

Later die week landde tijdens een bijzonder regenachtige nacht een vogel op de boot. Ik hoorde de vleugels klapperen, maar het vertrouwde geluid van de golven overheerste en ik nam aan dat hij verder was gevlogen. Toen ik de volgende ochtend het ontbijt aan het klaarmaken was, ontdekte ik tot mijn schrik dat het vogeltje in het putje tussen het reddingsvlot en de scheidingswand vastzat. Het putje stond vol regenwater dat tot over zijn rug kwam. Alleen het kopje stak nog boven het water uit. Het arme beestje had de hele nacht zo gelegen. Ik pakte hem op, droogde hem met een handdoek af en maakte onder het dolboord een nestje voor hem. Het vogeltje was zo nat dat het iedere keer als het zijn vleugels bewoog een zompend geluid maakte.

Zompie, zoals ik hem al snel doopte, zorgde net voor de afleiding die ik nodig had. Omdat ik Andrew niet meer had gesproken, had ik nog zoveel liefde over, dat dit kleine wezentje er de vruchten van zou plukken, of hij nu wilde of niet. De drie dagen die daarop volgden, werd hij het middelpunt van mijn bestaan. Hij rustte overdag uit terwijl zijn kopje onder het dolboord uitstak als hij naar me keek terwijl ik aan het roeien was. 's Nachts daarentegen was hij erg onrustig. Net als een

119

stormvogeltje dat eerder op mijn tocht al eens op de boot had gezeten, probeerde Zompie in de vroege uurtjes weg te vliegen. Ik tilde hem dan op en hield hem hoog in de lucht, maar iedere keer opnieuw fladderde hij fanatiek weg om vervolgens een noodlanding op zee te maken. De dorades zwommen om hem heen alsof ze hem zagen als een ware delicatesse. Doodsbenauwd dat het einde voor mijn kleine kameraadje nabij was, ging ik over de kant hangen, spetterde naar de dorades en riep naar Zompie dat hij naar me toe moest zwemmen, waarna ik hem weer uit het water schepte en terug in de veilige boot zette. Zompie werd echter steeds zenuwachtiger van me. Hij besefte niet dat ik hem wilde helpen.

De derde nacht was ik uitgeput. Ik moest me erbij neerleggen dat de natuur haar beloop moest hebben. Rond twee uur spreidde hij zijn vleugels, klaar om het nog eens te proberen. Ik bleef in de kajuit, mijn neus tegen het raam gedrukt en misselijk van angst, en ik bad dat hij het zou halen. Na even weifelend op het dolboord te hebben gestaan, fladderde Zompie over de rand en was verdwenen. Was hij erin geslaagd om weg te vliegen of was hij verdronken? Terwijl ik probeerde het beeld van Zompie die uiteen werd gereten door een school dorades uit mijn gedachten te bannen, ging er een minuut voorbij. De natuur kon me wat! Ik kon de geestelijke kwelling niet langer verdragen. Ik schoot het luik uit en gluurde over de zijkant van de boot in het donker. Niets. Zompie was allang verdwenen. Toen ik later probeerde te slapen, prentte ik mezelf in dat hij vrolijk over de oceaan vloog. Aan het andere wilde ik niet eens denken.

Na Zompies vertrek concentreerde ik me weer op mijn voortgang, of liever gezegd, het gebrek eraan. De Challenge Business en dagblad *The Times* hadden beide uitgerekend dat het nog zeker tot eind januari zou duren voordat ik in Barbados zou aankomen. Volgens mijn kortetermijnplanning had ik in tien dagen op dertig graden westerlengte moeten zitten, maar ik kwam nog niet eens in de buurt. Even terug naar de werkelijkheid kon geen kwaad. Ik denk dat ik mezelf wekenlang voor de gek heb gehouden door te denken dat ik nog voor

Kerstmis Barbados zou bereiken. Ik wilde gewoonweg het feit niet accepteren dat ik waarschijnlijk ruim vier maanden alleen in een bootje moest zitten als ik mijn droom in vervulling wilde laten komen. Het deed pijn te bedenken dat ik de kerstdagen niet bij Andrew en mijn familie zou zijn, of bij mijn beste vrienden, de Wilsons en de Kings, met wie we voor de jaarwisseling een huisje in Cornwall hadden gehuurd.

Het was van het grootste belang om nu de moed niet te laten zakken. Nadat tot me was doorgedrongen dat mijn avontuur beduidend langer zou duren dan ik aanvankelijk had gedacht, deed ik iedere dag mijn best om iets positiefs te vinden waarop ik me kon concentreren. Of dat nu een schitterende zonsopgang was, of de voldoening om meer dan twee Spaanse werkwoorden te leren, of de ontdekking van de een of andere vreemde vis, ik vond over het algemeen altijd wel iets. Vond ik zo snel niets in mijn omgeving om me op te concentreren, dan had ik altijd de sms'jes nog. In je eentje per roeiboot de Atlantische Oceaan oversteken is een uitstekende manier om vriendschappen aan te halen! Ik heb van zoveel mensen die ik in jaren niet gehoord of gezien had, iets vernomen. Het vormde een van de vele onverwachte hoogtepunten van mijn avontuur.

Het was geweldig dat die berichtjes niet alleen afkomstig waren van vrienden en familie. Vanuit de hele wereld stuurden mensen me sms'jes en e-mailtjes om me aan te moedigen. Op een weekeinde kreeg ik zelfs een telefoontje van een volslagen vreemde. Mijn trouwste 'sms-vriend' was echter David G. uit Zuid-Afrika die zulke uitgebreide verslagen stuurde, verdeeld over verschillende sms'jes, dat ik langzamerhand het idee kreeg dat ik hem al jaren kende. Hij merkte op dat het best een vreemde gewaarwording moest zijn om als je alleen in een roeiboot midden op de Atlantische Oceaan zit, sms'jes te ontvangen van iemand die je waarschijnlijk toch nooit zult ontmoeten.

Dat was wel zo, maar ik raakte er aan gewend. Het was een van de charmes van deze belevenis en een schitterende manier om de zinnen te verzetten. De eerste helft van november alleen al ontving ik berichtjes uit Nieuw-Zeeland, Australië, de Verenigde Staten, Zuid-Afrika, een Ierse pub in Duitsland en natuurlijk een gigantische hoeveelheid uit Engeland. Achter iedere naam zat een heel leven: een gezin, werk, hobby's, favoriete liedjes, dromen en idealen, en dat maakte me benieuwd. Urenlang zat ik me onder het roeien af te vragen hoe Claire uit Florida eruitzag en welke biersoorten je allemaal kon krijgen in de pub van Robert O'Casey in Einsburg in Duitsland. Ik begon een plan uit te broeden om erachter te komen of de beelden die ik bij iedereen had ook werkelijk klopten.

Ik had het idee dat al mijn mailvrienden precies wisten hoe ik eruitzag. Wilden ze me een berichtje sturen, dan moesten ze immers eerst naar de website. Tegen het einde van de reis zouden ze eveneens een tamelijk goede indruk hebben van mijn karakter, mijn sympathieën en antipathieën en ook wat van mijn verleden, omdat ik via mijn internetdagboek al mijn ervaringen met hen deelde. Het leek me geweldig de rollen nu eens om te draaien en de levens van mijn mailvrienden bloot te leggen en dan uit te vogelen of mijn gedachten juist waren geweest. Ik begon te mijmeren over wat een avonturen ik nog zou kunnen beleven als ik een reis rond de wereld maakte, waarbij ik iedere maand in elk land een of twee mensen bezocht om hen persoonlijk voor hun steun te bedanken. Ik zou dan ook ontdekken hoe ze in hemelsnaam achter mijn tocht waren gekomen en dan zou ik *hun* verhalen ook eens kunnen horen. Dat zou beslist boeiend zijn. Ik was ervan overtuigd dat mijn mailvrienden even divers waren als de landen waar ze vandaan kwamen. De enige zwakke schakel in mijn verhaal waren de financiën, want hoe moest ik mijn avontuur bekostigen? Ik was immers niet van plan om van land naar land te roeien!

Deze mailvrienden en hun boodschappen maakten mijn eenzaamheid een stuk draaglijker, maar ik snakte er nog steeds naar om Andrews stem te horen. Of Andrew nu wel of niet in de boot was, maakte niets uit, we vormden nog steeds een team, en ik wist dat ik niet zonder zijn hulp en steun kon. Het jacht waarop hij zat, had evenals de Kiwiploeg die aan de leiding was, vertraging opgelopen door de uitzonderlijke weersomstandigheden die werden veroorzaakt door de orkaan Michelle, niet ver van hen vandaan. Voor mij betekende dat nog langer wachten op Andrews stem, maar voor Steve en Matt op de *New Zealand Telecom Challenger 1* was het een nog grotere teleurstelling. Ze hadden het fantastisch gedaan in de wedstrijd en stonden op het punt het wereldrecord, dat op eenenveertig dagen stond, te verpletteren, en door het weer liepen ze dat net mis.

Op 16 november, ruim een maand nadat hij van de *Troika Transatlantic* was gestapt, kwam Andrew in Barbados aan. Ik was heel trots op hem. Hij was de Atlantische Oceaan overgezeild, wat op zich al een hele prestatie is, en helemaal voor iemand die bang is op de oceaan. De dag ervoor had ik met de wedstrijdleiding van de Challenge Business afgesproken dat ik 's morgens om tien uur via de satelliettelefoon zou bellen. De uren voordat het zover was, was ik door het dolle heen en liep met Woody de beer het dek op en neer terwijl ik schreeuwde: 'We hebben zo Vealy aan de lijn! We hebben zo Vealy aan de lijn!'

Ik keek toe hoe de minuten voorbijkropen en kon niet langer meer wachten. Toen ik het nummer belde en het antwoordapparaat hoorde, was het alsof ik een klap in mijn gezicht kreeg. Ik hing op en staarde naar de horizon. Ik zag het ineens niet meer zitten. Plotseling bedacht ik me dat ik een boodschap had moeten inspreken met de vraag of hij me meteen terug wilde bellen. Dus belde ik opnieuw en kreeg Andrew meteen aan de lijn.

'Je bent er dus wel!' riep ik verbaasd.

'Natuurlijk ben ik er,' antwoordde Andrew. 'Ze hadden gezegd dat je rond deze tijd zou bellen.'

Ik had geprobeerd hem te bereiken, maar had het antwoordapparaat gekregen, barstte ik los. Ik was zo opgewonden geweest – 'en dan neem je niet op en, en...'

'Rustig nu maar, schatje. Ik ben er nu toch?' Zoals altijd waren enkele woorden van Andrew genoeg om me te troosten. Zinnen als 'ik hou van je' en 'ik mis je zo', vlogen over en weer.

Veel verder kwamen we niet. We hadden elkaar tien dagen geleden nog gesproken, maar het had wel een eeuwigheid geleken. 'Ik wil nooit meer dat we elkaar zo lang niet spreken,' zwoer Andrew. 'Ik ook niet,' antwoordde ik en ik wist weer dat hij van me hield en dat hij me nodig had. Wie kon het wat schelen dat we sentimenteel aan het doen waren. Ons in ieder geval niet!

Twee dagen later passeerden Steve en Matt op de *Telecom Challenger 1* de eindstreep. Ze hadden het wereldrecord niet gebroken zoals ze hadden gehoopt, maar ze hadden wél de Ward Evans Atlantic Rowing Challenge gewonnen. Ik had nog bijna tweeduizend mijl voor de boeg.

Ik vond het heerlijk om van Andrew, die nu veilig in Port St. Charles was aangekomen, te horen hoe het er bij de finish aan toe ging. Het klonk geweldig en alleen al door erover te praten begon ik er nog meer naar uit te zien, ook al zou ik nog maanden moeten wachten. Ik ging er in ieder geval wel een tijdje harder door roeien. Andrew vertelde dat hij zich bezighield met feestjes af te lopen en dat ik me geen zorgen hoefde te maken, als ik er niet bij was dronk hij wel voor mij. Wie durft nu nog te beweren dat ik geen royale echtgenoot heb!

Dit was het begin van wat een complete tegenstelling in onze levensstijlen zou worden. Andrew betrok een boerderijwoning van de bestuurder van Port St. Charles en zijn vrouw, Thomas en Cath Herbert. Andrews sms'jes in die periode benadrukten hoe verschillend ons dagelijks leven was.

✉

Heb Thomas' huis nu ook bij daglicht gezien. Die lap grond alleen al! Tijd om weer terug in mijn hangmat te kruipen en van je te dromen. Ik hou meer van je dan ooit. xxx.

Tegenslag is zoiets vreemds. Daar was ik dan, schijnbaar hangend in een donkere watermassa van maar liefst vijf kilometer diep met nog zes uur roeien voor de boeg voordat ik mocht gaan rusten, terwijl Andrew met een eigengemaakte rum-punch in zijn hand in zijn hangmat lag te kijken hoe de apen van de ene boom naar de andere slingerden. Of ik het erg vond? Helemaal niet. Ik was gewoon opgelucht dat hij veilig was en het deed me goed dat hij zo gelukkig klonk.

Terwijl de *Challenge Yacht 24* over de eindstreep was, voer de *Yacht 47* naar de staart van de vloot om ons, de tragere deel-nemers, wat ondersteuning te geven. Op een ochtend nadat de Kiwi's al waren aangekomen, zat ik om halfzeven nog half sla-pend aan de riemen, en ik wist niet goed of het groene licht dat ik aan de horizon zag nu een groene ster was of het licht van de mast aan stuurboord van het Challenge-zeilschip. Daar ik al-leen maar rode planeten kende en geen groene kwam ik tot de conclusie dat het 't jacht moest zijn en ik begon als een gek op te ruimen. Ik hou namelijk van netjes. (Typisch vrouwelijk!)

Toen ik klaar was met opruimen, voelde ik me heel kalm toen ik hen naar me toe zag glijden. Ik had het zo naar mijn zin op de *Troika* dat ik wist dat ik het heerlijk zou vinden een tijd-je met hen door te brengen, maar dat ik ook weer niet teleur-gesteld zou zijn als ze weer wegzeilden.

Al vijf weken had ik geen mens gezien en toen ze om me heen laveerden genoot ik dan ook met volle teugen van de ge-sprekken met hen. Ik bleek verrassend veel nieuwtjes te heb-ben, wat wel vreemd was omdat ik midden op de Atlantische Oceaan zat en al die tijd niemand had gezien. In Engeland ben ik normaal gesproken de laatste die iets hoort, maar op zee blijkbaar de eerste. Ik vertelde de bemanning over de finish.

'Chay was blijkbaar op *This Is Your Life* omdat hij een be-kende is van Babs Powell,' legde ik uit. 'Dus Alistair (iemand anders uit de leiding van de Challenge Business) is in Barbados om de prijzen aan de winnaars uit te reiken.'

'Hoe bestaat het dat je dit allemaal weet terwijl je midden op de oceaan zit!' riep de kapitein, Lin, uit. 'Wij wisten dat niet eens en wij staan nog wel in rechtstreeks contact met kantoor!'

Dus zeiden ze natuurlijk dat ik geen tijd had om te roeien omdat ik het te druk had met al die sms'jes te lezen. Gelukkig maar dat ik twaalf uur per dag roeide, want ik ben bang dat ze anders nog gelijk hadden ook!

Ik vertelde aan de bemanning dat ik bijna geen schrijfpapier meer had en ze waren zo vriendelijk in een waterdichte koker een pak naar me toe te gooien. Tot mijn verbazing hadden ze er nog wat lekkers extra in gedaan. Er zat een groot stuk kaas in en een paar sneden vers gebakken brood. Andrew had laten doorschemeren dat ik gek was op kaas. Ik was in de zevende hemel en kon nu de volgende paar dagen kaas eten als ontbijt, lunch en avondeten. In ruil stopte ik voor het begeleidingsteam wat snoep in de koker, daar zij meestal degenen zijn die wat geven en nooit wat krijgen.

'Ik heb voor jullie wat snoep in de koker gedaan,' zei ik. 'Het is niet veel, maar ik wil jullie bedanken voor alles wat jullie doen.' Ik hoopte dat ze beseften dat deze woorden recht uit mijn hart kwamen. Ik had niet veel om te geven, een paar pakjes pepermunt, enkele zuurtjes en wat kauwgom.

'Pepermunt!' riep Sian, de arts, en ze scheurde meteen een pakje open. 'Ik snak al een week naar pepermunt.'

Ik was blij dat ik ze iets had kunnen geven wat ze fijn vonden. De bemanning zat al zo lang op zee en verdiende eigenlijk veel meer dan een paar snoepjes. Ze waren nog langer van huis dan ik en ook hen stond een Kerstmis te wachten zonder hun geliefden. Ik was hen enorm dankbaar voor de constante steun op de achtergrond, vooral omdat ze altijd extra op me letten en me voortdurend aanmoedigden. Ik had het gevoel dat ik toch altijd een beroep op hen kon doen, ook al waren ze honderden mijlen van me vandaan.

'Hoe ging het met Andrew toen hij bij jullie aan boord was?' vroeg ik Sian.

'Goed. We hebben alles doorgepraat en hij vond het allemaal prima. Hij was heel trots op je.'

Ze vertelde verder dat ze regelmatig samen op de achtersteven zaten en het hadden over het leven op zee. Het deed me goed dat Andrew de gelegenheid had gehad om zijn angsten door te praten met iemand die het begreep. Sian was de vriendin die hij nodig had.

Al was het heerlijk het schip van de Challenge terug te zien, ik kwam absoluut niet in de verleiding om het op te geven en met hen mee te gaan. Ik had me afgevraagd hoe het zou zijn hen te zien, en hoe ik zou reageren als ze weer vertrokken waren. Ik was in de zevende hemel toen ik ontdekte dat ik me nog steeds gelukkig voelde en het prima naar mijn zin had: ik, Woody de beer en mijn vertrouwde *Troika*. Mijn gevoelens bleven hetzelfde: toen ik hen weer uitzwaaide, was ik nog steeds tevreden.

Het was rond dezelfde tijd dat ik op een middag opkeek en aan de horizon iets zag wat op een vuurtoren leek. Het was het schitterend witte zeil van een jacht, *Wild Woman* geheten, dat op weg was van Tenerife naar de Kaaiman Eilanden. Via de radio sprak ik een tijdje met de kapitein, die uit Londen kwam, en vertelde hem mijn verhaal: dat ik begin oktober was begonnen met roeien, dat mijn gemiddelde snelheid op 1,2 knopen lag en dat ik eind januari 2002 in Barbados hoopte aan te komen.

'Ja, mijn boot is gemaakt van multiplex,' erkende ik nonchalant. 'En ja, ik roei in m'n eentje.'

Ik hoorde het mezelf allemaal zeggen en besefte dat het behoorlijk absurd overkwam. Waarom zou iemand zoiets doen? Het leven op de golven was voor mij inmiddels een geaccepteerd iets, normaal ook. Ik was dan ook al helemaal vergeten dat datgene wat ik aan het doen was op z'n minst toch behoorlijk vreemd was. De bemanning van de *Wild Woman* vond het in ieder geval ook niet normaal.

'Hoe bestaat het. Liever jij dan ik!' zei de kapitein. 'Kunnen we iets aan je kwijt? Bier of iets te eten?'

Het was een vriendelijk aanbod, maar ik wilde niets aannemen. Om de één of andere reden vond ik dat ik geen alcohol mocht drinken voordat ik in Barbados was aangekomen. Ik dacht dat het me des te lekkerder zou smaken als ik wachtte. Toen het Kerstmis was kon ik mezelf wel voor mijn hoofd slaan dat ik het aanbod niet had aangenomen!

'Nee, dank je,' antwoordde ik. 'Heel vriendelijk aangeboden, maar ik heb alles bij me wat ik nodig heb.'

'Nou, je hebt nog de tijd totdat we aan de horizon zijn.

Mocht je nog van gedachten veranderen, dan hoor ik het wel via de marifoon.'

Door hun verbazing dat ze me plotseling tegenkwamen, vroeg ik mezelf af of de omvang van wat ik had gedaan ooit helemaal tot me zou doordringen. Ik wist dat dit niet zou gebeuren voordat ik het vasteland bereikte. Maar ik verwachtte wel dat ik in de toekomst vast wel een keer zou zeggen: 'Ik kan er met mijn pet gewoonweg niet bij dat ik helemaal in m'n eentje drie maanden de Atlantische Oceaan ben overgeroeid.' Ik stelde me voor dat mijn kleinkinderen zouden reageren met: 'Jeetje, oma! Hoe hebt u dat ooit in uw hoofd kunnen halen!'

6

Virtuele omhelzingen en instant kippensoep

Enkele dagen nadat Andrew in Barbados was aangekomen, begon de Atlantische Oceaan het op zijn heupen te krijgen. Hij was gemeen, vol kuren en toch schitterend. Er zat hem duidelijk iets dwars en hij liet dat merken ook, iets waar ik wel in kon meevoelen. Op een ochtend waaide het al heel vroeg zo hard, en kwam het water zo met bakken uit de hemel dat de *Troika* als een pingpongballetje op het water heen en weer werd gegooid. Bij iedere golf die tegen de zijkant van de kajuit kwam, hing de boot scheef en werd ze meegevoerd met het water. De klappen klonken steeds alsof de boot doormidden leek te breken.

Urenlang ging dit zo door, maar volgens mijn beleving zat de kajuit zo als een cocon om me heen, dat er niets ernstigs kon gebeuren. Het komt me nu vreemd voor dat ik me zo veilig en comfortabel voelde als de luiken dichtzaten, terwijl in werkelijkheid slechts zes tot negen millimeter multiplex me scheidde van de razende storm buiten en de kilometers diepe, donkere oceaan onder me! Dat ik me bij deze weersomstandigheden op de oceaan helemaal in mijn element voelde, is zelfs misschien nog vreemder. Als het begon te waaien en de golven om me heen sloegen, voelde ik absoluut geen angst, integendeel zelfs. Ik had 's nachts liever woeste baren dan een griezelig kalme, rimpelloze zee.

De Atlantische Oceaan deed me vaak denken aan mijn vroegere leerlingen. Degenen met de meeste pit hadden een levendige blik in hun ogen, die ik op dagen als deze weerspiegeld zag in de oceaan. Ik probeerde me niet aangevallen te voelen als deze onrustige oceaan me uit de boot wilde gooien. Ik wist dat het niets persoonlijks was, zo zat het spel nu eenmaal in elkaar. De oceaan liet zijn witte paarden los om over de koppen van de golven naar me toe te galopperen. Om met hen mee te rijden, moest ik de boot stevig op de paarden zien te houden. Als de boot op hun rug sprong en dan met een snelheid van wel zes knopen vooruit werd geschoten, gierde de adrenaline van puur genot door mijn lijf, waarna de boot er weer vanaf schoot en tussen de hoge golven even in een rustiger vaarwater kwam. Dit gebeurde omdat de boot zich met een veel lagere snelheid voortbewoog dan de golven. Vervolgens stond ik voor de klus de boot weer recht te trekken voordat de volgende kudde paarden arriveerde. Als ik ook maar een paar graden naast het middelpunt zat, dan zouden ze dwars over het dek galopperen. Het was een meedogenloos, uitputtend spel waar je kletsnat van werd. Als de wind uit het oosten of noordoosten kwam, vond ik het een heerlijk spel om te spelen omdat zo het aantal mijlen dat ik nog af moest leggen om in Barbados te komen aanzienlijk werd gereduceerd. Maar had ik wind tegen, dan moest ik troost zien te vinden in een citaat dat een vriend naar me toe had gestuurd. Iedere dag bleek maar weer hoezeer hij het bij het rechte eind had.

✉

'Indrukwekkende prestaties komen niet voort uit
kracht, maar uit volharding.'
Samuel Johnson

Wekenlang had ik op de passaatwinden en de golven gewacht. Toen ze eindelijk kwamen opdagen, wisten ze niet van ophouden, maar hielpen ze me wel een aardig eind op weg naar het eiland van de rum. Op mijn snelheidsmeter had ik zo lang 0,7 knopen zien staan, dat ik door het dolle heen was toen ik door een grote golf werd meegesleept en ineens 8,2 knopen op de meter zag, wat ik nog niet eerder had gehaald. De snelheidsmeter trilde gewoon van opwinding!
Ik had zo graag een foto willen maken van de muren van wa-

130

ter die steeds verder boven de kajuit uittorenden, maar ik wist dat ik met een camera de omstandigheden geen recht zou doen. Terwijl ik in het golfdal zat te kijken naar de gigantisch hoge golven, was de kracht ervan overweldigend. Sommige golven die met hoge snelheid op me afkwamen, leken wel de afmetingen van huizen te hebben. Ik was met stomheid geslagen.

Ik besefte dat ik als het zo bleef waaien, begin volgende week, maandag 26 november, eindelijk de volgende mijlpaal op mijn kaart – dertig graden westerlengte – zou bereiken.

Terwijl ik aan het roeien was, ging ik verder met mijn techniek om van een golf af te vallen om me vervolgens door de volgende verder te laten meevoeren.

In de laatste week van november waren de golven enorm hoog en kwamen ze vlak achter elkaar. Ik vond hun hoogte en snelheid geweldig en dacht niet eens na over de gevaren. Ik kwam dan ook al snel van een koude kermis thuis.

Toen ik van een golf afgleed en opkeek om mijn koers te vervolgen, zag ik een muur van water van achter op me afkomen. Door de enorme deining van de vorige golf ging ik nog steeds snel vooruit en ineens zei iets in me dat er gevaar dreigde. Het leek alsof de muur steeds groter aan het worden was. Ik kreeg langzamerhand het idee door de golven te worden opgeslokt. Maar ik kende de golven. Ik werd altijd door de voorkant van een golf opgetild, op de kop mee verder genomen om er dan van neer te komen. Het zou nu niet anders gaan, dacht ik.

Terwijl de golf de *Troika* langzaam mee begon te voeren, voelde ik de achtersteven als in slowmotion omhoogkomen. Ik keek langs de golf opzij en zag dat de *Troika* met al haar zeven meter op de voorkant van de golf balanceerde. Nog steeds ging ik met de golf verder omhoog. Ik hoopte dat de *Troika* eroverheen zou gaan, in de wetenschap dat ik ieder moment op de kop van de golf zou zitten en mee verder zou worden gevoerd, om daarna weer in de luwte te belanden.

Ik ging voorzichtig omhoog en kwam plotseling tot stilstand. We hingen in de lucht en trotseerden de zwaartekracht. Nog geen tel later leek het of iemand de slowmotionknop had losgelaten en nu op snel verder spoelen had gedrukt. Ik voelde dat ik werd teruggeworpen in de richting waar ik juist vandaan kwam, en ik was alle controle kwijt. Ik keek naar de snelheidsmeter: tien knopen. Ik moest iets doen, en wel snel. Ik wist dat als de snelheid van de boot groter was dan die van de golf, de boot in het dal van de golf zou worden gegooid, waardoor de *Troika* vervolgens zou worden opgepakt en we een salto zouden maken. In een kajak had ik van deze situatie genoten, maar dit was nu niet bepaald de gelegenheid om hetzelfde in een roeiboot ook eens te proberen!

Ineens drong tot me door dat ik geen reddingsvest aanhad. Ik zat niet eens vastgeklikt aan de boot. En of dat nog niet erg genoeg was, stond het luik van de kajuit ook nog eens wagenwijd open. Als we omsloegen, liep de kajuit vol water en zou de boot zinken. Het zelfrichtend ontwerp van de boot is erop gebaseerd dat de kajuit als luchtzak fungeert, waardoor de boot drijfvermogen krijgt, maar dan moet de kajuit wel helemaal gesloten zijn.

Ik overdacht snel wat ik zou doen als ik nu in mijn kajak zat en kwam tot de conclusie dat ik langs de golf heen moest zien te surfen en niet er recht onder. Zo snel als ik kon, stak ik een roeispaan in de kop van de golf en begon te duwen. De druk van het water was fenomenaal, maar toch slaagde de *Troika* erin langzaam de goede richting op te draaien. Ik liet de andere roeispaan los, terwijl ik de eerste vasthield die zich in de golf bevond en hevig trilde. Ik greep de spaan met beide handen stevig vast en gooide daarbij mijn hele gewicht in de strijd.

De *Troika* deed op dat moment niet onder voor een willekeurige plankzeiler in Hawaï. Ze sneed als een ware professional door de golven, maar dan wel op eigen kracht. Ik hoorde de plastic spuigaten, gaten waarlangs het water op het dek overboord wordt afgevoerd, onder de kracht van het water aan stuurboord kraken. Ineens klonk er een gekraak en was een ervan verdwenen. Via het open gat gutste het water naar binnen en liep over het dek.

Mijn adrenalineniveau zat nu ongeveer op dezelfde hoogte als de golven. Het ging er snel, woest en opwindend aan toe.

Terwijl ik met de golf meevoer tot die eindigde, draaide ik me om en keek naar de achterkant van de golf terwijl die haar weg vervolgde naar het Caraïbisch gebied.

De *Troika* gedroeg zich weer als daarvoor en de rust keerde terug. Met de golf was ook het zwiepende geluid verdwenen en het enige wat ik nog hoorde was het sissende geluid van zuurstof die vrijkwam uit het met koolzuur verzadigde water om me heen.

Ik bleef doodstil zitten, terwijl mijn gezicht pijn deed van het grijnzen. Maar ik was er goed van afgekomen. Plotseling begon de ernst van de situatie tot me door te dringen. Ik dacht dat ik de zee kende, maar ik had het mis. Ik had van verraderlijke golven gehóórd en nu had ik er ook mee kennisgemaakt. En mijn hart bonsde.

'Dat was op het nippertje,' fluisterde ik tegen de *Troika*. 'Misschien moet ik toch je luik maar sluiten.'

Andrew had het prima naar zijn zin in Barbados: de relaxte houding van de Barbadanen paste precies bij zijn karakter. Hij was graag nog wat langer gebleven, maar hij moest terug naar zijn werk. Door aan de wedstrijd deel te nemen, hadden we aanzienlijke schulden opgebouwd, en als we die af wilden betalen, hadden we Andrews salaris hard nodig.

We hadden het regelmatig over zijn terugkeer naar Engeland gehad en ik wist dat het verstandig was als hij terugging. Maar toen de dag dat hij naar huis zou vliegen eenmaal was aangebroken, was ik, waarschijnlijk door pure vermoeidheid, doodzenuwachtig. We waren al weken honderden, zo niet duizenden mijlen van elkaar gescheiden en nu Andrew terugging naar Engeland voelde het op de een of andere manier toch anders aan. Hij was dan zo ver weg. Stel dat er iets mis zou gaan en ik hem nodig zou hebben?

Die dag zat ik 's middags onder het eten te huilen en was ik behoorlijk overstuur. Ik had in mijn hoofd geprent dat ik hem wilde horen zeggen dat, als er iets verkeerd zou gaan, hij alles uit zijn handen zou laten vallen en het eerste vliegtuig naar Barbados zou pakken. Ik wist dat hij dat zonder meer zou doen, maar ik wilde het hem horen zeggen. Uit pure wanhoop belde ik alle nummers die ik had. Bij het wedstrijdkantoor van de Challenge Business had ik volgens mij de meeste kans, maar iedereen was er aan het eten. Tegen de tijd dat ze terugbelden, was Andrew al onderweg naar het vliegveld. Ik was ontroostbaar, en opnieuw zag ik de muren van mijn gevangenis van water op me afkomen. Ik wilde alleen maar mijn gezicht tegen Andrews borst leggen en zijn armen, die me liefhadden en beschermden, om me heen voelen.

Vierentwintig uur later lukte het me eindelijk hem te spreken te krijgen. Hij vond het moeilijk om weer terug in Engeland te zijn en hij was nu bij Hayley en Leigh in Plymouth. Zij begrijpen niet alleen de situatie waarin hij zit, maar ook onze relatie, die dieper gaat dan bij de meeste anderen. Andrew was er zich van bewust dat nu de tijd was aangebroken dat hij de gevolgen onder ogen moest zien, maar hij wilde eerst bij Hayley en Leigh wat op verhaal komen.

Het moet heel moeilijk voor Andrew zijn geweest om terug te keren naar vrienden, familie en collega's en dan toe te geven dat hij het op de oceaan niet had aangekund. Ze hadden ons beiden allemaal zo ongelofelijk veel emotionele, praktische en financiële steun gegeven. Hoewel ik wist dat ze het allemaal best zouden begrijpen, maakte dat het er voor Andrew niet makkelijker op om hen onder ogen te komen. Op dat moment hadden we nog geen idee dat vrienden en familie niet de enigen waren met wie hij zou worden geconfronteerd. De media zaten klaar om zich op het verhaal te storten, om er vervolgens veel harder en verder mee aan de haal te gaan dan we ons ooit hadden kunnen voorstellen.

Een journalist zal zich zelden louter aan de feiten houden, maar later ontving ik toch een citaat van een van hen die ons verhaal had gehoord en net als ik had begrepen hoe dapper Andrew in feite was geweest. Het leek een prikkelende boodschap die Andrew niet mocht vergeten als hij terugging en hij vrienden en collega's weer onder ogen kwam die hem ongetwijfeld zouden vragen wat er nu eigenlijk was gebeurd:

✉

'Het zijn niet de tegenstanders om wie het gaat; noch
om degene die aangeeft waar de sterke man is
gestruikeld of op welk punt degene die de daden heeft
verricht dat beter had gekund. De eer gaat naar degene
wiens gezicht onder het stof, zweet en bloed zit. In het
gunstigste geval weet hij wat het betekent om iets te
bereiken; faalt hij, dan heeft hij het tenminste toch
geprobeerd, zodat hij nooit vergeleken kan worden
met de ongeïnteresseerde en angstige stervelingen die
noch een overwinning, noch een nederlaag kennen.'
Theodore Roosevelt

Andrew had het absoluut geprobeerd en niemand kan zeggen
dat het niet zo is. Ik heb daar enorm veel respect voor gehad.

November zat er bijna op toen ik via het satellietvolgstation
vernam dat ik de dag ervoor de op een na snelste van de vloot
was geweest. Als ik, met mijn bescheiden afmetingen, in mijn
eentje al zo snel ga, wat doen twee sterke mannen in een boot
dan? dacht ik. Ik wist best dat ik mijn succes grotendeels te
danken had aan het feit dat de kopgroep door de orkaan Olga
werd opgehouden, terwijl ik met snelheden van wel tien knopen over de golven heen schoot. Maar dat was een detail, en
daar kon ik maar beter niet te lang bij stilstaan! Tijdens diezelfde week haalde ik een keer vierendertig zeemijlen in vierentwintig uur, en brak daarmee mijn eigen record, waarna ik
alle andere dagen van de week dezelfde afstanden wist af te leggen. Ik had het idee dat ik eindelijk beloond werd voor al die
weken dat ik geduld had gehad. Het was fantastisch om iedere
dag in de branding te kunnen stoeien en ik voelde me dan ook
helemaal in mijn element. Ik wist het zeker, ik was ervoor in
de wieg gelegd!

✉

De kop van de vloot wordt teruggeblazen door de orkaan Olga. Dit is je kans. Tien stevige slagen en je kunt ze inhalen! Mr P.

Dankzij de grote golven was het al 1 december voordat ik er erg in had. Ik zat nu twee maanden op zee. December betekende dat ik nu tegen Andrew kon zeggen: 'tot volgende maand.' Toen ik in oktober en november in mijn eentje midden op de Atlantische Oceaan zat, had ik het er af en toe best moeilijk mee gehad dat ik Andrew, vrienden en familie niet voor januari of misschien zelfs pas in februari zou terugzien. Maar ineens duurde het nog maar een maand en een beetje. Dat was een geruststellend idee.

Ik belde Hayley en vertelde haar dat de tijd volgens mij nu echt voorbijvloog. December had heel wat om naar uit te kijken en ik verwachtte dat de tijd daardoor nog sneller zou gaan. Ik wist dat Hayley een kerstpakketje voor me had klaargemaakt, dat ze naar Barbados had gestuurd, van waaruit de *Challenge Yacht 24* het verder zou meenemen. Zij hadden geregeld dat ze het begin december naar me toe zouden brengen, als ze de boten gingen controleren die zich achter in de vloot bevonden. Ook hoopte ik dat Russ Corn, een vriend van vroeger, bij me langs zou komen. Samen met zijn vrouw en enkele vrienden maakte hij een zeiltocht over de Atlantische Oceaan. En natuurlijk zouden er rond de kerstdagen heel wat telefoontjes komen van vrienden en familie. Daar kwam bij dat ik op deze manier ontsnapte aan al die kerstcommercials op tv en aan de drukke winkelcentra waar het wemelde van de mensen die kerstinkopen gingen doen. Het overdreven commerciële gedoe rond Kerstmis kon ik missen als kiespijn.

Maar mijn verwachtingen waren wat te optimistisch gebleken. Als we ergens te hoge verwachtingen van hebben, dan komen we niet zelden van een koude kermis thuis, en dat gebeurde dan ook. Ik had er zo naar uitgekeken een paar vriendelijke gezichten te zien op het jacht van de Challenge. Mijn gedachten waren er zo door in beslag genomen, dat het niet eens in me was opgekomen dat het jacht wel eens niet helemaal bij mij zou komen. Ik was dan ook diep teleurgesteld toen ik van de Challenge Business een sms'je ontving dat er bij het jacht problemen waren opgetreden en dat ze daardoor rechtsomkeert hadden moeten maken. Geen vriendelijke gezichten dus, en geen kerstpakketje. De invloed van deze teleurstelling zou enorm blijken.

✉

Debra, de CB#24 heeft haar mast verloren. Ze moest terugkeren, dus komt niet bij je langs. T.

Om twee redenen was de komst van het kerstpakket belangrijk voor me. Ten eerste omdat er foto's van Andrew en van mijn familie in zaten, en ten tweede omdat ik eindelijk weer eens levende wezens zou zien als de bemanning van het Challenge-jacht het me zou brengen. De enige foto's die ik mee aan boord had genomen, waren die van paps op de *Rio Luna*. Ik nam ze overal mee naartoe, want ze herinnerden me eraan hoe het was om voor je dromen te vechten. Ik had geen foto's van de rest van mijn familie bij me, want ik was ervan uitgegaan dat ik toch maar een paar weken zou wegblijven. Foto's van Andrew had ik evenmin, want de echte zou immers naast me in de boot zitten, althans dat had ik gedacht.

Enkele uren later zag ik de eerste glimp van een andere zeilbootmast aan de horizon verschijnen. Een uur later was duidelijk dat hij recht op me af koerste. Ik probeerde mijn enthousiasme wat te temperen terwijl ik bijna zeker wist dat Russ de wedstrijdleiding had gebeld om te vragen waar ik zat, en hij nu langskwam. Alles was nog niet verloren. Mijn emoties gingen met me aan de haal, maar er was tenminste wat menselijk contact op komst waar ik zoveel behoefte aan had.

Opgewonden dook ik de kajuit in om wat kleren aan te trekken en ik trakteerde mezelf zelfs op een kattenwasje terwijl ik ondertussen uit de accuruimte ook nog wat deodorant tevoorschijn toverde. Toen ik klaar was, stelde ik me voor waar we het allemaal over zouden hebben en wat voor vers voedsel ze me zouden kunnen geven. Mijn fantasie ging zelfs zo ver dat ik dacht dat ik misschien aan boord zou kunnen klimmen voor een omhelzing, een maaltijd en een koud biertje.

Eenmaal aangekleed en met de marifoon in de hand, wachtte ik tot het jacht binnen bereik kwam. Het kwam inderdaad echt op me af, het moest Russ dus wel zijn! Maar op het moment dat ik hem via de marifoon wilde oproepen, veranderde het jacht van koers en zeilde richting horizon. Misschien hadden ze me niet gezien en waren ze de omgeving aan het afspeuren. Dan zou ik hen wel oproepen en kwam alles toch nog in orde. Geen enkel probleem.

'*Resolution, Resolution, Resolution,* hier *Troika, Troika, Troika.* Over.' Niets. Misschien zaten ze allemaal aan dek en konden ze de marifoon beneden niet horen. '*Resolution, Resolution, Resolution,* hier *Troika, Troika, Troika.* Over.'

Nog steeds kwam er geen reactie. Bij de derde keer gilde ik door de radio. Ze waren zo dichtbij. Waarom gaven ze dan geen antwoord? Ik nam mijn toevlucht tot een eenvoudiger manier om hun aandacht te vangen en begon fanatiek met mijn knalrode Musto-regenkleding in de lucht te zwaaien, maar ze veranderden niet van koers.

Ze voeren weg.

Ik had zó graag gehad dat het Russ was geweest, dat ik in mijn hoofd had geprent dat hij het ook daadwerkelijk was. Maar dat was niet zo. Het was een jacht dat ik niet kende met daarop een bemanning die ik evenmin kende. En ze waren zeker niet op zoek geweest naar mij en ze hadden dan ook niets begrepen van de emoties die het zicht op hen had veroorzaakt.

De aanvankelijke opwinding dat het nu december was, was inmiddels weggeëbd. Ik voelde me eenzaam als nooit tevoren en dat gevoel was bijna ondraaglijk. De tien dagen die daarop volgden, werd ik er compleet in ondergedompeld.

Gevoelig als ik was, miste ik Andrews knuffels. Voordat ik alleen was, had ik er nooit zo bij stilgestaan hoeveel lichamelijk contact ik iedere dag met anderen had, al was het alleen maar een vluchtige aanraking bij het passeren in de trein. Normaal gesproken had ik aan de oceaan en zijn bewoners meer dan genoeg gezelschap, maar sinds de wind en de golven in omvang waren toegenomen, had ik weinig tekenen van leven meer gezien. Ik miste de schildpadden en de walvissen. Hun afwezigheid maakte mijn eenzaamheid alleen maar nog groter.

Ik zat er emotioneel helemaal doorheen en dat was te merken ook. Mijn lichaam begon zich te verzetten tegen eten en drinken. Met moeite slaagde ik erin dagelijks een liter water binnen te krijgen, en dat terwijl het er eigenlijk acht of tien moesten zijn. Als gevolg daarvan voelde ik me zwak en het roeien leek nog zwaarder te zijn dan anders. Zoals ik me nu voelde, kon ik het gevecht met de golven niet aan en iedere keer als ik de roeispanen pakte, brak ik steevast in tranen uit. Wat ik ook moest doen, ik zag overal als een berg tegenop en bij het minste of geringste begon mijn lip dan ook te trillen. Het leek wel of ik mijn levenslust was verloren. Het liefst wilde ik me als een bal oprollen in de kajuit en dan maar hopen dat ik ooit nog eens zou aanspoelen op een strand in Barbados.

Ik dwong mezelf een dagboeknotitie te maken, maar ik kon het niet opbrengen net te doen of alles geweldig ging en ik het prima naar mijn zin had. In mijn dagboekaantekeningen had ik altijd geprobeerd zo positief mogelijk over te komen om zo mijn familie en vrienden niet ongerust te maken, maar ik had er gewoonweg de puf niet meer voor. Voor het eerst was het helemaal waar wat ik in mijn dagboek schreef. Ik vertelde over mijn ondraaglijke eenzaamheid en zei dat mijn enige wens voor Kerstmis een knuffel was. Het laatste wat ik wilde, was dat Andrew zichzelf de schuld zou geven voor mijn eenzaamheid, want dat deed ik absoluut niet. Ík was immers degene die ervoor had gekozen in mijn eentje verder te gaan en het was dan ook aan míj om de consequenties te aanvaarden.

Op de een of andere manier voelde ik me al een heel stuk beter toen ik alles had opgeschreven. De druk om iedereen te laten denken dat alles uitstekend met me ging, iets wat ik mezelf had opgelegd, was te veel voor me geworden. Ik kon alleen nog maar eerlijk zijn. Amper enkele uren nadat mijn aantekeningen op de *Troika Transatlantic*-website waren gezet, werd ik bedolven onder de opbeurende sms'jes van over de hele wereld, waardoor ik ineens meer virtuele knuffels had gekregen dan wie dan ook!

✉

Spoedbestelling voor mevrouw Debra Veal. Een ongelofelijke grote, dikke knuffelige knuffel. En heel veel liefs *H. Nou vooruit dan... Nog een!

Het is niet zo verbazingwekkend dat ik op die dagboeknotitie meer reacties kreeg dan op welke andere daarvoor dan ook. In mijn mailbox konden maximaal dertig berichten en telkens als ik alle berichten wiste, zat hij onmiddellijk weer vol! De sms'jes waren erg bemoedigend en bijna altijd vrolijkten ze me op, al zaten er een paar tussen waarvan ik moest huilen. Het waren geen tranen van verdriet, maar van zelfopenbaring waardoor ik me meteen niet zo eenzaam meer voelde. De berichtjes kwamen van Matt Jess.

✉

Maak me er echt zorgen over dat je niet genoeg drinkt. Ben zelf dialysepatiënt en mag maar één liter vocht per dag. Ik vind het verschrikkelijk. Heb constant dorst en zou graag eens een groot glas naar binnen slaan. Nierproblemen zijn niet om te lachen. Je moet je lichaam niet bovenmatig onder druk zetten. Dat is het allemaal niet waard. Drink ALSJEBLIEFT minstens twee liter water per dag en begin daar ONMIDDELLIJK aan, en zorg dat ik me niet meer ongerust over je hoef te maken. Als je wilt weten waarom ik zo bezorgd ben dan komt dat doordat ik de laatste tweeënhalf jaar door mijn nieren heel wat ellende heb meegemaakt. Ik wil niet dat een ander door eenzelfde hel moet als waar ik doorheen ben gegaan, en zeker geen vrienden. Blijf lachen en blijf drinken! Matt Jess.

Ik pakte onmiddellijk mijn waterfles en begon te drinken. Ik dronk voor Matt, omdat hij het niet kon. Daarna dronk ik ieder kwartier wat en hield dat op de klok bij. Matt had me laten zien dat ik met vuur aan het spelen was. Niet eten en niet drinken maakten het allemaal alleen nog maar erger. Ik kwam er vervolgens achter dat Matt voor het BT Global Challenge Around-the-World Yacht Race had getraind. Ook hij had ervan gedroomd de oceaan over te varen, maar daaraan was vlak voordat hij op het punt stond de zeilen te hijsen een wreed einde gekomen toen hij ontdekte dat hij een nieraandoening had. Bij ieder mailtje dat Matt had gestuurd, had ik het idee dat hij via mij zijn droom waarmaakte en ik begreep nu ook waarom. Ik kon hem niet teleurstellen. En als ik niet dronk, zou ik bovendien mijn eigen nieren beschadigen.

Ik besefte dat zich overal ter wereld mensen als Matt bevonden, wier dromen door een ziekte aan diggelen waren geslagen of in de ijskast waren gezet. En dat er in oorlogsgebieden en ontwikkelingslanden talloze anderen aan het sterven of verhongeren waren zonder ooit hun droom in vervulling te zien komen. En ik zat op een boot, had eten en at niet, terwijl ik wel de kans had mijn dromen waar te maken, maar ik zat te zeuren dat ik me zo alleen voelde. Is dat niet zielig?

Toen ik even later opnieuw wat sms'jes begon te lezen, besefte ik dat deze tocht niet langer draaide om zomaar een jonge vrouw in een roeiboot. Er waren nu zoveel mensen die ook meededen. De website trok inmiddels duizenden belangstellenden en vele honderden van hen stuurden me sms'jes waarin ze me vertelden dat mijn tocht ook op hen een positieve invloed had. Ik inspireerde mensen om toch vooral hun eigen droom waar te maken, en op hun beurt inspireerden ze mij door me te steunen om mijn eigen droom in vervulling te laten komen. Ik voelde me hierdoor zo klein worden.

✉

Kom uit New York en wil je steunen. Mijn studenten hebben het lied van Harbo en Samuelson gezongen en je dagboeknotities gelezen. Kathy
[Harbo & Samuelson gingen in 1896 als eersten per roeiboot de Atlantische Oceaan over.]

✉

Hallo Deb. Was verkouden, voelde me rot, las je dagboek en kikkerde er helemaal van op – ik kan er weer tegen! Hou je haaks! Liefs, Deb Ward

✉

Goedemorgen van Jo. Vandaag iets geks meegemaakt. Sprak op een vergadering iemand die ik nog niet eerder had ontmoet. Vertelde dat ik roeide. Hij zei: 'Heb je al gehoord van die vrouw die in haar eentje de Atlantische Oceaan overroeit. Hij bedoelde jou, DV! Het was geweldig te horen wat voor indruk je maakt op mensen die je nog nooit hebben gezien. Ik lach me rot. Jo xx

✉

Met moeite gisterenavond twee kinderen in bad gedaan, alles zat onder het water. Dacht eraan hoe jij de strijd met de Atlantische Oceaan aangaat en voelde me bijzonder belachelijk. Nicola U

✉

Een van mijn leerlingen eindigde een verhaal met de bewering dat alle mensen hetzelfde zijn. Jij bewijst het tegendeel. Sarah Diggle

Ik ben ervan overtuigd dat een negatieve situatie bijna altijd kan worden omgedraaid in een positieve en zo niet, dat je er toch altijd iets van opsteekt. Een sms'je van mijn goede vriend Mike toonde me hoe. 'Ik heb het idee dat verlichting altijd vooraf wordt gegaan door wanhoop,' zei hij, en hij had gelijk. Zitten we in de put, en zijn onze emoties ongepolijst en onze bronnen uitgeput, dan hebben we de kans onszelf te ontdekken. Ik kreeg die kans ook en had meer tijd om op onderzoek uit te gaan dan wie dan ook. Ik leerde een heleboel over mezelf en over wat ik allemaal kon bereiken. Tijdens mijn tocht was ik zo vaak over mijn angstdrempel heen geduwd en zo vaak uit mijn eigen vertrouwde hoekje, maar ondanks dat ontdekte ik pas toen ik over deze grenzen heen werd gedreven hoeveel ik mentaal aankon.

Zo besef ik nu ook dat ik in het verleden vaak voor de makkelijkste oplossing heb gekozen omdat ik me niet bewust was van mijn eigen mentale kracht, of omdat ik bang was om af te gaan. Als we eerlijk zijn, kiezen we allemaal wel eens de makkelijkste weg. En als angst verlammend werkt, zoals Andrews angst voor de zee, is het goed om een stap terug te doen. Maar kun je het mentaal aan en voel je voor de uitdaging, dan kun je aan die makkelijke weg wel eens een vervelend gevoel overhouden.

Terwijl ik hierover nadacht, herinnerde ik me een periode in mijn leven waarin ik voor het gemak had gekozen en waarvan ik later spijt heb gehad. Ik bracht de zomer door in de Franse Alpen en was aan het klimmen en kajakken met Mike, een goede vriend, klimmer en psychiater. Hij had veel meer ervaring in het klimmen dan ik, waardoor ik vaak de indruk had dat hij zich voor mij moest inhouden. Een van de toppen die we hoopten te 'pakken' was de Barre des Ecrins, die net geen drieduizend meter hoog was. Het had lang geduurd om er te komen, want we moesten eerst omhoog langs de Glacier Blanc, en dat had bijna een dag gekost. Terwijl we naar de plaats liepen waar we ons kamp zouden opslaan, een rotsachtig gebied onder aan de gletsjer, voelde ik bijna mijn voeten niet meer. Zelfs op die hoogte al was de lucht ijl waardoor het me moeite kostte om aan adem te komen. Ik kwam dan ook bijna niet meer vooruit.

Mike toonde ongelofelijk veel geduld en moedigde me aldoor aan om door te gaan, maar mijn zelfvertrouwen was verdwenen en het bleef maar door mijn hoofd spoken dat ik het toch niet zou halen en dat ik een blok aan zijn been aan het worden was.

Met nog andere groepen klimmers sliepen we net onder de top. We zouden om drie uur 's nachts opstaan om samen met de rest aan onze beklimming te beginnen om als we ons doel hadden bereikt, nog voor de zon opkwam en de sneeuw en het

143

ijs op de top zouden gaan smelten, terug naar beneden te gaan. Maar nog voordat we gingen slapen, had ik Mike al verteld dat ik er de puf niet meer voor had. Ik dácht dat het zo was, maar als ik nu terugkijk weet ik zeker dat het gebrek aan lichamelijke kracht tussen mijn oren zat. Op de oceaan had ik nu een tweede kans gekregen om die les te leren. Waar een wil is, is een weg, zo leerde mijn reis me.

In de Alpen had ik de makkelijkste oplossing gekozen. Toen ik de andere groepen naar boven zag gaan, met touwen aan elkaar vastgesnoerd en de pickels in de hand, terwijl de lampjes op hun helm op en neer gingen in het donker, had ik enorm veel spijt. Ik heb thuis nog steeds een ansichtkaart van die berg in een doos liggen en af en toe kijk ik ernaar, al was het alleen al om niet te vergeten dat de makkelijkste oplossing zelden de juiste is.

Voor we uit Tenerife vertrokken, had ik op het balkon zitten kijken hoe de zon boven de zee opkwam en had ik mezelf voorgenomen dat wat er tijdens de wedstrijd ook zou gebeuren, ik niet voor de makkelijkste weg zou kiezen. Nu, tien weken later, had ik voor die keus gestaan en had ik de twijfel resoluut opzijgeschoven. Het was tijd mijn ervaring van de berg toe te passen en sterk te zijn. Ik had nog 1280 mijl voor de boeg en ik zóu het halen.

Met wat hulp van mijn vrienden had ik mezelf uit de put getrokken en ik had er dan ook weer het volste vertrouwen in dat ik naar Port St. Charles in Barbados zou roeien. Ik was inmiddels te ver om het nu op te geven. Ik moest geduld hebben en als ik dat kon opbrengen, dan zou ik binnenkort weten hoe het voelde om de eindstreep te bereiken. Het zou een gevoel zijn dat alle dagen van eenzaamheid snel deed vergeten.

Ik moest steeds denken aan een spreuk die op het schot stond van de *Bright Spark*, de roeiboot die inmiddels op de zesde plaats in de wedstrijd was geëindigd. Het was het grafschrift van kapitein Webb en luidde: 'Iets groots wordt nooit zomaar bereikt.' De eenzame dagen waren zwaar geweest, zwaarder dan alles wat ik ooit had meegemaakt, maar ze lagen nu achter me en ik had er een belangrijke les uit geleerd.

De volgende dag zwommen er weer een zwaardvis en een school dorades onder de romp met me mee. Eindelijk had ik weer gezelschap. De zwaardvis had er duidelijk plezier in over de golven achter de boot te surfen en terwijl ik toekeek hoe hij van de achtersteven wegzwom, besefte ik dat de voedselketen net weer wat langer was geworden. De dorades waren onder de boot aan het proberen de vliegende vissen op te eten, terwijl de zwaardvis op zijn beurt weer achter de dorades aanging in een poging hen te verschalken. Ik hoopte alleen dat niet een of ander groot beest likkebaardend achter de zwaardvis zou aangaan, anders zou het best eens kunnen dat we allebei de volgende schakel in de voedselketen werden!

Nu de wind en de golven nog steeds hun best deden, haalde ik een behoorlijke snelheid en kwam ik ook goed vooruit. Aan het einde van de eerste week van december zat ik dan ook precies op de helft. Wat de resterende tijd betreft, zat ik echter allang over de helft heen, daar de tweede helft van de Atlantische Oceaan over het algemeen een stuk sneller gaat. Voor mij zelfs extra snel, vanwege de slechte weersomstandigheden waarin ik tijdens de eerste 1250 mijl had gezeten: het ontbreken van de passaatwind. Mijn logboek bood ruimte voor slechts zestig dagen, want Andrew en ik waren ervan uitgegaan dat we ruimschoots voor die tijd binnen zouden zijn. Ik pakte daarom een ander notitieblok en doopte dat logboek nummer twee. Ik was zo vrij slechts de dagen eenenzestig tot en met honderd in te vullen, omdat ik mezelf ten doel had gesteld de wedstrijd binnen honderd dagen af te ronden. Kerstdag zou op dag tachtig vallen, dag honderd op maandag 14 januari 2002. Het zou dus krap aan worden.

✉

**Nog een citaat: Optimisme maakt je eens zo sterk –
Colin Powell. Succes, Adrian**

Het werd nu helemaal leuk om mijn positie op de zeekaart in te tekenen. Lange tijd had het geleken of ik nooit voorbij de kust van Afrika en de Kaapverdische Eilanden zou raken. Toen de passaatwinden er nog niet waren, had ik zo weinig vooruitgang geboekt dat ik besloten had mijn positie maar eens in de tien dagen in te tekenen. Ik rolde de kaart nog steeds uit vanaf de kant van Afrika, maar nu ik inmiddels meer zee achter me dan voor me had, genoot ik er gewoon van de zeekaart over heel de kajuit uit te spreiden om te zien hoever ik al was gevorderd.

Jammer genoeg was de zeekaart niet het enige waarmee ik toen de hele kajuit bedekte. Op 7 december schreef ik in mijn logboek: 'Deze dag zal voor eeuwig verder bekend zijn als "Tomatensoep-rampdag". Nadat ik uren in de regen had zitten roeien, was ik doorweekt en had ik het zelfs heel koud. Ik was net zo verkleumd tot op het bot als tijdens wandelingen in de motregen in Dartmoor. Ik hield even op met roeien om wat warms te drinken, trok mijn natte pak uit en dook met een beker tomatensoep de kajuit in. Ik kroop in elkaar met mijn rug tegen de zijkant en hield de beker vlak bij mijn gezicht. De stoom die van de soep omhoogkwam, verwarmde me en deed mijn neus tintelen. Een paar teugen later begon de kou uit mijn lichaam weg te trekken.

Terwijl ik wat begon te ontspannen, vroeg ik me af of iemand me een sms'je gestuurd had. Zonder verder na te denken, zette ik de beker los op de kussens naast me neer en pakte de satelliettelefoon. Ik was zo gewend aan de deining van de golven dat het me zelfs niet meer opviel. In mijn beweging ging ik met de boot mee. Bekers doen dat niet. Enkele seconden later liep de kokendhete soep al over de kussens. Daar de boot van links naar rechts bewoog, verspreidde de soep zich snel waardoor iedere vierkante centimeter van de kajuit onder een gruwelijke rode kleur kwam te zitten. Ik sprong opzij omdat ik mijn billen verbrandde en ik riep tegen mezelf: 'Debra, stomme trut die je bent!'

Ik greep de enige handdoek die ik had en probeerde de stroming van de rode rivier af te dammen, maar het was al te laat. Op de kussens zat dan wel het meeste, maar de soep zat ook op mijn hoofdkussen, was langs de bergplaats van mijn kleding

gelopen en ook zat er een vlek aan de zijkant van mijn slaapzak. Maar wat ik toen zag, vond ik nog het allerergst: Woody,
de scheepsbeer, lag in een rode plas.

'Woody!' Ik stak mijn hand naar hem uit. 'Het spijt me zo,
Woody.'

Toen ik hem pakte voelde hij zwaar aan. Zijn vulling had de
soep opgezogen als een spons, waardoor hij eruitzag alsof hij
het in een bokswedstrijd tegen een veel grotere beer had opgenomen... en had verloren. Ik was helemaal ontdaan. Naarmate de reis vorderde, was ik me steeds meer aan Woody gaan
hechten. Hij was mijn steun, mijn toeverlaat en maatje in het
avontuur. Ik was er gewoon kapot van.

Ik gooide de handdoek over de plaats waar de meeste soep
zat en ging met Woody de kajuit uit. Alsof het zo moest zijn,
hield het op met regenen en braken de eerste zonnestralen van
die dag door de grauwe lucht. Zoals ieder kind je kan vertellen,
hebben beren een afschuwelijke hekel aan in bad gaan, maar
het was het enige wat ik kon doen. Ik haalde waspoeder tevoorschijn, vulde een emmer en dompelde Woody onder in het
sop. De beer vond het duidelijk niet leuk en dobberde zielig in
het rond.

'Het spijt me Woody, maar het moet nu eenmaal,' zei ik.

De felrode smurrie was helemaal in zijn vacht getrokken en
ging er bijna niet uit. De smerige lucht was zo mogelijk nog
moeilijker te verwijderen. Toen het ergste eruit was, zat er
niets anders op dan hem te drogen te hangen. Om Woody niet
te laten zien wat er komen ging, had ik heimelijk twee was-
knijpers uit de kajuit gepakt waarna ik hem optilde en hem
aan zijn oren aan de veiligheidslijn hing. Zou hij het me ooit
vergeven? Het is al moeilijk genoeg om scheepsbeer te zijn.
Maar aan Woody's vernedering was hiermee nog geen einde
gekomen. Via sms'jes moest hij ook nog eens het geplaag van
andere beren zien te doorstaan:

**Beste Pegs! Kijk vanavond uit met de soep! Liefs
George Bear**

Heb de jongens het verhaal over de soep verteld. Ze liggen nog steeds dubbel!

Toen ik bijna op de helft zat, waren er inmiddels twintig van de vijfendertig ploegen die aan de wedstrijd hadden deelgenomen aangekomen, drie andere hadden het opgegeven, van wie twee de boot hadden laten zinken. Bij alle drie de ploegen was één bemanningslid uitgevallen en was de tweede alleen verdergegaan. Jon Gornall, een journalist van *The Times*, had het 't langst volgehouden, maar uiteindelijk was het eenzame bestaan hem toch te veel geworden en had ook hij het voor gezien gehouden. Ik was nu de enige soloroeier en de enige overgebleven vrouw in de wedstrijd.

Ik kreeg nu ook sms'jes van andere deelnemers die niet alleen al waren binnengekomen, zoals de Australische en Nieuw-Zeelandse ploegen, maar die ook weer terug in eigen land waren. David, een fan uit Zuid-Afrika, liet me in een sms'je weten dat het best moeilijk voor me moest zijn te weten dat er al zoveel teams waren aangekomen, terwijl ik nog maar op de helft zat. Maar dat was niet zo. Ik genoot van de verhalen over de aankomst en belde dan ook regelmatig de wedstrijdleiding in Barbados om van Teresa, die de leiding had, de sappige details te horen. Iedere keer als er weer een team in Barbados aankwam, was ik blij voor de bemanning en genoot ik van hun succes, ook al wist ik dat ik waarschijnlijk als laatste zou eindigen. Maar het hing er nog steeds om. Ik liep regelmatig in op het team van de *Kaos*, Malcolm en Ben uit Schotland, en tot twee keer toe had ik hen zelfs ingehaald. Soms dacht ik stiekem wel eens dat ik toch niet de laatste zou zijn.

✉

Ik hoor dat je Spaans aan het leren bent. Jij, jongedame, zult ook Hongaars leren! Les één: Ik roei – en evezek. In een restaurant kom je er wel niet ver mee, maar het gaat om wat je doet. Istvan (UniS Voyager)

Halverwege december werd duidelijk dat de media interesse voor ons hadden. Het verbijsterde me en ik snapte er dan ook niets van. Nadat er in de *Daily Express* en *The Times* een uitgebreide reportage over ons had gestaan, stond de telefoon roodgloeiend en kreeg Andrew bijna een dagtaak aan het afhandelen van alle verzoeken. Lachend belde hij me op en zei: 'Het wordt steeds onwerkelijker. Nu schijnen we maandag ook al in de "Richard en Judy-show" te komen!'

We snapten al die heisa niet zo. Voor mij kwam het wat onwerkelijk over. Maar ik had al die krantenartikelen niet gelezen, waardoor het sowieso ver van mijn bed was. Ik vond dat ik me maar het beste kon concentreren op hoe ik zo snel mogelijk in Barbados kon komen, in plaats van het lievelingetje van de media uit te hangen.

Toen ik woensdag 19 december uit de kajuit kroop om weer aan de riemen te gaan zitten, ontdekte ik in de verte de zeilen van een jacht. Een uur lang keek ik hoe hij op me af voer, totdat duidelijk werd dat hij me niet zou missen. Ik dook de kajuit in om wat kleren aan te trekken toen ze de zeilen begonnen te strijken, ten teken dat de bemanning een praatje wilde maken. Ik was helemaal opgewonden door het onverwachte menselijke contact!

De *Seventh Heaven* werd aangevoerd door een Fransman, Plume geheten. Bij hem waren Pete en Nikki, een jong Brits stel, die van Gran Canaria tot Barbados zijn bemanning vormden. Toen ze ontdekten dat ik al zo lang op zee zat, rende Nikki naar de kombuis om een vers gebakken brood voor me te halen en wat koekje met witte chocolade erop. Amper twee uur tevoren had ik in mijn logboek geschreven dat het einde van mijn voedselvoorraad in zicht was en nu had ik de gelegenheid me vol te proppen met vers brood, jam en chocoladekoekjes!

Het was duidelijk dat hierboven iemand op me paste.

De wereld is echt klein. Toen ik in Frankrijk aan het skiën was, kwam ik boven op de bergen vrienden van de universiteit tegen, in Londen stond ik eens in de lift met een kennis van jaren geleden en in het vliegtuig zat ik uitgerekend naast de baas van degene naar wie ik op weg was! Ik had Pete en Nikki nog niet eerder ontmoet, maar we waren elkaar tegengekomen in een uitgestrekt gebied met een oppervlakte van zo'n 106 miljard vierkante kilometer, waar de kans om tegelijkertijd op dezelfde vierkante kilometer te verkeren uitzonderlijk klein is.

Het is niet alleen een kleine wereld, het is ook een kleine oceaan.

Toen ze wegvoeren, kon ik mezelf wel voor het hoofd slaan dat ik hun e-mailadres niet had genoteerd. De onverwachte ontmoeting van mensen midden op een oceaan heeft iets vreemds. Het was net of ik een vriendschap voor het leven had gesloten, ook al had ik hen maar even gezien. Toch wist ik niet hoe ik ze in de toekomst ooit nog kon bereiken. Ze zullen er dan ook nooit achterkomen hoe blij ik met het brood en de koekjes was (die hemels smaakten), en vooral met het feit dat ze tien minuten van hun tijd met me hadden willen doorbrengen juist toen ik me zo eenzaam voelde.

Zeiljachten zijn net bussen. Je staat er oneindig lang op te wachten en dan komen ze ineens met twee tegelijk. Nou ja, vlak achter elkaar dan. De *Santa* (het zeiljacht van de Challenge Business) kwam vijf dagen voor Kerstmis in alle vroegte met mijn langverwachte kerstpakket aan boord. Ik had het licht aan de mast langzaam helderder zien worden terwijl ze op me af voeren, en ik wist niet waar ik me nu het meest op verheugde: het kerstpakket of het zien van een paar vriendelijke gezichten. Ik denk dat de gezichten wonnen. De bemanning liet een rubberboot zakken en Gavin en John, twee bemanningsleden, roeiden naar me toe met twee grote vuilniszakken vol eten en cadeautjes. Ik kon het gewoon niet geloven! Het 'kerstpakket' dat vanuit Engeland was overgestuurd, had enige tijd in het kantoor van de Challenge Business in Barbados gestaan, waar verscheidene mensen er van alles bij hadden gedaan. Er zaten zoveel lekkernijen bij dat ik de boot opnieuw moest inrichten om het allemaal kwijt te kunnen. John en Gavin bleven gelukkig nog een minuut of tien langszij hangen zodat we een gesprek van persoon tot persoon konden voeren en dat was geweldig. Toen het moment aanbrak dat ze terug naar het jacht moesten roeien, wilde ik ze allebei een stevige pakkerd geven, maar ik was de spontane omgang met anderen wat verleerd en durfde niet goed.

Terwijl ik ontroerd door de vriendelijkheid van iedereen toekeek hoe het jacht achter de horizon verdween, werd de *Troika* plotseling omringd door dolfijnen. Het leek wel of ze waren gestuurd om mij met hun gezelschap te troosten. Het waren er wel een stuk of dertig en ik probeerde ze te tellen, maar ze bewogen te snel. Nu ze zo dichtbij waren, ontdekte ik al snel twee dingen: ze waren vrij klein en bijzonder aardig. Het was of ze in iedere beweging plezier hadden en of ze een constante grijns om hun bek hadden. Terwijl ik stond te kijken sprongen er twee uit het water om een voorwaartse salto te maken waarna ze met een enorme plons weer neerkwamen. Het was betoverend om in de vrije natuur zo'n voorstelling mee te maken. Met een brede glimlach op mijn gezicht, huilde ik ondertussen tranen van blijdschap en ik voelde me de gelukkigste persoon ter wereld. Het was het prachtigste kerstgeschenk dat ik me had kunnen wensen.

De volgende dag zouden de mensen van het Troika-kantoor in Londen met kerstverlof gaan, dus had ik geregeld dat ik ze tijdens de personeelsvergadering zou verrassen door ze via de telefoon vrolijke kerstdagen te wensen. Alleen Andrew en een collega wisten van mijn plan en ze begonnen dan ook te juichen zodra ze mijn stem hoorden. Van een kamer vol juichende mensen blijft via een satelliettelefoon alleen weinig over, dus wat ik hoorde leek meer op een onweer! Maar het betekende heel wat voor me. Later vertelde Andrew me dat hij tegen zijn tranen had moeten vechten, zo trots was hij toen hij de gezichten van zijn collega's zag.

Ik wist dat door het kerstverlof het aantal opbeurende sms'-jes drastisch zou verminderen, daar niemand nu achter zijn computer zou zitten omdat ze in familiekring aan het feestvieren waren. Ik had een geweldige week achter de rug, maar maakte me zorgen hoe ik de kerstdagen moest doorkomen en ik zond daarom een smeekbede uit: 'Als je toevallig thuis een computer hebt staan, dan zou ik het leuk vinden dingen te horen als... slechte moppen, welke films er op de televisie zijn, welke kersthit er op nummer één staat bij *Top of the Pops*, wat de koningin allemaal te zeggen had, welke smaak Quality Street-toffees in de trommel zijn blijven liggen... gewoon de normale dingen.'

Ik hoefde alleen maar af te wachten welke reacties ik zou krijgen. Hayley had wat versiering voor de boot in mijn kerstpakket gestopt. Ik verheugde me er nu al op om ze op te hangen, al wist ik niet of het me wel echt in kerststemming zou brengen. Ik pijnigde al enige tijd mijn hersens over wat ik met Kerstmis zou eten, maar het enige wat ik bij me had dat enigszins in de buurt van kalkoen kwam, was een zakje instant kippensoep. Ik herinner me dat ik toen dacht, wat zielig toch! Maar het zorgde er wel voor dat ik die kerst nooit meer zou vergeten.

✉

Debra, hoe staat het met de kerstinkopen? Misschien moet je ook eens gaan kijken bij Poon en Crabtree & Evelyn! Hou vol! Andy Mason.

7

Eenzame dagen en stormachtige nachten

Toen Kerstmis naderde, ging de wind liggen en het aantal mijlen dat ik iedere dag aflegde, ging dan ook met een sprong naar beneden. De warmte werd ondraaglijk, daar voor het eerst sinds eind november de oceaan nagenoeg rimpelloos was. Tijdens mijn rust midden op de middag schuilde ik binnen om zo uit de brandende zon te blijven. Ik moest mezelf tegen de achterkant van de kajuit persen, maar doordat de zon draaide, kwamen de stralen toch via het luik naar binnen. Hoe ik ook mijn best deed me zo klein mogelijk te maken, ik slaagde er niet in om helemaal in de schaduw te zitten zodat of ik het nu wilde of niet mijn billen toch nog geroosterd werden. Ik hoopte dat dit meer zei van de tapse vorm van de kajuit dan van de omvang van mijn achterwerk!

Eindelijk had ik dan het punt bereikt waarop ik nog maar duizend mijl te gaan had, en dat zorgde dan ook voor een brede glimlach. Duizend mijl lijkt wellicht nog een heel eind, maar op een tocht van in totaal bijna drieduizend mijl is het een heerlijk idee om nog maar enkele honderden mijlen voor de boeg te hebben in plaats van enkele duizenden. Ik vierde het met een pak geroosterde pinda's dat ik in mijn kerstpakket had gevonden en een slok gezuiverd zeewater (niemand had er aan gedacht om een fles wijn of een blikje bier erbij te doen!). Ik belde Andrew om hem het goede nieuws te vertellen. Hij was net bij Joanna en Pete aangekomen. Ze hadden de feestdagen ingezet met Schotse gerookte zalm en champagne. Soms is het leven gewoon niet eerlijk!

Op kerstavond begon de wind toe te nemen vanuit het zuiden waardoor mijn snelheid terugviel tot een halve knoop. Het kostte me twee uur om een zeemijl vooruit te komen en toen ik eenmaal zover was, was de wind naar zuidwestelijke richting gedraaid zodat ik de mijl die ik net met zoveel moeite had afgelegd, weer moest inleveren. Het demoraliserende spel begon dus opnieuw. Als het zo doorging, zouden de kerstdagen best eens lang kunnen gaan duren.

Een weersvoorspelling van John Searson bevestigde het ergste: tegenwind tot tweede kerstdag. Ik gooide daarom het drijfanker uit en bereidde me voor op een ontspannende kerst zonder te roeien. Ik had al met de gedachte gespeeld om met Kerstmis een dagje vrijaf te nemen, en nu was die beslissing voor mij genomen. Dankzij de bemanning van de *Challenge Yacht 47* had ik genoeg boeken om te lezen en dan moest ik nog de kerstversiering ophangen. De aluminium slingers waren *Troika*-blauw van kleur.

Andrew ging naar het huis van zijn broer om daar voor het eerst sinds vijf jaar met de familie Kerstmis te vieren. Ik belde hem om hem over de tegenwind te vertellen en zei dat ik bang was dat ik terug over de duizendmijlsgrens werd geblazen. Optimistisch als altijd verzekerde Andrew me: 'Als dat inderdaad gebeurt, dan kun je die mijlpaal nog een keer vieren.' Hm!

Een sms'je van Matt Jess later die avond zorgde ervoor dat ik alles weer in het juiste perspectief zag. Rond de kerstdagen was het aantal berichtjes aanzienlijk teruggelopen, maar Matt had toch de tijd gevonden me er een te sturen. Dit bericht zond hij verdeeld over diverse sms'jes:

✉

Kom net terug van de dialyse en dacht ik laat even wat van me horen. Niet veel te melden hier. Robbie Williams staat met een kersthit op nummer 1 met een cover van Frank Sinatra. Een oude kennis van de dialyse krijgt vanavond een transplantatie. Waarschijnlijk volgen er morgen nog twee. Ben echt blij voor hem (en hopelijk voor hen), maar ik ben ook een beetje verdrietig. Ik had natuurlijk graag in zijn plaats willen zijn. Het wordt een rustige kerst thuis. Een deel van me zit op een roeibootje op de Atlantische Oceaan. Het zal waarschijnlijk niet meevallen, maar probeer toch van die dag te genieten. Zoiets maak je nooit meer mee. Er zullen zoveel mensen aan je denken zodat je eigenlijk niet alleen bent. Pas goed op jezelf en gelukkige Kerstmis. Matt Jess.

Eerste kerstdag was geweldig en dat was grotendeels te danken aan Hayley, die vooraf iets had beraamd. Wat zou ik toch zonder haar moeten? Toen ze begin november mijn kerstpakket aan het samenstellen was, had ze via e-mail een oproep gedaan om kerstkaarten te sturen die ze dan in het pakket kon stoppen. De reactie was ongelofelijk. Ze vertelde dat de dag na de oproep zoveel kaarten voor me binnenkwamen, dat de postbode moest aanbellen om ze af te leveren. Op kerstochtend ben ik er twee uur mee zoet geweest om ze allemaal te openen en te lezen. Het was een genot. Mijn kerst kon niet meer stuk.

Andere geweldige cadeaus waren een schitterende kerstmuts, *The Blue Day Book* en een prachtige ketting van Andrew met daaraan een stenen hangertje in de vorm van een schildpad. Mijn broer Matt stuurde me een schildpadvormige ring met een steen die van kleur verandert met je stemming, een kerstpuddinkje en de tekst van 'My Favorite Things' uit de *Sound of Music*, omdat ik die zou missen op tv. (Hij heeft een vreemd gevoel voor humor.) Hij stuurde me ook de Spaanse vertaling van Engelse vloeken, voor het geval ik met mijn Spaanse cursus klaar was en behoefte had aan wat nieuwe woorden. Echt iets voor Matt! De tranen liepen over mijn wangen van het lachen toen ik zijn lange brief las.

Het was geweldig om Kerstmis zo te beginnen. Vlak daarna kwam een telefoontje van mams en mijn broers, die samen in Devon zaten. Het was een geruststelling te horen dat de jongens bij mams zaten. Ik maak me zorgen over haar nu ze alleen is. Opgelucht dat ik geen vreselijk heimwee had gekregen nu ik mijn familie aan de lijn had gehad, belde ik ietwat aarzelend

Andrew. Alles ging goed met me, maar ik wist niet of dat ook nog zo zou zijn als ik zijn stem hoorde. Hij klonk heel vrolijk en was druk aan het spelen met onze petekinderen Stuart en Sarah. Hij vertelde dat hij met zijn broer Richard tot laat was opgebleven om, te midden van allerlei bouwtekeningen, Stuarts kerstgeschenk – een grote speelgoedtractor waar hij zelf op kon rijden – op tijd klaar te krijgen. Het was een hele opluchting voor mij te horen dat hij het zo naar zijn zin had. Op de een of andere manier zorgde dat ervoor dat ik er weer tegen kon. Zou hij triest hebben geklonken en had hij vol verhalen gezeten over hoe verschrikkelijk Kerstmis was zonder mij, dan was ik waarschijnlijk in tranen uitgebarsten.

Hayley en Leigh waren voor de kerstdagen naar goede vrienden in Schotland gegaan die net naar een woning aan de rand van een meer waren verhuisd. Een kerstfeest dus zoals je dat op plaatjes tegenkomt. Het had een paar dagen flink gesneeuwd, wat het alleen nog maar leuker maakte. Enthousiast vertelden ze me over Glen en Grouch, twee grote, maar vriendelijke mannetjesherten die iedere dag aan de voordeur stonden en aardappelen en groenteafval uit de hand aten. Hayley klonk ook heel opgewekt.

'Ik sta bij het raam en Grouch staat buiten met zijn neus tegen het raam gedrukt,' zei ze. 'Ach, hij staat vast te wachten tot we naar buiten komen om hem eten te geven. Zijn gewei zit helemaal onder de sneeuw en het raam is beslagen door zijn adem. Wat vind je daarvan?'

✉

Glen en Grouch, de herten, zenden je veel liefs en kerstgroeten!
Liefs, LB & HB x

De omstandigheden waarin we zaten waren echt twee uitersten. Hayley zat aan het water. Dat van haar was zo bevroren dat ze erop kon lopen, terwijl dat van mij wel badwater leek, zo warm was het. Ik zat met haar te praten in een bikini, maar zij had de ene laag over de andere aan, terwijl Leigh de open haard aan het stoken was. Ze werd omringd door vrienden, lekker eten en een wijntje. Ik zat er niet mee. Ik was inmiddels gewend geraakt aan een leven dat compleet anders was dan dat van mijn dierbaren. Maar door onze gesprekken werd ik er wel weer met mijn neus op gedrukt hoezeer mijn reis in contrast stond met het leven van mijn familie en hoe bijzonder deze contrasten waren.

Ook mijn moeder dobberde vlak voor Kerstmis op een boot rond, maar er kon geen groter verschil zijn tussen onze respectieve oceaanvaartuigen. Terwijl ik van de Kaapverdische Eilanden weg roeide, naderde mijn moeder ze juist op haar tocht van Engeland naar Kaapstad. En zij deed dat niet in een roeiboot, maar op de *Queen Elizabeth 2*. Ik moest vaak denken aan al die schitterende gerechten die ze kreeg en het comfortabele bed waarin ze sliep. Je speciaal kleden voor het avondmaal, witte linnen tafelkleden en zwaar verzilverd bestek stonden in schril contrast met het met mijn favoriete oranje plastic lepeltje naar binnen werken van een opwarmmaaltijd, die ik bovendien naakt nuttigde en in mijn eentje. Mijn broer, ironisch als altijd, wist niet hoe snel hij moest vertellen dat mijn moeders luxe oceaancruise amper een fractie had gekost van mijn avontuur op zee. Had zij het beter geregeld? Het is volgens mij maar net hoe je ertegen aankijkt.

Nu stond Andrews leven het meest in contrast met dat van mij, en met zijn eigen leven tijdens de twee weken dat hij aan boord had gezeten. Hij was van een uitgestrekte oceaan terug naar zijn baan in hartje Londen gegaan. De dag waarop tot me doordrong hoe groot de afstand tussen onze twee werelden was geworden, was toen ik te horen kreeg dat de *Challenge Yacht 24* met mijn kerstpakket was teruggekeerd, de dag ook dat ik me echt eenzaam begon te voelen.

Andrew had een zakenlunch gehad in het Park Lane Hilton, met vijf gangen, zorgvuldig uitgezochte wijnen om de smaak van het genotene te accentueren, terwijl mijn gezuiverde zeewater absoluut niets deed om de belabberde smaak van mijn lunch van die dag te verhullen: knoedels en oudbakken koekjes! Andrew was daar met vijfhonderd anderen, terwijl ik al blij

157

was geweest met één persoon. Na de lunch, toen ik mijn roeispanen weer oppakte, luisterde hij naar twee sprekers die een geestig praatje hielden. Ik kon alleen in mezelf praten.

Kerstdag was met storm en tegenwind begonnen, maar halverwege de middag was het wat opgeklaard en was de wind van richting veranderd. Gehuld in een bikini en met een kerstmuts op, roeide ik in de stralende zon en zong: 'Raindrops on roses and whiskers on kittens...' een tekst die ik nu kende dankzij mijn broer. Heb je ooit zo'n originele manier gezien om Kerstmis te vieren?

✉

Krijg het niet meer voor elkaar een kerstfeest te organiseren zonder mijn vrouw! Kom vlug naar huis! Liefs, Andrew xxx

Ik ontdekte later dat Andrews gebed 's morgens tijdens de kerstdienst voor mij was geweest. Hij bad dat de tegenwind waarmee ik te kampen had, zou gaan liggen en dat ik weer wind in de rug zou krijgen. De staartwind keerde inderdaad terug en ook net lang genoeg zodat ik het weer zag zitten, goed vooruitkwam en zo toch nog een leuke kerst had. Matt Jess had gelijk. Zoiets als dit zou ik nooit meer meemaken. Terwijl ik mijn kerstpuddinkje zat te eten en toekeek hoe de zon onderging, moest ik toegeven dat als je de kerst toch alleen moest doorbrengen, dit nog niet zo'n slechte manier was.

Op tweede kerstdag keerde de tegenwind terug. Ik had het drijfanker weer uitgegooid en langzaam dreef ik de kant uit waar ik net vandaan was gekomen. De voorgaande vijf dagen had ik weinig vooruitgang geboekt en ik was me bewust dat dit van invloed zou zijn op de aankomstdatum in Barbados. Ik probeerde er maar niet aan te denken dat de passaatwinden voorlopig niet zouden terugkeren en ik wist dat ik moest blijven proberen mijn positieve houding te bewaren. Maar met 2002 in zicht viel dat niet mee. In de periode tussen Kerstmis en nieuwjaar voelde ik me opnieuw vreselijk eenzaam. Ik miste iedereen heel erg en ik wilde gewoon naar huis. Toen deed ik iets waarvan ik mezelf had beloofd dat nooit te zullen doen. Uitgaande van mijn huidige snelheid begon ik uit te rekenen hoe lang ik erover zou doen om het vasteland te bereiken. Volgens het getal achter het is-gelijkteken was dat ruim een maand. Dus nog een maand alleen, omgeven door donker, angstaanjagend water. Maar ik had de rekensom wel gemaakt en zet zoiets dan maar eens uit je hoofd. In plaats van met de dag te leven, zoals ik tot dan toe had gedaan, concentreerde ik me nu op een maand. Het leek een onmogelijk lange tijd. Ik had het idee dat de uitdaging nu pas echt ging beginnen.

Terwijl de dag dat ik drie maanden op zee zat steeds dichterbij kwam, besefte ik dat de wedstrijd me steeds meer afmatte. Week na week hard werken en dat twaalf uur per dag, en in je eentje, begon zijn tol te eisen. Mijn lichaam schreeuwde om een wat normaler leven: om even uit te rusten van het roeien, een bed dat niet bewoog en een toilet waar een bril op zat, de mogelijkheid om af en toe een douche te nemen, om vers voedsel. Kortom, om de dingen die voor de meesten van ons vanzelfsprekend zijn. Dat wil niet zeggen dat ik niet waardeerde wat ik hier had. Het was een unieke ervaring die ik slechts met enkelen deelde. In mijn hart wist ik dat ik veel geluk had. Als ik het moeilijk had, mocht ik dat alleen niet vergeten. Mijn emoties namen opnieuw een loopje met me. Het ene uur had ik niets liever dan dat het allemaal voorbij was, het volgende uur had ik het prima naar mijn zin en wilde ik dat er nooit een einde aan kwam. Ik moest zorgen dat ik in Barbados was voordat de mindere dagen de overhand gingen krijgen, en snel.

De enige manier waarop dat zou lukken, was door langer aan de roeispanen te zitten. Ik was afgezakt naar tien uur per dag en soms haalde ik er zelfs maar acht, toen ik van Hayley dit berichtje kreeg:

✉

Dit is ons voorstel: Wij hebben jou cadeautjes gegeven. Nu moet je er ons een geven... door zo snel mogelijk in Barbados aan te komen. Dus geen geteut

159

meer of boeken lezen als je eigenlijk moet roeien. We willen twaalf uur per dag actie zien, mevrouw Veal!

Daarna volgde dit sms'je van mijn broer Matt:

✉

Debs, Matt hier. Luister maar niet naar Hayley en doe het maar op je gemak. In februari gaan de luchtvaarttarieven omlaag!

Om mijn belofte aan Hayley te houden (en niet te reageren op Matts flauwe grap) sprak ik mezelf streng toe en ging ik weer twaalf uur per dag aan de riemen zitten, als het tenminste niet te hard stormde. Als ik genoeg puf had, deed ik er af en toe zelfs een kwartiertje bij. Ik moest en zou het vasteland bereiken. Maar er zijn grenzen aan de tijd dat het mag duren om in je eentje de oceaan over te steken, en ik wilde aankomen voordat ik een hekel aan die prachtige oceaan begon te krijgen.

Het nieuwe jaar zette in met een fikse storm en de jaarwisseling draaide uit op een kletsnat festijn. Toen ik uit de kajuit kwam om vlug een foto te nemen van het navigatiescherm, sloeg er een grote golf tegen de zijkant van de boot waardoor ik nat werd tot op mijn huid. Terwijl ik mijn best deed om niets op de camera te laten druipen, maakte ik om 00.00.23 uur een foto met daarop de plaats waar ik me de eerste minuten van 2002 bevond.

Ik had het romantische idee voor ogen gehad dat ik tijdens de oudejaarsavond onder de volle maan, genietend van de absolute rust en stilte van de oceaan, naar de vallende sterren zou kijken. Dit was plan B. Bij plan A was ik met Andrew en vier goede vrienden voor een korte nieuwjaarsvakantie naar Cornwall gegaan. We hadden er nog wel de draak mee gestoken dat we misschien niet op tijd terug zouden zijn om met hen mee te gaan. Toentertijd had het nog belachelijk geleken om na drie maanden nog steeds op zee te zijn.

Maar Andrew en onze vrienden aten dus zonder mij rosbief

160

Boven: De kajuit van de *Troika Transatlantic*, die drieënhalve maand mijn 'thuis' was.

Onder: Een overwinningsgroet. Ik kreeg een geweldige ontvangst in Port St. Charles op Barbados.

Boven: Vrienden en familie maakten mij duidelijk dat ik toch wel erg laat binnenkwam.

Onder: Sir Chay Blyth kon heel goed mikken met de champagne.

Boven: Eindelijk weer in de armen van Andrew.

Andrew en ik samen met Maritza en
haar mensen in North Point. Boven mij
de vlag die ze had gemaakt.

en spoelden die voor het open haardvuur weg met grote hoeveelheden rode wijn, terwijl ik het nieuwe jaar inluidde door mezelf te trakteren op een half pakje vijgenkoekjes en op mijn afwezige vrienden tooste met een slok gezuiverd zeewater. Weer zo'n leuke tegenstelling! De vijgenkoekjes waren niet te versmaden en ze waren jammer genoeg mijn laatste. Ze vormden het meest exotische voedsel dat ik aan boord had, en ik had ze bewaard voor een gelegenheid als deze. Plan B voor oudejaarsavond: volle maan, naar de sterren kijken en stilte, werd om zeep geholpen door harde windstoten en metershoge golven. De dichte bewolking werkte ook niet echt mee.

De eerste nacht van het nieuwe jaar, althans wat daar nog van over was, bracht ik tegen de wand van de kajuit geperst door om zo letsel te voorkomen. De boot werd in alle richtingen gegooid door de golven om me heen en windvlagen en regenbuien. Mijn jaarwisseling was zeker niet saai of voorspelbaar. Maar ze werd wel verpest door communicatieproblemen. Het idee om in een afgelegen huisje te zitten is geweldig, zolang je tenminste geen telefoontjes wilt ontvangen. Waar Andrew zat, was geen vaste telefoonverbinding en door de slechte ontvangst was hij op zijn mobiele telefoon evenmin te bereiken. In een bepaalde bocht van het weggetje dat naar het huis leidde, was er echter wel een goede ontvangst. Ik voelde me zo eenzaam dat ik in tranen een bericht op zijn voicemail achterliet waarin ik hem vroeg op een bepaalde tijd in de bocht te staan. Maar hij luisterde zijn mail niet altijd af en dan was het soms te laat. Hij voelde zich machteloos als hij die berichtjes hoorde. Allebei waren we ongelukkig met de situatie en ik wilde niets liever dan bij Andrew en mijn vrienden zijn. Dat ik hen niet eens kon bellen, maakte het allemaal nog erger. Vlak na nieuwjaar had Andrew in zijn dagboek geschreven wat hij toen voelde:

Andrews dagboeknotitie
Voor het eerst in vijf jaar heb ik Kerstmis bij mijn familie doorgebracht (en niet zoals anders bij die van Debra), dus in diverse op-

161

zichten was dat best eens leuk. Voor Debra,
die helemaal alleen in haar bootje zat en
nergens heen kon, was dat erg moeilijk, zeker
met de wetenschap dat iedereen kerst aan het
vieren is. Als de twee of meer dagelijkse telefoontjes dan ook nog vol tranen en frustratie zitten, dan wordt het voor het thuisfront
ook een stuk moeilijker.

En dan oudejaarsavond, die we met twee be-
vriende stellen in Cornwall zouden doorbrengen. Niets drukt je duidelijker met je neus
op het feit dat je alleen bent, als je met
twee stellen weggaat. Maar het ergste was
nog, dat het prachtige afgelegen huis dat we
geboekt hadden, ook nog eens heel afgelegen
bleek te zijn van welke vorm van telefonie
dan ook. Voor het eerst sinds ik door het
jacht naar Barbados ben gebracht, kon Debra
me niet bereiken wanneer ze wilde. Het was
heel frustrerend om van tevoren af te moeten
spreken wanneer we elkaar zouden bellen, en
dat dit natuurlijk niet volgens plan verliep,
maakte het allemaal nog moeilijker. Daarom,
Kings en Wilsons: bedankt dat jullie er voor
me waren en me opmonterden als ik weer eens
last van zo'n 'Ik mis Debra-bui' had.

✉

En wat zijn jouw goede voornemens voor dit jaar?
Meer aan sport doen, vaker op reis gaan en eens wat
vaker een frisse neus halen? Hahaha.
Charlie Kemp

De sterke wind en de torenhoge golven hielden aan en veroor-
deelden me de hele nieuwjaarsdag tot de kajuit. De passaatwinden waren teruggekeerd, en wel op een ongenadige manier.
En ik was weer op weg. Door hun terugkeer haalde ik een van

mijn grootste daggemiddelen van de reis, meer dan veertig zeemijl, dus ik mocht niet mopperen. Het verbaasde me niets. Terwijl de golven me met een angstaanjagende snelheid voortduwden, moest ik me vastklampen alsof mijn leven ervan afhing. Maar zolang ik maar richting Barbados ging, vond ik het allemaal prima. Het maakte niets uit dat een nieuw jaar was begonnen. Het was gewoon weer een dag op de golven.

✉

Je gaat nu echt als een speer Debs! Doet me goed je recht op Barbados te zien afstevenen. Het lijken wel de *Wacky Races* **met jou als** *Penelope Pitstop***.**
X Soph

Het was een heel nieuwe gewaarwording om 's nachts zo hard te worden 'voortgeduwd', vooral als er geen maan is. Voordat ik het vasteland had verlaten, had ik er nooit bij stilgestaan hoe vaak de maan er overdag staat en er dan 's nachts niet is om haar taken te vervullen. Was er 's nachts volle maan, dan kon ik even goed zien als overdag, maar stond er geen maan en werden de sterren ook nog eens bedekt door wolken, dan zag ik helemaal niets.

De duisternis verhulde alles, waardoor ik alle gevoel voor richting kwijt was. Er was geen verschil tussen het water, de horizon en de lucht. Ik had voor mijn gevoel dus even goed door de lucht kunnen glijden. Ik had er daarom niet van staan te kijken als ik via de patrijspoort ineens Mary Poppins en de kinderen langs had zien komen, keurig onder hun parapluutje!

's Nachts was ik vaak doodsbang. Doordat ik me in het donker niet op mijn gemak voelde en slecht kon zien, was het net of mijn gehoor, dat ter compensatie in verhoogde staat van paraatheid verkeerde, regelmatig spelletjes met me speelde. Iedere keer als er een golf brak, klonk er zo'n dreigend geluid dat mijn fantasie met me op de loop ging. Soms dacht ik dat het 'gutsende' geluid van de golven een walvis was die water en lucht door zijn spuitgat blies. Ik maakte mezelf dan wijs dat hij dichterbij kwam en dat hij de volgende keer als hij boven water wilde komen recht onder de boot zat, waardoor die in honderdduizend stukken zou splinteren. Vervolgens bedacht ik hoe het zou voelen om in het donkere water te liggen, terwijl alle mogelijke beesten tegen me aan schurkten en zo de aandacht trokken van aanzienlijk grotere beesten met veel scherpere tanden.

Mijn gedachten gingen echter nooit zover dat ik het idee had dat ik zou sterven. Ik was er altijd wel van overtuigd dat ik zou overleven als ik in het water terechtkwam en dat ik zou worden gered. Daarom was ik ook niet bang om dood te gaan, of dat de boot zou zinken. Ik wist dat ik het zou halen, hoe dan ook.

Deze overtuiging gaf me denk ik het vertrouwen om in zo'n extreme omgeving toch gewoon door te gaan. Ik had ook alle vertrouwen in de boot en haar ontwerp, maar ik was realistisch genoeg om te beseffen dat zij averij kon oplopen door voorwerpen van buiten: door schepen bijvoorbeeld, of door zeecontainers die half onder water lagen. Over het algemeen probeerde ik het niet al te somber in te zien, maar soms dwong ik mezelf een actieplan te bedenken voor diverse noodsituaties. Ik wist dat het belangrijk was om overal op voorbereid te zijn. 'Een goede voorbereiding verhoogt de kans van slagen', hadden mijn vrienden van de marine me geleerd.

Niet alle noodsituaties waren echter te voorzien. Twee nachten met zware storm hadden situaties geschapen die ik niet had voorzien en ik was er dan ook niet op voorbereid. Hoe dichter ik het Caraïbisch gebied naderde, des te slechter werd het weer. Toen ik nog ongeveer twee weken voor de boeg had, werd de boot op een nacht zo heen en weer geslingerd dat alles de opbergvakken uit vloog en op me terecht kwam terwijl ik probeerde te slapen. Ik lag nog wat te dutten toen ik een geluid hoorde dat ik nog niet eerder had gehoord. Na maandenlang niets anders te hebben gehoord, klonken de golven en de wind inmiddels vertrouwd, maar hoorde ik ook maar iets afwijkends dan was ik onmiddellijk wakker. Er klonk nu een hard, krakend geluid van de romp.

Mijn hart ging als een razende tekeer. Ik gluurde door de bespatte ruit van het luik en zocht in de duisternis naar een oorzaak. Mijn ogen vielen meteen op de riem aan bakboord. Hij zat nog steeds in zijn dol, maar in plaats van in zijn normale opbergplaats achter het skelet aan de binnenkant van de boeg te liggen, stond hij helemaal rechtop en met het handvat omhoog. De boot was dwars op de golven komen te liggen die tegen de stuurboordkant sloegen en dat ging met zoveel kracht gepaard dat de bakboordkant helemaal in de golf werd geduwd, waardoor het handvat van de riem rechtop was komen te staan. De riem stond op het punt te breken, maar het krakende geluid dat werd veroorzaakt door de druk op de multiplex romp, baarde me veel meer zorgen. Ik had nog een stel reserveriemen, maar waar toverde ik een reserveromp vandaan? De hoge golven die de *Troika* dwars hadden gelegd, kwamen steeds terug dus er was geen tijd te verliezen. Als ik de roeispaan niet loskreeg voordat de volgende grote golf kwam, liep ik de kans een spaan te verliezen en zat ik met een gat in de romp. Het vooruitzicht om met dit weer te zinken was niet iets om vrolijk van te worden. Nog een grote golf, en ik zat behoorlijk in de problemen. Gelet op de tijd vond ik dat ik me niet kon veroorloven om mijn reddingsvest en mijn tuig aan te trekken. Ik moest het risico om niet aan de boot vastgegespt te zitten maar nemen en hopen dat ik niet door een golf zou worden geraakt als ik buiten op het dek stond.

Eenmaal buiten dook ik op de riem af en lette erop dat ik het centrum van de zwaartekracht zo laag mogelijk hield om zo de kracht op te vangen van de golven die aan stuurboord te pletter sloegen. Ik had niet eens in de gaten dat ik kletsnat van de golven werd, zo druk was ik bezig om het handvat van de riem naar beneden te trekken om zo het platte uiteinde van onder de romp los te krijgen. Maar het gewicht van de boot drukte er met zoveel kracht tegenaan dat de platte kant vlak tegen de zijkant zat. De weerstand was te groot. Ik wist dat ik de riem moest zien te draaien zodat ik hem uit het water kon krijgen. Dat was het enige wat ik kon doen.

Ik leunde over de rand, terwijl ik me alleen op de riem probeerde te concentreren en niet op het witte schuim dat in mijn gezicht spatte. Terwijl ik mijn arm in het koude water liet zakken, voelde ik geen angst. Zolang ik aan boord was, vormden de enge beesten in het water geen probleem, maar als ik de riem niet snel van onder de romp vandaan kreeg, zou het niet lang meer duren voordat ik erbij lag. Ik was zo geconcentreerd bezig dat het me zelfs niets deed dat ik voor een deel in het water hing.

Eindelijk, tussen twee golven in, draaide de roeispaan. De vlakke kant sneed met evenveel gemak door het water als een warm mes door de boter. Maar amper een seconde later werd hij weer uit mijn handen geslagen en weer terug het water in geduwd. Doordat ik steeds natter werd, begon ik mijn grip te verliezen. Zonder mijn tuig kon ik makkelijk overboord slaan. 'Kalm blijven, Debs', zei ik tegen mezelf. 'Je kunt het. Nog één keer en zit je zo weer terug in de kajuit.'

Ik herhaalde wat ik net had gedaan, alleen deze tweede keer was ik er sneller bij om het handvat achter het geraamte te klemmen, en ik maakte de riem razendsnel vast. Ik controleerde of de andere riem nog goed vastzat en keek naar het luik. Dat leek plotseling een heel eind weg. Ik keek naar stuurboord waar weer een muur van golven aankwam. De schuimkoppen schitterden in het maanlicht, en benadrukten zo nog eens de geweldige kracht van de oceaan. Ik wachtte tot er een kleinere golf kwam en waagde toen mijn kans. Terwijl ik me laag hield, greep ik me stevig aan de tuien vast en kroop over het dek. De wind huilde en echode in mijn oren, en mijn inmiddels kletsnatte haar waaide alle kanten uit. Sommige haren bleven tegen mijn gezicht plakken en vielen over mijn ogen waardoor ik niets meer kon zien. Ik wist dat de tuien naar het luik leidden, dus ik zorgde wel dat ze niet uit mijn handen gleden.

Terug in de kajuit voelde ik me helemaal niet van mijn stuk gebracht door wat er was gebeurd. Er was een probleem geweest, het was opgelost en ik was er weer een ervaring rijker door geworden. Pas toen drong eigenlijk tot me door hoe stom ik was geweest om onder dergelijke levensomstandigheden zonder reddingstuig het dek op te gaan. Het was veel erger geweest als ik overboord was geslagen dan dat er een gat in de romp was gekomen. De boot werd met een snelheid van 4 knopen door de golven voortgestuwd, dus ik zou zeker niet in staat zijn geweest hard genoeg te zwemmen om de boot in te halen. En zelfs al had ik de nacht overleefd, dan nog had niemand geweten dat ik in het water lag en zou ik uiteindelijk toch nog zijn verdronken. Wat had me bezield? Door mijn gebrek aan angst, en vertrouwdheid met de elementen, had ik het wederom niet te nauw genomen met mijn eigen veiligheid. Door geen angst te hebben was ik een gevaar voor mezelf geworden.

De week daarop, toen er 's nachts weer iets gebeurde, had ik in ieder geval het benul om het Andrew te laten weten. Op een ochtend werd ik in alle vroegte geraakt door een gigantische golf waardoor de boot naar één kant ging overhellen en ik hardhandig tegen de kajuitwand werd gesmeten. Ik werd er natuurlijk meteen door wakker, al was het de complete duisternis die me meteen tot mijn positieven bracht en me de stuipen op het lijf joeg. Een kanjer van een navigatielicht, dat boven aan de mast op de boeg hing, zorgde ervoor dat het op de *Troika Transatlantic* nooit helemaal donker was.

De volledige duisternis kon maar één ding betekenen en dat was dat de golf het navigatielicht eraf had geslagen. En dat is niet al te best als je ronddobbert op de belangrijkste vaarroute tussen Noord- en Zuid-Amerika. Het navigatielicht was het enige middel dat ik had om te voorkomen dat ik ondersteboven zou worden gevaren door containerschepen en tankers.

Ik liet alle mogelijke oplossingen de revue passeren, maar die waren geen van alle goed. Zonder zaklamp de mast in klimmen om te proberen er een lamp in te hangen, en dat terwijl het stormde en de kans groot was dat ik overboord zou slaan, stond niet bepaald boven aan mijn lijstje. Omdat ik niet goed wist wat ik nu moest doen, belde ik even na drie uur 's nachts Andrew. Wat moest ik toch zonder satelliettelefoon en een echtgenoot die me door dik en dun steunde? Andrew reageerde even logisch als altijd toen we de mogelijkheden doornamen. We hadden het erover om het noodflitslicht aan te zetten omdat je volgens hem beter gezien kon worden dan overvaren te worden door een schip. Maar ik was bang dat passerende schepen zouden proberen me te redden, wat ze bij het zien van zo'n licht ook verplicht zijn. We besloten het stroboscooplicht aan te zetten, maar tussen wat hazenslaapjes door hield ik wel in de gaten of er geen schepen waren die me wilden komen redden. De kans om in slaap te vallen was overigens nog kleiner dan die van een redding. Zet je de stroboscoop aan dan kun je even goed je hoofd te rusten leggen op het dak van een politiewagen met zwaailicht!

Toen ik daarna, op een iets christelijker tijdstip, Andrew opnieuw sprak, was hij, zoals wel vaker, verbijsterd over de bijna telepathische gave van identieke tweelingen: Hayley had hem die ochtend al vroeg gebeld en hem verteld dat ze een nachtmerrie had gehad. Ze was er zeker van dat er 's nachts iets op de boot was misgegaan, had mijn angst gevoeld en ze was nu helemaal de kluts kwijt. Ze had gelijk gehad wat die angst betrof. Voor het eerst had ik iets gevoeld wat misschien te vergelijken was met wat Andrew aan boord had gehad, en dat was absoluut geen prettige gewaarwording geweest. Een vervelend gevoel was aan me blijven knagen tot het weer licht werd en had in ieder geval mijn zelfvertrouwen een knauw gegeven. Andrew had echter Hayley gerust kunnen stellen en had haar verteld dat er weliswaar iets verkeerd was gegaan, maar dat er met mij en met de boot niets aan de hand was.

Andrews dagboeknotitie

Zowel Hayley als ik raakt steeds meer gespannen naarmate Debra dichter bij het eindpunt komt. Alles wat er ook maar een beetje op lijkt dat het op het laatste moment, na alle emotie, roet in het eten kan gooien, is moeilijk te verteren. Zo belde Hayley me vorige week op een ochtend om me te vertellen dat ze een nachtmerrie over Debra had gehad (tweelingen hebben dat nu eenmaal). Gelukkig was er niets met Debra aan de hand, al had ze me die morgen wel gebeld en had ze verteld dat

ze net de zwaarste nacht tot dan toe achter
de rug had en dat zelfs zij bang was geweest.

Voorvallen als deze deden mijn toch al afnemende emotionele reserves geen goed. Het leven aan boord werd steeds lastiger. Vooral wat eten betreft begon de situatie steeds nijpender te worden. Er is een tijd geweest dat ik me verheugde op de maaltijden, maar die tijd was inmiddels lang voorbij. Niet dat ik niet genoeg eten had, er was volop, maar er was volop van hetzelfde. En dat was nu net mijn dilemma.

Toen Andrew nog aan boord was geweest, hadden we gedacht zo'n vijf tot zes weken over de wedstrijd te doen. De vier verschillende voorverpakte hoofdmaaltijden die we bij ons hadden, vormden dan ook variatie genoeg, ook al hadden we genoeg bij ons om honderdtwintig dagen mee toe te kunnen. Maar nu ik alleen was en al drie maanden keus had uit slechts vier maaltijden, kon ik er drie van de vier bijna niet meer door mijn strot krijgen en ik hoopte dan ook dat ik ze later nooit meer voorgeschoteld zou krijgen. Stoofvlees met knoedels zou ik wat langer moeten verdragen, want daar hadden we veel van meegekregen. In het begin vond ik het ook best lekker, maar rond de derde maand hoefde ik de dikke saus alleen maar te ruiken om er kotsmisselijk van te worden.

Iedere ochtend als ik mijn nieuwe dagrantsoen openmaakte, hoopte ik van harte dat het die avond weer geen stoofpot met knoedels zou zijn. Vijf dagen achter elkaar was het ergste wat ik heb moeten verdragen, waarna ik de zesde dag werd getrakteerd op een nieuwe variant: gesauteerde groenten met knoedels. Dit smaakt hetzelfde als stoofvlees met knoedels alleen zit er geen vlees in. De derde variant was een groentecurry waar van de groente weinig was overgebleven. Variant nummer vier maakte alles weer goed, want dat was chili con carne. Ik werd er steeds beter in om een mondvol eten weg te spoelen met water voordat de stroperige massa mijn smaakpapillen bereikte. Het was waarschijnlijk de enige manier om niet te verhongeren.

Het leven werd er nog minder makkelijk op toen ik zonder

toiletpapier kwam te zitten en ik mijn toevlucht moest nemen tot een sok. Dit lijkt misschien niet zo'n grote ramp, maar om de een of andere reden zat ik er toch mee. Iedere keer de sok schoon proberen te krijgen was geen pretje en net als bij de maaltijden vormde dat ook een onderdeel waaraan ik een hartgrondige hekel had.

De hele dag heen en weer geslingerd te worden door windkracht zes of zeven deed mijn humeur evenmin goed. Als ik de kajuit uitklom om weer te gaan roeien, kwam er regelmatig een golf via het luik de kajuit binnen zodat daar ook alles nat werd. Mijn bed, mijn spullen, en bij een heel krachtige golf ook de foto's aan de wand, werden dan kletsnat.

Negentien januari was een slechte dag. Ik lag op een kletsnat bed, onder een natte deken en met mijn hoofd op een nat kussen. Door de metershoge golven die maar bleven komen, werd ik constant tegen de wanden van de kajuit gesmeten en ik had het helemaal gehad. Ik wilde dat het ophield en wel onmiddellijk, maar het ging nog ruim een week zo door. Ik had het liefst in een warm bed gelegen, lekker tegen Andrew aan, beschut tegen de razende storm om me heen. Ik wilde niet meer dapper zijn, en doortastend en leven in een situatie van leven of dood. Wat ik écht wilde, was denk ik niet meer voor mezelf te hoeven zorgen.

Ik snakte ernaar dat iemand anders dat voor me deed.

Door slaapgebrek tijdens die nachten zwaar weer, reageerde ik bijna overal overdreven op. Het was alsof ik mijn vermogen om ermee om te gaan aan het kwijtraken was. Aan de dagen leek geen einde te komen. Mijn goede momenten duurden korter en mijn slechte steeds langer, en dat was geen goed teken. Ik beleefde in feite een geweldig avontuur en ik wilde niet dat dit in een domper zou eindigen. Ik had alleen dat beetje extra nodig.

Ik probeerde te blijven denken aan wat Tim van de *Keltec Challenger* aan de telefoon tegen me had gezegd, nadat hij terug was in Engeland: 'Geniet van ieder laatste moment, want de herinneringen vervagen zo snel.' Ik wist dat de slechte herinneringen zouden vervagen op het moment dat mijn gebruinde teentjes in Barbados voet aan wal zetten, maar ik hoopte dat de goede herinneringen me altijd zouden bijblijven. Ik vraag me regelmatig af hoe het toch komt dat we slechte perioden uit onze gedachten kunnen bannen, zodat alleen de gelukkige herinneringen overblijven. Hoop misschien? Een bepaald soort genade?

Iedere dag opnieuw zag ik voorbeelden van deze gave in berichtjes die ik ontving van roeiers die al waren aangekomen en die weer thuis waren. Diversen van hen vertelden dat ze jaloers op me waren omdat ik nog steeds op het water zat en zij niet. Ik was er bijna van overtuigd dat als zij hier hadden gezeten, zoals ik, ze waarschijnlijk liever gisteren dan vandaag hadden gewild dat het voorbij was.

Dat was mij ook overkomen. Mijn eerste georganiseerde avontuur was toen ik als veertienjarige deelnam aan de Ten Tors-expeditie op Dartmoor. Iedere ploeg krijgt tien rotspunten aangewezen die in twee dagen tijd in een vaste volgorde moeten worden bezocht.

Met blaren op mijn voeten en onder de teken slaagde ik erin de bijna 55 km lange bronzen route met succes af te leggen. Ik zei dat ik de pijn haatte en dat ik mezelf nooit meer zoiets zou aandoen. Maar amper een jaar later had ik me ingeschreven voor de 70 km lange zilveren route en ik kon niet wachten om weer terug te gaan en dan nog verder te lopen. Ik was niet de eerste die er zo over dacht, en ook niet de laatste, daar ben ik van overtuigd: daar draait een uitdaging nu eenmaal om.

8

Terug naar de werkelijkheid

In mijn laatste week op zee was de hemel op sommige nachten bezaaid met sterren. Ik wist dat ik dergelijke sterrenhemels niet meer zou zien in het dichtbevolkte Engeland. De zonsopkomst had nog steeds dezelfde kalmerende invloed. Dat had ik nodig, omdat ik me zo gammel voelde. Het gaf me een gevoel van oneindige voldoening. Ik hoopte van harte dat iets van die voldoening me bij zou blijven als ik terugkeerde naar de werkelijkheid.

Het begon er steeds meer op te lijken dat mijn terugkeer naar de werkelijkheid heel hectisch zou worden. Ik had gehoord dat ik een flink aantal journalisten, fotografen en cameraploegen van over de hele wereld kon verwachten als ik aankwam in Barbados, en de overgang van totale afzondering naar alle drukte en mediabelangstelling maakte me ongerust. Maar steeds als ik eraan dacht, bracht ik me een deel van een citaat in herinnering dat ik ooit had ontvangen: 'Wat er ook gebeurt, blijf altijd jezelf.'

Niet dat ik me elke dag gammel en ongerust voelde. Toen ik de kust naderde, begon ik ook meer wilde dieren te zien. Op een avond, toen ik bij de kajuit uit de wind aan de telefoon was met Andrew, schreeuwde ik halverwege een zin opeens, zonder eraan te denken hoe Andrew zou schrikken: 'Een haai!'

Ik sprong op om beter te kunnen kijken terwijl de haai onder de boot door zwom. Ik was meer opgewonden dan bang. Helaas voor Andrew ving het mondstuk van mijn telefoon daardoor regelrecht de wind op, die kracht zes was. Hij had het niet meer toen hij dat gebulder hoorde, want hij dacht dat de haai me te pakken had gekregen! Naderhand voerden we een lang gesprek om tot bedaren te komen.

Toen ik de foto's in mijn naslagwerk bestudeerde, kwam ik te weten dat het een tijgerhaai was. Ik vond hem heel groot, met zijn een meter tachtig lengte, maar toen ik de beschrijving las, ontdekte ik tot mijn ontzetting dat tijgerhaaien wel bijna tien meter kunnen worden... weer een schepsel dat langer was dan de *Troika*. Mijn ontzetting werd nog groter toen ik las dat witte haaien vaak boten aanvallen en zeeschildpadden aten. 'Zwemmen, Barney, zwemmen!' schreeuwde ik.

Er kwamen ook twee nieuwe vogels opdagen. De eerste was een sneeuwwitte vogel met een feloranje snavel en een lange, puntige staartveer. Ik was opgewonden toen ik hem voor het eerst zag. Hij leek zo exotisch dat ik aannam dat het een Caraïbische zeemeeuw was, een teken dat ik de kust naderde. De andere vogel zag er heel anders uit. Toen het Challenge-jacht tegen Kerstmis naar me toe was gekomen, had een van de bemanningsleden gevraagd of ik vogels had gezien die eruitzagen als prehistorische vliegende reptielen. Dat was een goede beschrijving. Die enorme gitzwarte beesten hebben een bloedrode vlek onder hun snavel, en ze zijn de griezeligste vogels die ik ooit heb gezien. Ze deden me denken aan de slechteriken in een griezelfilm, want hun vleugels hebben een v-vorm zoals de overdreven spitse wenkbrauwen van de grootste griezel. Ik had zin om 'Boe!' en 'Ksst!' te roepen als ik er een zag, vooral als ze van grote hoogte naar beneden doken om een argeloze vliegende vis uit de lucht te plukken.

Ik vond het een hele prestatie toen ik de honderdste dag bereikte. Ik wist al weken dat ik Barbados niet binnen honderd dagen zou bereiken en ik had me erbij neergelegd dat ik, hoe ik ook mijn best deed, niets aan de weersomstandigheden kon veranderen. Ik kon alleen vooruit op de snelheid die de elementen toestonden. Het bereiken van de honderdste dag was een ideaal moment voor enige beschouwing. Om die speciale dag te kenmerken wilde ik de hoogte- en dieptepunten samenvatten, de slechte en prachtige momenten van honderd dagen in mijn waterwereld. Ik bracht een genoeglijk en leerzaam weekend door met lezen in mijn dagboek en logboek om een reeks 'toptienen' van mijn reis op mijn website te kunnen zetten. Tijdens het lezen werd duidelijk hoe ver ik was gekomen, niet alleen in zeemijlen, maar ook in geestelijk en emotioneel opzicht. Door in mijn eentje over de oceaan te roeien had ik kunnen leren en groeien op een manier die misschien niet mogelijk zou zijn geweest als Andrew aan boord was gebleven. Misschien moest ik ondanks alles toegeven dat mijn soloreis voorbestemd was.

De toptien van waar ik me het meest op verheug:

10. Nooit meer stoofpot met knoedels hoeven eten.
 9. Me weer vrouwelijk voelen en er weer zo uitzien.
 8. Weer helemaal stil kunnen zitten of liggen (hoewel ik dat volgens Andrew nooit heb gedaan voor ik wegging, dus dat zal waarschijnlijk nu ook niet meer lukken!).
 7. Ergens naartoe gaan waar sneeuw ligt, dikke kleren aantrekken er erin duiken.
 6. Teruggaan naar iedereen en al het bekende en dierbare.
 5. Slapen op zachte linnen lakens (geen zoutkristal of visschub te bekennen).
 4. Eindeloze hoeveelheden verse groenten, fruit en kaas eten.
 3. 's Nachts wakker worden en zien dat Andrew naast me ligt.
 2. Andere koude drankjes drinken dan gezuiverd zeewater.
 1. Port St. Charles binnenroeien en de droom in vervulling doen gaan... Mijn familie omhelzen, vooral de liefste echtgenoot van de wereld.

Tijdens mijn laatste week op zee werd de navigatie van het grootste belang. Mijn doel, Barbados, was nog maar zestien mijl verwijderd, en dat leek ongelooflijk weinig na een overtocht van bijna drieduizend mijl. In tegenstelling tot sterkere teams van twee man kon ik niet het hoofd bieden aan onbehulpzame windrichtingen. Ik moest gewoon gaan in de richting die de wind aangaf. Gelukkig stond er een sterke zuidwestelijke wind in de richting van Barbados, maar toen ik dichterbij kwam, werd ik verder in zuidelijke richting geduwd dan ik wilde. Het gevaar bestond dat ik zuidelijker aan land zou komen, of het niet eens zou kunnen bereiken.

Dat was geen probleem wat de finish betrof omdat we toch al gediskwalificeerd waren en mijn finish dus niet de branding bij Port St. Charles hoefde te zijn. De wedstrijd moest zonder hulp worden voltooid, dus toen we hulp van buitenaf kregen door het jacht dat Andrew oppikte, waren we gediskwalificeerd. Het maakte mij niets uit. Ik was vastbesloten de wedstrijd te winnen voor we van Tenerife vertrokken, maar achteraf bekeken besef ik dat die ambitie al verdween in die eerste nacht, toen ik voor het eerst iets merkte van Andrews angst. Op de tweede dag wist ik dat deze onderneming heel anders zou verlopen dan we voor ogen hadden gehad. De wedstrijd was niet meer belangrijk. Ons enige doel werd: de Atlantische Oceaan oversteken, samen. We wilden echt de tijd voor onszelf hebben en ons grote avontuur aangaan. Winnen en bewijzen dat alle twijfelaars het bij het verkeerde eind hadden, deed er niet meer toe.

Naderhand vroeg ik me af of het er eigenlijk ooit toe had gedaan. Ik had erdoor geleerd hoe belangrijk Andrew voor me was, en ik had er een inzicht door gekregen dat me voorheen totaal had ontbroken. Ik kon nog steeds over een oceaan roeien, iets wat weinig vrouwen hadden gedaan, maar het ging niet meer over records of bekendheid. Het ging honderd procent over de reis en wat ik in die tijd had geleerd en ervaren.

Dus mijn finish werd niet meer dan een lengtegraad: 59°37'W. Als ik die doorkruiste, werd ik officieel geclassificeerd als iemand die de oceaan over had geroeid. Die lengtegraad loopt ten noorden en ten zuiden van Barbados, dus het deed er eigenlijk niet toe waar ik die zou doorkruisen. Maar Port St. Charles ligt aan de noordpunt van Barbados, dus ik wist dat ik, als ik onder het eiland de lengtegraad zou doorkruisen, vrijwel zeker niet in staat zou zijn om te roeien naar het punt waar mijn vrienden en familie stonden te wachten. Daar de wind niet meewerkte, was de enige optie dat ik door het Challenge-jacht via de lijzijde van het eiland naar Port Charles zou worden gesleept.

Ik wilde niet gesleept worden, nu ik op eigen kracht zo ver was gekomen. Dus concentreerde ik me op het roeien en de tactiek om ten noorden van Barbados te kunnen blijven. Andrew en Pete hadden elke mijl vanaf Engeland getraceerd en zouden helpen om de *Troika* binnen te brengen. Toen de wind meer recht uit het oosten waaide, roeide ik uit alle macht om de paar mijlen naar het noorden terug te winnen die ik eerder die week had verloren. Het was een dilemma om te besluiten hoeveel mijl ik naar het noorden zou roeien nu ik de gelegenheid had. Als ik te ver ging wanneer ik de 59°37'W lengtegraad doorkruiste, zou ik langs Barbados worden gedreven en dan was het 'St. Lucia, daar kom ik!' en zou ik toch door het Challenge-jacht op sleeptouw worden genomen.

Ik had in die laatste dagen een hechte band gekregen met mijn trouwe metgezel de *Troika*. Ik wist precies hoe ik haar moest behandelen, en ze leek me te begrijpen. Ik had meer dan honderd dagen met die kleine boot opgetrokken, en we hadden elkaar goed leren kennen. Ik maakte gebruik van die kennis tijdens mijn rustperiodes en als ik 's nachts ging slapen, door het roer in neutrale stand te zetten en het gewicht over verschillende kanten van de boot te verdelen, afhankelijk van de richting waar ik naartoe wilde drijven. Dat hield in dat ik moest onthouden dat ik tijdens mijn slaap niet naar de andere kant van de kajuit mocht rollen, om het effect niet tegen te gaan door mijn lichaamsgewicht.

Intussen hield Andrew het andere overgebleven team, de jongens van de *Kaos*, nauwlettend in de gaten. Ze waren me ongeveer twee dagen voor, en Andrew wilde zien wat voor invloed de weersomstandigheden hadden als ze het eiland naderden. Ik hoopte iets van hen te kunnen opsteken.

De *Troika* zou de laatste boot zijn die binnenkwam.

Ik wilde in elk geval op de geplande dag aankomen, omdat mijn familie en Sir Chay Blyth niet eerder dan vrijdag 25 januari het vliegtuig konden nemen. Als ik in de laatste week te snel vorderde, zouden ze mijn aankomst missen. Als ik echter langzamer ging en het weer tegenzat, zou ik ofwel naar het zuiden beneden het eiland afdrijven, of worden teruggedreven. Mocht ik weer tegenwind krijgen, dan kon dat een oponthoud van dagen of zelfs weken betekenen, en dan zouden sommige familieleden weer terug moeten vliegen zonder mijn aankomst te kunnen vieren. Ik moest er niet aan denken. De media zetten me ook onder druk omdat ze wilden dat ik bij daglicht aankwam. Ik wilde graag iedereen een plezier doen, maar ik wist dat ik uiteindelijk was overgeleverd aan wat het weer in petto had, dus leefde ik met de dag.

✉

**Debra, heb plaats vrij voor diner. Heb je iets te doen?
CBxx**

Nu ik nog maar enkele dagen van mijn doel vandaan was, verbeterde mijn humeur en kon ik mijn opwinding amper bedwingen. Het begon er dan eindelijk op te lijken… na al die tijd zou ik mijn einddoel bereiken! Ik was van plan om op zaterdag 26 januari aan te komen, dus vloog Andrew de woensdag ervoor naar Barbados. Hij zou om een uur of drie 's middags overvliegen. Het leek me fantastisch om als een gek naar boven te zwaaien en te schreeuwen: 'Tot gauw!' Maar door de dichte bewolking kon ik het vliegtuig niet zien of horen. Het maakte niet uit. Ik wist dat ik binnen enkele dagen bij hem zou zijn, en alleen al de wetenschap dat hij dichtbij was, in Barbados, was een troost.

Het was heel wat nu ik vliegtuigen boven me zag. Ik had zo lang niets dan zee en lucht gezien, dat de tekenen van de 'beschaving' een opwindende aanblik waren, maar me ook vrees aanjoegen. Ik viel ten prooi aan allerlei emoties. Terwijl ik gretig uitkeek naar tekenen dat er land in de buurt was – insecten en allerlei andere dingen die alleen rond land voorkomen – wist ik dat er ook negatieve kanten zouden zijn. Door vervuiling en kunstlicht zou ik niet meer die prachtige sterrenluchten kunnen zien waar ik zo van had genoten. De oceaan was een adembenemend zuivere leefomgeving geweest. De lucht was zo schoon dat ik me in geen weken had gewassen, en toch waren mijn huid en poriën nooit zo gezond en zuiver geweest. Wat zou ik de schone omgeving en alle frisse lucht missen.

Ik neem aan dat de oceaan in veel opzichten een fantasiewereld voor me is geweest. Ik had niets van het wereldnieuws gehoord dus ik was niet op de hoogte van oorlog, dood, ellende en vernietiging die waren doorgegaan in de vier maanden dat ik weg was geweest. Mijn wereld was hoofdzakelijk gekenmerkt door volkomen vredigheid, schoonheid en oneindige goedheid. Onwetendheid kan werkelijk een genot zijn. Maar alleen voor een poos. Ik wist dat ik binnen afzienbare tijd zou willen weten hoe de realiteit was.

De nasleep van 11 september behelsde gebeurtenissen die in mijn waterwereld geen betekenis hadden. We waren vlak na die afschuwelijke dag naar Tenerife gevlogen en hadden daardoor veel van het directe nieuws gemist. Een journalist van *The Times* had, toen ik halverwege de Atlantische Oceaan was, gevraagd wat ik ervan vond. Ik was geschokt door mijn eigen antwoord. Ik had er helemaal niet over nagedacht, en legde uit dat ik eigenlijk geen enkele echte emotie voelde over de ramp. Nog dagen daarna bleef ik geschokt door mijn antwoord. Waarom kon ik niets voelen? Dat was immers niets voor mij. Als je zo ver verwijderd bent van alles en iedereen, is het moeilijk om mee te leven met wat op het vasteland gebeurde, hoe erg dat ook was. Ik kon alleen maar concluderen dat mijn gebrek aan emotie lag aan het feit dat niets van de media mij bereikte.

Op een dag tegen eind november belde de journalist van *The Times* me weer. Die ochtend, legde hij uit, waren de terroristische aanvallen voor het eerst sinds 11 september geen voorpaginanieuws meer in *The Times*. De andere kranten hadden de gebeurtenis dezelfde publiciteit gegeven, en ik wist dat het al die tijd het belangrijkste onderwerp van het nieuws op televisie moest zijn geweest. Toen drong tot me door dat het er weinig toe deed dat ik niets over de feiten had kunnen lezen. Ik had de beelden op televisie en de hevige emoties niet gezien. Ik kon niet meevoelen omdat mijn emoties niet via die beelden konden aansluiten bij al het leed. Niemand kon onaangedaan blijven door de beelden van de Twin Towers en de hulpeloosheid en afschuw die de inwoners van New York en mensen over de hele wereld voelden.

Beelden zijn vaak veel sterker dan woorden, en ze kunnen meer emoties oproepen dan alleen woorden. Voor ik uit Engeland vertrok had ik gehuild om de mensen in New York toen ik naar die beelden keek. Ik had ook gehuild om een Afghaanse vrouw en haar gezin, oorlogsslachtoffers, die gras moesten eten om te overleven. Maar op zee, zonder beelden die me zo aangrepen, merkte ik dat ik kon vergeten. Dat bewijst misschien hoe machtig de media zijn, en wat een verantwoordelijkheid ze dragen.

Naarmate mijn reis vorderde, dacht ik steeds meer na over de media. Hoe dichter ik Barbados naderde, hoe meer belangstelling de media kregen voor mijn verhaal. Op woensdag, de dag dat Andrew aankwam, waren vertegenwoordigers van landelijke Britse kranten, een menigte plaatselijke journalisten en een team van de BBC aangekomen in Port St. Charles. Andrew voelde zich heel opgelaten toen hij uit het vliegtuig stapte en een cameraman van de BBC hem begon te filmen. De overige passagiers keken toe, zich ongetwijfeld afvragend welke megaster ze niet hadden herkend!

Teresa en Rachel van de Challenge Business hadden al een persconferentie in Barbados geregeld toen ik nog drie dagen van het land verwijderd was. Ze vertelden door de telefoon over de sfeer in Port St. Charles, die ze 'opwindend' noemden. Twee kranten uit Barbados plaatsten een artikel over mijn aankomst, en riepen iedereen op om zaterdagochtend naar North Beach te gaan om me te verwelkomen. Dezelfde oproep werd gedaan in *Good Morning Barbados*, het populairste ochtendprogramma op de televisie daar. Het gerucht ging zelfs dat de minister-president van Barbados de prijsuitreiking zou doen tijdens een cocktailparty die maandagavond ter ere van mij zou worden gehouden!

Behalve dat ik me afvroeg hoe ik aan boord van de *Troika* een avondjurk moest strijken, was ik verbijsterd dat mijn roeitocht zoveel belangstelling had gewekt. Ik voelde me heel vereerd, maar ook in de war en opgelaten. Weer vroeg ik me af of nog tot me door moest dringen hoe bijzonder het was wat ik bijna bereikt had. Ik had het veel te druk met er dagelijks voor te zorgen dat ik er zou komen!

Ik zag heel erg op tegen alle aandacht van de media. Ik wist niet wat ik aanmoest met al die camera's en mensen, na zo lang alleen te zijn geweest. Toch was ik aan onze sponsors, Troika, verschuldigd zoveel mogelijk publiciteit te genereren.

Ik had geen idee wat ik kon verwachten of waar het allemaal toe zou leiden, maar ik wist dat ik van alle nieuwe mogelijkheden gebruik moest maken. Al die aandacht zou niet lang duren. Verhalen zoals dat van mij raken snel in de vergetelheid. Misschien had Andy Warhol gelijk: iedereen heeft zijn of haar kwartiertje roem, en dit zou mijn kwartiertje worden. Ik begon de *Troika* in gereedheid te brengen voor haar grote finale.

Ik schrobde het dek en maakte alle karweitjes af die ik al maanden had willen doen. Het had geen zin om haar op te poetsen, nu ze voortdurend bedekt werd met een laag zout door alle buien met windkracht zes of zeven en zelfs acht. Maar ik kon het gewoon niet laten! Zelf kon ik ook wel een opknapbeurt gebruiken. Ik waste de kleren die ik wilde aantrekken op de grote dag, en bedacht grinnikend dat ik eigenlijk naakt, zoals gewoonlijk, de haven van Port St. Charles moest binnenroeien als ik de *Troika* flink wat publiciteit wilde bezorgen!

Hayley had, attent als ze was, een scheermesje en zakjes crèmespoeling voor door de zon gebleekt haar in mijn kerstpakket gestopt. Het werd tijd om me presentabel te maken. Het was heel komisch om na vier maanden mijn benen te scheren. Ik moest het mesje steeds wel vijftien keer over elke plek halen, en na de tweede keer raakte het al verstopt. Toen ik een been voor de helft onder handen had genomen, was het mesje al bot. Het was heerlijk geweest om me een paar maanden niets te hoeven aantrekken van hoe een westerse vrouw eruit hoorde te zien, en heel bevrijdend om niet aan je uiterlijk te hoeven denken, maar nu vond ik het leuk om mezelf weer eens te verzorgen. Ik borstelde zelfs mijn haar, wat ik in geen weken had gedaan.

Met nog vierentwintig uur te gaan zagen de *Troika* en ik er veel netter uit, maar op het gebied van navigatie zag het er niet zo best uit. Bang dat ik door de wind te ver naar het zuiden zou afdrijven, hield ik zoveel mogelijk afstand, en ik slaagde erin om acht tot tien zeemijlen te houden tussen mij en de positie waar ik rond North Point wilde gaan. Ik was van plan om me de laatste zestien uur met de wind mee te laten drijven tot ik een zeemijl van de kust vandaan was. Als dat lukte, zou er genoeg afstand blijven tussen de *Troika* en de rotsen bij North Point. Dan kon ik rond de punt naar de lijzijde glippen, weg van de golven van de Atlantische Oceaan naar de beschutting van het land. Daarna hoefde ik nog maar een paar uur in de luwte te roeien naar Port. St. Charles.

Maar met nog vierentwintig uur voor de boeg veranderde de wind van richting en duwde me in westelijke richting en af en toe naar het noordwesten. Mijn plan liep helemaal mis. Ik ging toch richting St. Lucia.

✉

D., iets minder bakboord, meer naar stuurboord. St. Lucia recht voor je! Ik weet dat ik zei dat het er mooi is, maar… Liefs, Barney

Telefoontjes naar het hoofdkwartier en ook naar Andrew bevestigden mijn grootste vrees.

'Hallo, Teresa, met Debra.'

Teresa kent me goed en ik wist dat mijn niet erg enthousiaste toon haar meteen zou opvallen. En inderdaad vroeg ze of alles in orde was.

'Eigenlijk niet. Ik heb net de kaart bestudeerd en berekeningen gemaakt. Ik denk dat ik toch gesleept moet worden.'

'Dat denk ik ook,' antwoordde Teresa. 'Ik heb net Lin gesproken – de schipper van de *Challenge Yacht 47* – en zij is ook tot die conclusie gekomen.'

We spraken af dat ik naar Port St. Charles gesleept zou worden vanaf het punt, waar dan ook, dat ik over de finish kwam. Anders zou ik door de wind voorbij het eiland worden gedreven. Het was nog steeds windkracht zes tot zeven, dus ik kon onmogelijk door de golven naar de lijzijde van de kust roeien.

Het was een vernederende gedachte dat ik, voor de ogen van mijn familie, de persfotografen en supporters, naar binnen gesleept moest worden. Ik kon alleen maar hopen dat iedereen de reden zou begrijpen. Wat een manier om aan te komen na alles wat ik had meegemaakt! Maar ik kon er niets aan veranderen. De rest van mijn familie vertrok die dag met het vliegtuig. Nu ik wist dat ik binnenkort bij hen zou zijn en het moment naderde dat ik in gedachten al zo vaak voor me had gezien, werd de spijt dat ik gesleept moest worden, algauw minder.

Ik bracht de rest van de dag door met uitkijken of ik al een glimp kon opvangen van het eiland. Van andere teams had ik gehoord dat ze Barbados van vijfentwintig mijl afstand hadden kunnen zien. Ik was er inmiddels aan toe om het droge te bereiken, dus ik verheugde me op die eerste glimp. Maar naarmate de dag verstreek, had ik nog niets van het eiland kunnen bespeuren. Ik maakte me geen zorgen, want ik vertrouwde op mijn navigatievaardigheid en ik wist dat het daar ergens moest liggen. Eigenlijk wilde ik die eerste aanblik alleen opvangen om mezelf tevreden te stellen, dus na elke paar slagen roeien keek ik over mijn schouder en zocht de horizon af. Maar ik zag alleen een wolkenbank. De wolken speelden een spelletje met me door me iedere keer in de waan te brengen dat ze Barbados waren. Ik wist immers niet hoe het eruitzag. Ik wist niet of ik naar een bult aan de horizon moest zoeken, of een langwerpige streep land.

✉

Debra, hierbij een geheugensteuntje: land heeft een andere kleur. Het beweegt niet, er zijn mensen op en het ruikt anders!
Tim (Troika)

Tegen zonsondergang werd mijn wachten beloond. Toen de zon door het wolkendek brak, leek de omtrek van het eiland uit het niets op te doemen en opeens vlak naast me te liggen: een verrassend langgerekte, vlakke streep.

De duisternis viel en Barbados lag als een glinsterende prijs voor me. Het zou me werkelijk lukken!

Maar in plaats dat ik dolblij was, begon ik me ongemakkelijk te voelen. Bang zelfs. Ik besefte dat ik bang was om weer voet op vaste grond te zetten, om onderdeel uit te maken van een menigte, van aanblikken en geluiden die ik ontwend was, van de verplichtingen en routine van 'de maatschappij'.

Ik was gewend geraakt aan mijn afgezonderde wereld op de prachtige oceaan, de voortdurende beweging en geluiden van de natuur, aan de vliegende vissen die op me vielen en zeeschildpadden die me achtervolgden, aan de routine van twee uur roeien en een uur rust, aan het feit dat ik zorgeloos zonder kleren op de boot zat, en nog het meest aan het feit dat er niemand in de buurt was aan wiens verwachtingen ik moest voldoen.

Ik was helemaal gewend geraakt aan het leven aan boord. Dat kende ik. Ik wist hoe ik op de boot en de omstandigheden moest reageren, maar het leven aan land was vreemd voor me geworden. Ik had genoten van het leven in een wereld vol schoonheid en vredigheid, en ik zag op tegen de terugkeer naar een harde maatschappij.

En ik zag al helemaal op tegen de wachtende media. Wat als de pers opdringerig werd? Als ik niet tegen al die mensen om me heen kon? Stel dat ik last kreeg van landziekte? Ik zou ongetwijfeld problemen hebben met lopen, en ik zou weer moeten wennen aan normaal eten en drinken.

Zo zat ik in het donker te kijken hoe de lichtjes van Barbados steeds feller werden, en ik voelde een vreemde melancholie. Mijn familie en vrienden zouden een paar uur geleden zijn geland, en ik wist dat ze in het huis van Cath en Thomas zaten te wachten op mijn telefoontje. Wat voor welkom gaf ik hun als ik zou vertellen hoe bang ik was? Ik verheugde me er zo op hen weer te zien, maar zij waren niet de enigen die ik zou zien.

Ik wilde niet dat de pers inbreuk zou maken op onze hereniging. Ik voelde me heel emotioneel.

Toen belde ik naar het huis, en ik kreeg mijn moeder aan de
lijn. Het kostte moeite om die vreemde mengeling van emoties niet in mijn stem te laten doorklinken. Ze klonk zo blij, en
ik hoorde de opgewonden stemmen van de anderen op de achtergrond.

'Heb je een goede vlucht gehad, mams?' Ik wilde haar van
alles vragen zodat ze mij niet te veel vragen kon stellen, want
ik wist dat ik me niet zou kunnen beheersen als ze vroeg hoe
het met me ging.

Ze zei dat de reis goed was verlopen.

'We kunnen gewoon niet wachten tot we je morgen zien,
schat. We kijken er zo naar uit!'

Met moeite bracht ik uit: 'Ik ook, mams' en toen zweeg ik
abrupt omdat ik een brok in mijn keel kreeg.

Toen mijn moeder de telefoon aan Hayley gaf, barstte ik in
tranen uit. Kon Hayley dit voor me verklaren? Zelf snapte ik er
niets meer van. Terwijl ik in de hoorn zat te snikken, verzekerde ze me dat die gemengde gevoelens normaal waren. 'Het
zou niet normaal zijn als je je niet zo voelde,' zei ze. 'Morgen is
je grote dag en dan doen we alleen wat jij wilt. Je hoeft niets te
doen waar je je niet prettig bij voelt.'

Ik wist dat ik alleen maar bij mijn familie wilde zijn.

Vervolgens kwam Andrew aan de telefoon, en hij stelde me
nog meer gerust. Hij legde uit dat de drijvende steiger waar ik
zou aanleggen verboden terrein was voor de pers en het publiek, dus dat er geen menigte op me af zou komen.

'Alleen ik, Sir Chay en een paar vips zullen op de steiger
wachten, Debs, en ze hebben een gedeelte afgeschermd voor
ons en de familie als je door de douane bent.'

Het was een hele opluchting dat ik in elk geval mijn familie
in beslotenheid zou weerzien.

'Teresa en Rachel hebben alles fantastisch georganiseerd. Er
zijn vaste tijden voor ontmoetingen met de pers, dus we kunnen een halfuurtje naar de Pool Bar voor de persconferentie begint. Maak je geen zorgen, alles is onder controle.'

Ik was opgelucht, maar nog steeds heel emotioneel. Slechts een halfuurtje met mijn familie, en dan moest ik de pers al onder ogen komen. In de afgelopen nachten had ik maar een paar uur geslapen, en door het gebrek aan slaap begon ik me weer gammel te voelen.

Ik ging ineengedoken zitten terwijl ik Woody de beer stevig vasthield. Ik voelde me heel kwetsbaar.

De vermoeidheid werd steeds erger, want ik wilde niet in de laatste nacht in slaap vallen en op de rotsen lopen. Ik was trouwens veel te opgewonden en nerveus om te slapen. Ik zou om ongeveer vijf uur in de ochtend over de eindstreep komen. Andrew en ik hadden de mogelijkheid besproken dat de familie allemaal met boten naar de lengtegraad zouden komen, die mijn finish was, maar de weersomstandigheden waren vreselijk slecht. Het zou niet veilig zijn en ik zou de eindstreep in het donker passeren, dus daar was niet veel aan voor toeschouwers.

✉

Debs, wacht met stevige omhelzing, maar als je iets later in de middag zou kunnen komen, kunnen wij eerst nog even een dutje doen! Liefs, Matt

Wat de media betrof werd het steeds gekker. Ik wist niet dat *The Times* met een grote foto van mij op de voorpagina was gekomen. Voor mij was het nog steeds twee uur 's nachts, maar in Engeland al zes uur in de ochtend. De ontbijttelevisieprogramma's waren net begonnen en door de krantenbespreking werd mijn verhaal bekend. Al gauw kwam een sms-bericht van *BBC Breakfast News* met het verzoek of ik live een telefonisch interview wilde doen. Waarom niet, als ik toch op was? Ik vond het wel een prettig idee om even te kunnen oefenen voor ik de journalisten aan wal te woord moest staan. Ik besefte echter niet dat alle televisie- en radioprogramma's naar elkaar keken en luisterden. Zodra het interview met de BBC was afgelopen, werd ik bestookt met telefoontjes en sms'jes waarin om nog meer interviews werd gevraagd. Daar bleef ik uren mee bezig, maar pas toen een van de presentatoren zei: 'Weet je wel dat je groot nieuws bent hier? Je bent nu een beroemdheid in Groot-Brittannië!' besefte ik wat een vlucht mijn verhaal had genomen. Ik was helemaal verbijsterd.

✉

Dat geluid op de achtergrond is een groep dikke dames die aan het oefenen zijn. Je weet dat het pas voorbij is als ze gaan zingen! Adrian, xxx

Na al die telefonische interviews was ik niet meer zo bang om de media onder ogen te komen. Tot mijn verbazing had ik het makkelijk gevonden, bijna leuk zelfs. Ze stelden tenslotte alleen vragen over mijn tocht over de Atlantische Oceaan, en dat onderwerp kende ik als mijn broekzak. Mijn reis was echter nog lang niet ten einde en de dikke dames konden nog beslist niet in gezang losbarsten. Eerst moest ik nog over de finish zien te komen. Ik naderde de 57 graden 37 minuten westerlengte terwijl ik kalm in het donker zat. Ik lette niet eens op de wind en de golven terwijl ik voor de laatste keer de vredigheid en rust van de oceaan diep tot me liet doordringen. Toen ik over de finish dreef, begon ik niet te juichen, in de lucht te slaan of triomfantelijk te schreeuwen, maar ik glimlachte alleen breed van voldoening. Zo hoorde het te zijn, dacht ik. Alleen ik, Woody en de prachtige *Troika*. Het was perfect om zo over de finish te gaan. Ik kreeg weer dat speciale, stille gevoel van voldoening dat zo'n ontdekking voor me was geweest in de maanden dat ik alleen op zee was. Het was een passend einde. Met paps als inspiratie kon het niet mislukken. Wat zou hij trots zijn geweest op wat ik bereikt had.

Nu ik van mijn eigen momenten van voldoening had kunnen genieten, wilde ik ze meteen delen met Andrew. Het was kwart voor vijf in de ochtend, maar ik wist dat hij het niet erg vond om door dit telefoontje te worden gewekt. Toen hij slaperig opnam, begon ik te zingen: '59 graden 37 minuten westerlengte, 59 graden 37 minuten westerlengte, joepie!' Ik kon bijna horen hoe hij glimlachte, en de blijdschap in zijn stem vervulde me met vreugde. Ik voelde me vol liefde voor hem. We hadden het gehaald.

Toen het licht begon te worden, zag ik het mastlicht van het Challenge-jacht in mijn richting komen. Mijn geduld begon al snel op te raken. Ik kon bijna niet wachten tot ik Andrew zag, maar het zou niet makkelijk zijn om met dit weer door de golven te worden gesleept. Ik had al mijn kracht en concentratie nodig om de *Troika* binnen te brengen, en ik wist dat ik die niet moest verspillen door mijn ongeduld. De bemanning van het jacht was zo verstandig om te wachten tot het licht werd voor ze de sleepkabel ging bevestigen, maar ik wilde zo snel mogelijk op weg.

Het valt helemaal niet mee om een touw van een groot jacht naar een kleine roeiboot te gooien bij hevige deining, en er gingen dan ook meerdere pogingen aan vooraf voor het lukte. Toen alles bevestigd was, dook ik in de voetenruimte met een stuurlijn in elke hand, en bereidde me voor op een woelige tocht.

Toen het jacht me op sleeptouw nam, sloegen de golven over de *Troika*, en binnen een mum van tijd was ik doorweekt. Ik had dus net zo goed niet al die moeite hoeven doen om mijn haar te wassen en te borstelen! We schoten flink op, tot ik te snel door een golf in de richting van het jacht werd gespoeld. Het sleeptouw zonk toen de afstand tussen de twee vaartuigen kleiner werd. Maar toen die weer groter werd en het touw werd aangetrokken, sloeg het om de kiel van de *Troika* en begon haar omver te trekken. Toen de boot bijna kapseisde, besefte ik dat de finish waarschijnlijk dramatischer zou zijn dan ik had verwacht, maar het fatale moment werd gelukkig voorkomen door een snelle reactie van de bemanning. Ik hoorde Gavin schreeuwen: 'Touw losmaken! Touw losmaken!' Toen viel de *Troika* met een klap weer in balans.

Kort nadat een nieuwe lijn was bevestigd en ik weer op sleeptouw was genomen, arriveerde de eerste boot vol mensen die me wilden aanmoedigen. Ik voelde dat ik in paniek raakte, en zei steeds tegen mezelf: 'Rustig maar, Debra, ze willen je alleen maar verwelkomen.' Terwijl ik mijn tranen bedwong wilde ik naar het jacht schreeuwen dat ze moesten omdraaien en me weer naar zee moesten slepen. Ik wist dat het belachelijk was en ik probeerde me uit alle macht te beheersen.

Daarbij voelde ik me opgelaten. Opgelaten dat ik op sleeptouw was genomen, en ik hoopte uit de grond van mijn hart dat we het eindpunt zouden bereiken voor mijn familie aankwam op de boot van Thomas. Maar dat kon ik vergeten. Toen we aan de lijzijde van het eiland kwamen, waren de weersomstandigheden nog steeds slecht. Tot mijn teleurstelling merkte ik dat het water er niet rustiger op werd. Onder deze omstandigheden kon ik niet naar de kust roeien. De wind waaide als door een trechter over de bovenkant van het eiland en ik zou meteen worden teruggeblazen naar de Caraïbische Zee, tenzij ze me naar binnen sleepten en me loslieten bij de ingang van de jachthaven. Er was geen ontkomen aan. Iedereen zou zien dat ik gesleept werd.

De volgende boot die door de golven naar me toe slingerde had bekenden aan boord die allemaal blauwe shirts droegen: mijn vrienden en familie in hun *Troika*-supportersuitrusting. Ze hingen allemaal als gekken zwaaiend over de rand en ze raakten doorweekt. Door de snelheid en de hoge golven stoof het water op, maar dat leek hen niet te deren. Ze waren allemaal dolblij, en toen ik naar hun gezichten keek, leek het of we geen moment van elkaar vandaan waren geweest.

De uitdrukking op Andrews gezicht was prachtig: vol trots, blijdschap en opluchting. Hij vormde met zijn mond 'Ik hou van je' en ik had wel overboord willen springen om naar hem toe te zwemmen en te zeggen dat ik ook van hem hield. Ik had mijn handen echter vol stuurlijnen. Terugzwaaien was onmogelijk omdat ik de lijnen niet mocht loslaten. Ik kon alleen maar met een glimlach van oor tot oor blijven zitten met de capuchon van mijn waterdichte jack over mijn hoofd getrokken. Zo had ik me dit moment niet voorgesteld!

Steeds meer boten kwamen om ons heen varen toen we snel richting Port St. Charles gingen, aangemoedigd door geschreeuw en getoeter. Het leek niemand iets te kunnen schelen dat ik op sleeptouw was genomen. Misschien begrepen ze de reden. Hun uitgelaten stemming werkte aanstekelijk. Al gauw vergat ik mijn gêne en begon te genieten van alles om me heen, vastbesloten om geen detail te missen.

Twee kajakkers voegden zich bij me. Ze moesten van mijlen ver zijn gekomen en ze peddelden heel hard om ons te kunnen bijhouden. Ik kon gewoon niet geloven dat zoveel mensen ondanks de regen en hoge golven waren gekomen om mijn aankomst mee te maken. De sfeer was geweldig. In plaats dat ik me nerveus voelde door al die mensen, stelden hun lachende gezichten en warme welkom me juist op mijn gemak.

Toen we de toegang tot de haven van Port St. Charles naderden, zag ik honderden mensen langs de helikopterlandingsplaats op de kade staan. Hayley had gelijk. Dit werd mijn grote dag, een dag om nooit te vergeten.

Het Challenge-jacht liet de sleepkabels vlak buiten de ingang van de haven los, en mijn boot kwam tot stilstand. Meteen kwamen boten naar me toe om me te feliciteren terwijl ik mijn regenjack uitdeed en aanstalten maakte om het laatste stukje van mijn heroïsche tocht af te leggen.

Ik keek naar mijn familie. Ze hielden een groot laken vast langs de boeg van het jacht, met daarop de woorden KOM BINNEN NR. 22. JE TIJD ZIT EROP.

Ze hadden helemaal gelijk. Het was tijd om binnen te komen en mijn verbazingwekkende avontuur af te sluiten.

✉

Debra, je bent bijna de helft van mijn leven in die boot geweest! Liefs, Tilly Mason, 7,5 maand oud.

9

Barbados – aankomst via zee

Ik was nog vijftig meter van de kust verwijderd, maar nu al werden microfoons voor mijn gezicht gehouden. Fotografen hingen uit kleine speedboten en schreeuwden: 'Debra! Debra! Deze kant! Deze kant!' En: 'Kijk eens alsof je echt heel hard aan het roeien bent!'

Ik trok ook hard aan de riemen, alleen vertrek ik mijn gezicht daarbij niet! Ik moest er wel hard aan trekken, want ik schoot niet op. Bij elke slag leek het of ik tegen een stenen muur roeide, en mijn gezicht werd steeds roder van de inspanning. Iedereen was aan het juichen en toeteren, maar mijn opwinding begon weg te ebben en maakte plaats voor frustratie omdat de wind probeerde te voorkomen dat ik die laatste meters kon afleggen. Daarbij was ik opgehouden door het poseren voor de foto's en daardoor was ik mijn concentratie kwijt.

Mijn twee kajakmaten bleven bij me om me naar binnen te loodsen. Wat was ik dankbaar voor hun aanwezigheid en hulp. Ik vroeg steeds: 'Kom ik eigenlijk wel vooruit?' Ze verzekerden me dat ik echt vooruitkwam en moedigden me nog meer aan.

De BBC-ploeg kwam langs met Andrew, die op de een of andere manier bij hen aan boord was gekomen. Hij was nu zo dichtbij dat ik alleen nog maar naar de kade wilde om hem te omhelzen, maar door de tegenwind schoot de *Troika* nauwelijks op.

Robert Hall, de BBC-verslaggever, stak een microfoon in mijn richting en vroeg: 'Hoe voel je je, Debra? Hoe is het om Andrew weer te zien?'

Dat waren belangrijke vragen en ik wilde zo graag iets indrukwekkends en aangrijpends zeggen. Maar op dat moment kon ik me niet op vragen concentreren omdat ik alleen maar ongerust was dat ik niet aan de kant kon komen. Ik was buiten adem, zag vuurrood en stond op het punt om mezelf volslagen belachelijk te maken als ik niet in staat was om die laatste paar meter naar de kant te roeien. Niet bepaald een fraaie aanblik voor de mensen thuis! Ik probeerde iets zinnigs te zeggen tussen mijn gehijg door, maar dat gemompel kan niet het kernachtige antwoord zijn geweest dat hij hoopte te horen.

Er leek geen einde te komen aan die laatste meters, en ik vroeg me af of de menigte op de helikopterlandingsplaats niet inmiddels stond te stampvoeten en met hun duimen te draaien. De boten met de pers voeren allemaal weg naar de kade om foto's te maken, en ik bleef achter met mijn kajakvrienden en het Challenge-jacht.

De schipper ervan, Lin, kwam langszij.

'Debra?' schreeuwde ze. 'Moeten we je weer slepen?'

'Nog niet, Lin,' wist ik uit te brengen. 'Geef me nog een paar minuten.'

'Oké.' Ze lachte. 'We blijven bij je. Als je de romp parallel houdt met die van ons, zit je op de goede weg.'

'Bedankt!' schreeuwde ik terug. De schipper en bemanning van het Challenge-jacht waren fantastisch geweest tijdens de hele wedstrijd. Ik kon aan hun gezichten zien dat ze echt wilden dat ik het haalde. Ze begrepen mijn vastberadenheid.

Ik begon zo hard mogelijk af te zetten met mijn benen. Het viel me gemakkelijker nu ik niet werd gehinderd door de pers. Terwijl ik roeide zochten ze koortsachtig een plek op de kade om mijn aankomst af te wachten. Ik boekte langzaam vooruitgang, mezelf bij iedere slag moed insprekend. Toen ik de landingsplaats naderde, werd ik meer beschut tegen de wind en ging het roeien makkelijker. De boot kreeg meer snelheid en eindelijk naderde ik het einddoel. De spanning was om te snijden. De menigte juichte. Ik voelde hoe ze me allemaal bijna vooruit dwongen.

Toen ik de landingsplaats had bereikt, sprong ik op en greep een reserveroeispaan die naast me op het dek lag. Dit was mijn kans om zegevierend een saluut te brengen, en ik vond dat ik daar het recht toe had. Ik tilde de roeispaan boven mijn hoofd en een oorverdovend gejuich steeg op. De menigte raakte door het dolle heen en overal weerklonken scheepshoorns. Het lawaai was ongelofelijk. Ik had nog nooit zoveel voldoening gevoeld, en mijn geluk was compleet. Ik had het bereikt.

Ik was over de Atlantische Oceaan geroeid, voor paps, voor mijn familie, voor Matt Jess, voor Andrew en voor mijzelf. Ik had het aangedurfd om een droom te koesteren. En mijn droom was werkelijkheid geworden.

Opeens kwamen al mijn zintuigen tot leven, vrijgekomen door de opluchting dat ik het had gehaald. Ik nam alles heel scherp waar. De indringende geur van het land en de menigte. De felle kleuren waren, nadat ik maanden alleen schakeringen blauw en grijs had gezien, bijna verbijsterend. Maar het ongelofelijke lawaai sloeg alles. Ik moest nog om de ponton heen roeien, onder de boeg van een bijna veertig meter lang superjacht door. De scheepshoorn van het jacht weerklonk en ik voelde het lawaai in mijn longen trillen. Alle gewaarwordingen waren zo scherp. Het was of ik opnieuw geboren was en alles voor het eerst meemaakte. Ik voelde het leven in me bruisen.

Toen ik om de superjachten heen roeide, zag ik Andrew en Sir Chay Blyth op me staan wachten. Ik verlangde er zo naar om bij Andrew te komen, dat ik niet goed oplette bij het sturen en bijna de ponton ramde! Maar anderen stonden klaar om de *Troika Transatlantic* binnen te halen.

Toen ik langszij kwam, trok Chay een fles champagne open, met mij als doelwit, en de straal raakte me vol. Terwijl ik de champagne uit mijn ogen veegde, was Andrew al bij me. Hij stak zijn armen uit en trok me in een stevige omhelzing. Ik lette niet op de mensen, de camera's of de microfoon van de BBC die op Andrews shirt was vastgepind. Ik was me alleen maar bewust van zijn armen om me heen, en het warme, heerlijke gevoel – dat al het andere overtrof – dat ik nu veilig was.

'Je hebt het gehaald!' waren Andrews eerste woorden.

'Nee, wíj hebben het gehaald,' zei ik, en ik sloeg mijn armen nog steviger om hem heen.

Ik had het ultieme avontuur beleefd. Ik had ontzagwekkende wilde dieren gezien, meer dan genoeg angstige momenten doorstaan en heel veel aan zelfanalyse gedaan, maar niets van dat alles kon op tegen het gevoel weer in Andrews armen te zijn.

Na een poos drong een aanhoudend kabaal tot me door. Fotografen schreeuwden tegen de vips op de ponton. De pers stond aan de andere kant van een smalle strook water en de kleine menigte op de ponton belemmerde hun zicht. Ik schrok van hun stemmen toen ze herhaaldelijk schreeuwden: 'Uit de weg!' Iedereen wilde die ene speciale foto of opname maken, en ze raakten steeds meer gefrustreerd. Het was vreemd om na al die tijd zoveel stemmen te horen, en misschien was ik vergeten hoe hard – en kwaad – die konden klinken. Zo ging het er dus aan toe als de pers het op je gemunt had!

Mijn pogingen om op vaste grond te lopen, waren lachwekkend. Mijn kuitspieren waren verslapt en mijn gevoel voor evenwicht was eveneens verdwenen. Het was echt een heel vreemde gewaarwording. Ik kon gewoon niet rechtop staan zonder me aan iets of iemand vast te houden. En zelfs dan ging het een moment goed en vervolgens begaven mijn knieën het en zakte ik weer op de grond. Meer dan drie maanden had mijn lichaam zich steeds moeten aanpassen aan de beweging van de boot op de golven. Nu ik weer vaste grond onder de voeten had, stelde mijn lichaam zich in op golfbewegingen die er niet waren. Het zou meer dan twee weken duren voor ik geen overbodige bewegingen meer maakte.

Ik moest door de douane voor ik naar de rest van mijn familie kon. Ik wankelde slingerend het douanegebouw in, steunend op de schouder van Teresa, de wedstrijdleidster, omdat Andrew niet met me mee naar binnen mocht. De airconditioning stond aan en er heerste een strenge stilte. Ik ging zitten om formulieren te ondertekenen, maar ik was in zo'n euforie dat ik alleen maar wilde praten. En dat deed ik, zonder ophouden! Ik was zo opgewonden dat ik me niet kon concentreren.

De douanebeambten stelden het uiteraard niet erg op prijs. Ze legden herhaaldelijk formulieren voor me met de instructie: 'Datum invullen en ondertekenen, graag'. Ik wist niet meer hoe ik mijn handtekening moest zetten en ik vergat steeds de datum. Ik zat te rillen door de airconditioning, want ik had vier maanden geen kou gevoeld, maar niets kon de brede lach op mijn gezicht verdrijven. Het stempel dat de douanebeambte in mijn paspoort zette leek mijn aankomst te bezegelen, mijn opwinding te bekronen en het toppunt van understatement te zijn. Er stond: BARBADOS – AANKOMST VIA ZEE.

Toen ik uit het douanekantoor kwam, werd ik opgewacht door de bekende in *Troika*-blauwe shirts gehulde menigte met heel bleke huid en brede grijns. Dit was het moment waar ik zo vaak van had gedroomd als het leven op zee me zwaar viel. Nu die droom werkelijkheid was, leken de zware tijden weg te smelten. Ik wist niet wie ik het eerst moest omhelzen, dus begon ik maar bij degene die het dichtst bij me stond: mijn moeder.

We zijn altijd een hecht gezin geweest, maar tijdens de reis waren we zo mogelijk nog meer naar elkaar toe gegroeid. Dat was een van de vele onverwachte pluspunten. De familie had over het algemeen meer contact met elkaar gehad, omdat iedereen naar Hayley en Andrew belde om te informeren naar mijn vorderingen. Het was fantastisch om mams weer te omhelzen. Ik had het gevoel dat ik haar nu echt had leren kennen, en dat zij mij had leren begrijpen tijdens mijn afwezigheid. We hadden meer begrip voor elkaar gekregen, en dat betekende alles voor me.

Mijn vriendin Joanna was weer aan het huilen. Ze huilde toen ik haar de laatste keer in Tenerife had gezien, en ik hoopte dat ze niet al die maanden dat ik weg was had gehuild! Pete was zoals altijd de grote knuffelbeer, en ik was dolblij dat ze helemaal naar Barbados waren gevlogen om mij te zien. Ze stonden op het punt om te verhuizen en konden zich de overtocht eigenlijk niet veroorloven. Daarbij had Pete last van vliegangst, dus was het heel bijzonder dat ze het ervoor over hadden gehad om bij mijn aankomst aanwezig te zijn. Leigh had bij wijze van uitzondering een paar dagen vrijaf gekregen van de Mount House School in Devon om naar Barbados te vliegen. Het deed me goed dat de directeur zo meeleefde met onze familie, dat hij hem er vrij voor had gegeven. Zonder Leigh zou het niet zo fantastisch zijn geweest.

De pers en de Barbadaanse supporters bevonden zich aan de andere kant van het douanekantoor, dus werd geopperd dat ik via de andere uitgang weg kon glippen. Het was verleidelijk, maar ik vond het onhartelijk. De Barbadanen en inwoners van Port St. Charles hadden me verwelkomd op een manier die mijn stoutste dromen overtrof, en dat kon ik niet negeren. Daarbij zag ik er niet zo tegenop nu Andrew bij me was. Toen we om het gebouw liepen en onder de slagboom door doken, stortte de pers zich op ons. Andrew trok me tegen zich aan en ik voelde me meteen beschermd. Ik was vergeten hoe prettig het is om te worden vastgehouden door iemand die een meter drieënnegentig lang is! Hij torende boven de meeste journalisten uit, waardoor ik me heel veilig voelde.

Het was heel leuk om de kinderen te ontmoeten die me verwelkomden, al vond ik het raar dat ze mijn handtekening wilden! Ik kon er maar niet bij dat ik opeens beroemd was. Kate, een jong meisje dat naar me had geë-maild, was met haar ouders helemaal van de zuidkant van het eiland gekomen. Ik verheugde me er echt op om haar te ontmoeten. Kate gaf me een prachtige schaal, die op het eiland was gemaakt, en een kopie van de spreekbeurt die ze in haar klas had gehouden over hoe goed ze het vond dat ik had doorgezet toen Andrew het moest opgeven. Ik voelde me heel nietig bij dat pas tienjarige meisje.

Ten slotte gingen we met een journalist van een landelijke krant naar Chays appartement, waar een warm bad me wachtte. Ze zouden een exclusief verhaal maken en wilden zo snel mogelijk een interview. De verdere hereniging met mijn familie zou moeten wachten. In elk geval was Andrew nog bij me, en ik was zo euforisch dat het me weinig kon schelen wie er verder nog bij was.

Maar alles op zijn tijd. Ik snakte naar een warm bad na het bijna vier maanden zonder wasgelegenheid te hebben gesteld.

Hayley, de schat, had gezorgd voor toiletbenodigdheden en schone kleren. Ik trok mijn roeikleding uit en keek verbijsterd in de passpiegel. Mijn lichaam was van vorm veranderd en ik kon de persoon die naar me terugstaarde, nauwelijks herkennen. Mijn benen waren dun geworden en ik zag er helemaal bruin uit. Ik had niet beseft hoe gebruind ik was tot ik naast Hayley stond, wier huid het maanden zonder zon had moeten doen. Geen wonder dat iedereen zei dat ik eruitzag alsof ik drie maanden op een beautyfarm had doorgebracht.

Ik genoot van het bad, maar raakte in paniek toen naderhand het vuil van mijn ongewassen huid als cement aan het oppervlak van het bad bleef plakken. Ik zag nergens schoonmaakmiddelen, en Chay had uitdrukkelijk gezegd dat we het appartement, dat niet van hem was, in dezelfde staat moesten achterlaten als waarin het was toen we er kwamen. Dus volgde een flinke schrobbeurt met toiletpapier!

Aanzienlijk aangenamer ruikend en klaar met het interview ging ik de volgende ronde televisie- en radio-interviews in, die werd gevolgd door een persconferentie. Al die aandacht van de media had ik niet verwacht.

Toen we terugkeerden bij mijn familie in de Pool Bar, zag iedereen er ontspannen maar moe uit. De bar was een prima omgeving om in te ontspannen, vooral door de talloze drankjes die werden geserveerd door Ian, de charismatische barman. Iedereen stortte zich op verrukkelijke barbecuegerechten, die bij mij, dat wist ik, niet goed zouden vallen. Ik moest voorzichtig weer aan machtige gerechten wennen. Ik had willen beginnen met iets makkelijk verteerbaars zoals een banaan, maar ik kreeg meer dan waarop ik had gerekend toen een grote banaandaiquiri voor mijn neus werd gezet. Echt iets voor mij, zo'n bar, dacht ik. Het leek bijna onwerkelijk. Nog maar enkele uren geleden had ik in mijn eentje op een kleine boot op zee gezeten terwijl mijn familie zich op het exotische eiland Barbados bevond. Nu was ik bij hen, en ik zag hen allemaal lachen en praten.

De *Troika* was bij de ponton voor de bar aangemeerd, en met een steek van bedroefdheid zag ik haar daar liggen. Na zo lang vanaf haar naar de buitenwereld te hebben gekeken, vond ik het raar om van buitenaf naar haar te kijken. Ze had me beschermd tegen talloze stormen van windkracht acht, vooral tijdens de laatste drie weken. Voor een bootje van multiplex was ze behoorlijk sterk. Ik had zin om mijn cocktail te pakken en die in haar kajuit op te drinken, maar het was tijd dat we elk onze eigen weg gingen. Zij ging binnenkort met een vrachtschip naar een goed tehuis, dat van haar oorspronkelijke eigenaars, Miles Barnett, de luchtmachtpiloot die geen verlof had kunnen krijgen, en zijn roeimaat Alan Watson. Nu ze deze wedstrijd hadden moeten missen, hoopten ze met haar deel te nemen aan de volgende Challenge Business Atlantic Rowing Race om geld in te zamelen voor kankeronderzoek. Omdat ik dat wist, was ik heel gemotiveerd toen ik uit Tenerife vertrok. Als ik het opgaf, had ik de boot op zee in brand moeten steken, en dat kon ik niet laten gebeuren. Omdat zowel Andrews vader als die van mij aan kanker was gestorven, waren we heel blij met de toekomstige rol van *Troika*.

Terwijl ik genoot van het gezelschap van mijn familie, dacht ik aan al die andere mensen die me tijdens mijn tocht hadden gesteund en de riemen in beweging hadden gehouden: degenen die me sms'jes en kerstkaarten hadden gestuurd, anderen die cadeautjes hadden gestuurd, en weer anderen die me hadden aangemoedigd via de website. Zij hebben me tot het laatst toe gesteund. Ik vond hun laatste boodschappen heel ontroerend, en ze herinnerden me er opnieuw aan dat mijn tocht niet alleen ging over een jonge vrouw in een kleine roeiboot.

✉

Kan niet onder woorden brengen wat je hebt bereikt. 'Bravo' is niet toereikend. Ik wil graag zeggen: dank je. Je hebt me geïnspireerd. Het was steeds een opsteker als ik van de dialyse terugkwam en je laatste dagboekaantekeningen las. Nadat ik de BT Global Challenge had moeten missen, vind ik het heerlijk dat mensen het avontuur aangaan en hun droom in vervulling laten gaan. En wat een verhaal heb je verteld! Bedankt dat je zo eerlijk tegen ons bent geweest. Heel makkelijk om je achter e-mails te verschuilen, dus heel dapper dat je dat niet hebt gedaan. Geniet van de feesten, je verdient het. Nogmaals bedankt dat je zo'n inspiratie bent geweest. Tot gauw (hoe dan ook!). Matt Jess

✉

Zij wier dagelijkse sleur werd doorbroken door je op je tocht te volgen, zullen je missen! Gill Lumsdon

Ik zag in gedachten hoe paps, zoals altijd de gangmaker van feestjes, bij ons zat. Maar voor het eerst wenste ik niet tegen beter weten in dat hij er was. Ik had geleerd om van het verleden – en van paps – inspiratie op te doen voor het heden en de toekomst. Ik voelde me fantastisch. Maar mijn gemoedstoestand zou op de proef worden gesteld. Ik kreeg mijn eerste close-up van het leven via de lens van de media, en die was niet fraai.

Mark Pepper, een vriend en onafhankelijke Britse fotograaf die naar Barbados was gekomen om mijn aankomst te fotograferen, kwam bij ons in de Pool Bar. Ik was heel blij hem te zien, want hij had me tijdens de hele tocht gesteund met sms'jes. Mark wilde wat foto's maken van mij en Andrew samen en van mij met mijn familie. Daar wilde ik graag aan meewerken. Maar de fotograaf van de landelijke krant aan wie we de exclusieve rechten hadden gegeven, begon nijdig te worden. Hij viel ons in de rede. 'Sorry, maar ik wil niet dat je die foto's maakt.'

Mark legde uit dat hij ze alleen zou gebruiken voor tijdschriften die pas zouden verschijnen nadat de landelijke krant de primeur had gepubliceerd, maar de andere fotograaf was niet overtuigd. Hij kende Mark niet. Anders had hij zich geen zorgen hoeven maken, want Mark houdt zich altijd aan zijn woord. De fotograaf van de landelijke krant deed alleen zijn werk en wilde zijn primeur beschermen, maar toch werd de sfeer gespannen. Ik trok me terug en ging op de rand van het zwembad zitten. Ik had geen zin om erbij betrokken te worden. Ik had niet het idee dat mijn tijdelijke beroemdheid tot grote geschillen tussen diverse media zou leiden, maar ik had nog geen ervaring met bekendheid en ik besefte niet wat een primeur betekende voor een krant. Andrew en de fotograaf overlegden even en Andrew kwam met een compromis: Mark mocht foto's van mij alleen maken.

Na een korte pauze moesten we weer opdraven voor een interview voor de landelijke krant. Andrew en ik hadden nog niet de gelegenheid gehad om alles door te praten, dus hadden we zo onze bedenkingen om onze gedachten bloot te geven aan een journalist. Na alle emoties van die dag en omdat ik zo moe was, vond ik het geestelijk uitputtend om weer in detail alles door te nemen. Het appartement van de journalist bood uitzicht op de Pool Bar, waar onze familie op ons zat te wachten, en we werden steeds rustelozer. Maar hierna volgde nog een interview met de BBC.

Ik was echt niet voorbereid op die grote aandacht van de media. Mijn familie was helemaal van Engeland naar Barbados gevlogen om bij me te zijn, maar inmiddels vroeg ik me af of ik wel meer tijd met hen zou kunnen doorbrengen dan met journalisten en fotografen! Tijdens die eerste dagen op het vasteland zag ik mijn familie nauwelijks door alle publiciteit die we kregen. Toen beseften we nog niet wat een voordeel dat voor ons zou zijn.

De journalisten van de landelijke krant met de 'primeur' gingen overal met ons mee – ze moesten hun kans uitbuiten – maar ik kon bijna niet geloven dat andere journalisten overal op de loer lagen om foto's van Andrew en mij samen te maken, in restaurants, bars, tijdens interviews met de BBC... ze volgden ons overal. Het ging zelfs zo ver dat we hen uitnodigden! In elk geval ging het dan openlijk en kregen we niet het gevoel dat we voortdurend in de gaten werden gehouden.

De wereld van de media is onvoorstelbaar als je er onvoorbereid in verzeild raakt. In tegenstelling tot degenen die meedoen aan programma's als *Big Brother* omdat ze een kwartiertje beroemd willen zijn, hebben wij al die publiciteit nooit gezocht. We hoopten natuurlijk dat de *Troika* en haar sponsors bekendheid kregen, want zo gaat dat als je gesponsord wordt. Maar we hadden al die voortdurende aandacht van de media nooit verwacht. Het leek wel of je naar een nieuwe school ging. In het begin kenden we de regels niet en wisten we niet hoe we op de nieuwe omgeving en de mensen moesten reageren. We waren in het diepe gegooid, maar we leerden al gauw hoe we moesten zwemmen.

Op zondagochtend hoorden we dat ons verhaal in bijna alle Britse zondagkranten was verschenen, en zelfs vaak voorpaginanieuws was. Later hoorden we dat het bij sommige kranten zelfs drie dagen achtereen voorpaginanieuws was. Het was niet te geloven.

In de gerenommeerde dagbladen werd op een normale manier ingegaan op het feit dat Andrew zich uit de wedstrijd had teruggetrokken, en werd mijn prestatie helder belicht. Helaas hadden veel sensatiebladen ervoor gekozen om te benadrukken dat Andrew me 'in de steek had gelaten'. Ik had zin om de telefoon te pakken en tegen hen te schreeuwen: 'Dat is helemaal niet waar! Hij heeft me niet in de steek gelaten! Ik heb er zelf voor gekozen om alleen verder te gaan!' Maar ik herinnerde me de goede raad die Chay Blyth ons had gegeven toen ik net de finish had bereikt. Met zijn barse Schotse accent had hij gezegd: 'Geloof nooit de publiciteit en lees geen negatieve artikelen over jezelf.'

Ik was onder de indruk van de manier waarop Andrew omging met die publiciteit. Andersom had ik het nooit zo goed kunnen afhandelen en zou het me moeilijk zijn gevallen om niet alles persoonlijk op te vatten. Hij verwoordde zijn reactie prachtig op de website.

```
... Ik had niet verwacht dat ik zo'n gezeur aan
mijn hoofd zou krijgen toen ik aan een paar
journalisten vertelde dat ik me uit de wed-
strijd had teruggetrokken omdat ik bang was!
Al mijn vrienden, familieleden en personen
wier mening belangrijk is voor mij, en zelfs
```

mensen die aan de wedstrijd deelnamen, hebben
alleen maar begrip getoond en mij gesteund.
Meestal kreeg ik te horen: 'Je hebt het in
elk geval geprobeerd', terwijl anderen zelfs
hebben gezegd: 'Heel dapper dat je hebt gezegd dat je een groot probleem had, in plaats
van te doen of je gewond was geraakt of zo'.
  Maar dit haalt natuurlijk de voorpagina's
niet, dus zullen er in de media nog steeds
nare dingen over me worden verteld. Maar als
Debra daardoor waardering krijgt, dan maakt
het niet uit dat sommige mensen, voor wie het
al een heel avontuur is om een ritje in een
achtbaan te maken, de toestand willen opklop-
pen. Juist in deze tijden weet je wie je echte vrienden zijn, en ik kan zeggen dat ik
heel goede vrienden heb.
  Hartelijk bedankt, allemaal.
  Andrew

Het erge was dat we zoveel publiciteit kregen omdat de echtgenoot had afgehaakt en de echtgenote was doorgegaan. Als
het andersom was geweest, waren we waarschijnlijk niet eens
in onze lokale krant thuis genoemd. Dit spreekt boekdelen
over wat de maatschappij verwacht, of juist niet verwacht, van
een vrouw. Andrew had iets onverwachts gedaan door openlijk
toe te geven dat hij bang was, en ik had hetzelfde gedaan door
verder te gaan vanaf een punt dat een man dat niet kon. Iets in
mij – al is het een klein iets – is verbitterd dat alle aandacht
hoofdzakelijk te danken is aan het feit dat ik een vrouw ben, en
minder aan het feit dat ik een oceaan over heb geroeid.
  Ik wil niet beweren dat ik een uitgesproken feministe ben.
Ik heb tamelijk traditionele opvattingen over de rol van mannen en vrouwen. Maar het standpunt dat veel mensen hebben
ingenomen over mijn avontuur heeft me echt de ogen geopend
voor de manier waarop tegen vrouwen, en dan vooral vrouwe-

lijke avonturiers, in de maatschappij wordt aangekeken. Kate Shaw, onze literair agent, stuurde me een spreuk van de beroemde bergbeklimmer Tenzing Norgay, met als strekking dat het aan de harten van mannen ligt of de Everest hoog of laag is. Vervolgens merkte ze op dat de beste citaten altijd over mannen lijken te gaan. Dat zette me aan het denken. Ik liep alle inspirerende citaten na die mensen naar me hadden gestuurd toen ik op zee zat, en slechts één van de 771 gaat over vrouwen.

✉

'Ik heb dappere vrouwen ontmoet die de grenzen van de menselijke mogelijkheden verkennen zonder te kunnen terugvallen op precedenten, en ze hebben een moed om zich kwetsbaar op te stellen die me diep ontroerde.'
Gloria Steinem

De media schenken om allerlei redenen geen aandacht aan vrouwelijke avonturiers, maar als een van ons erkenning krijgt, dan wordt dat ook breed uitgemeten. Ellen MacArthur, de talentvolle zeilster, is een goed voorbeeld van hoe de media op een positieve manier de prestaties hebben belicht van een vrouw die haar dromen probeerde waar te maken en een knap staaltje van haar kunnen heeft laten zien. Ze is een fantastisch voorbeeld voor jongeren, dus de media-aandacht is voor velen heel goed geweest. Ik vraag me echter af of die aandacht te danken is aan wat ze heeft gepresteerd, of aan het feit dat ze een vrouw is die dat heeft gepresteerd. Ik mag hopen dat een zeiler in dezelfde positie net zoveel aandacht zal krijgen.

Er viel niet aan te twijfelen: het verhaal over de vrouw die dapperder was dan haar man trok veel publiciteit, en als ik van al die media-aandacht wilde profiteren, moest ik juist gebruikmaken van het feit dat ik een vrouw ben. Er zat wel iets in dat je eerst het spelletje mee moest spelen om daarna duidelijk te laten overkomen wat je werkelijk bedoelt.

Televisieshows waren ons al gauw op het spoor gekomen in

Babados en boden allerlei tegemoetkomingen aan om ons naar Engeland te krijgen voor interviews. In het begin hadden we afgesproken om niet terug te vliegen voor interviews tot we samen en met onze familie van een vakantie hadden kunnen genieten, met het risico dat het verhaal dan oud nieuws zou zijn geworden en we een aantal unieke gelegenheden aan onze neus voorbij hadden laten gaan. Toen gebeurde er iets waardoor we van gedachten veranderden.

Twee dagen nadat ik het einddoel had bereikt, kreeg Andrew een telefoontje in de Pool Bar. Hij kwam terug met een ongelovige grijns op zijn gezicht. 'Dat was de Johnny Vaughanshow. Ze willen weten of we morgen kunnen terugvliegen om in *Johnny Vaughan Tonight* te verschijnen, met Meg Ryan.' Ik zag hoeveel moeite Andrew deed om de grijns van zijn gezicht te krijgen! Het was zo onwerkelijk dat we er alleen maar om konden lachen. Wij waren immers geen beroemdheden. We waren alleen een echtpaar dat graag over de Atlantische Oceaan had willen roeien. We waren niet echt te vergelijken met Meg Ryan!

'Maar onze familie is hier,' hielp ik Andrew herinneren. 'Ze zijn helemaal hierheen gekomen om bij ons te zijn. Hoe kunnen wij dan naar Engeland terugvliegen en hen hier laten?'

'Dat heb ik ook gezegd tegen die contactpersonen. En ze zeiden dat ze ons allemaal terug naar Engeland laten vliegen, hen in een hotel onderbrengen als ze de show hebben gezien, en dat ze ons de volgende dag weer allemaal terug naar Barbados laten vliegen!'

Ik vroeg me meteen af of ze wel wisten hoeveel familieleden van ons op Barbados waren. 'Dat is belachelijk. Dat hoeven ze toch niet te doen?'

'Wat wil jij?' vroeg Andrew.

'De kijkcijfers voor een show met Meg Ryan als gast zullen vast hoog zijn,' opperde Hayley. 'Dat is dan mooi meegenomen.'

Dus vlogen Andrew en ik zesendertig uur later eersteklas met Virgin Atlantic naar Heathrow. Terwijl de overige passagiers sliepen, zat ik in mijn extra brede stoel een selectie van mijn lievelingskazen te eten en een glas rode wijn te drinken. Op het dienblad voor me zag ik massief zilveren zout- en peperstrooiers en zwaar zilveren bestek. Waar was mijn oranje lievelingslepel van plastic nu gebleven?

Toen ik gedwongen was om vleesstoofpot met knoedels te eten, droomde ik van kaas en een glas rode wijn. De stewardess had zelfs een tafellaken over mijn klaptafeltje gelegd! Het was gewoon niet te bevatten. Het leek wel of het ene avontuur amper voorbij was of het andere begon al. Eindelijk drong de enorme omvang van alles tot me door. Ik was terug in de werkelijkheid, terug in een wereld van mensen, materiële zaken en problemen. Ik vroeg me af hoe lang het zou duren voor ik het leven en de eenvoudige zaken weer als vanzelfsprekend zou beschouwen.

Terwijl ik van mijn kaas at en slokjes wijn nam, keek ik naar de monitor voor me. Daarop was geen film te zien, maar een landkaart. Het Caraïbisch gebied bevond zich links en Europa rechts, met ertussenin de blauwe Atlantische Oceaan. Een rij stippels, gevolgd door een klein, opflitsend vliegtuig, gaf aan hoever de reis was gevorderd. Er stond zelfs hoeveel mijlen we over de Atlantische Oceaan waren gevlogen: 1600. Het had ons maar enkele uren gekost om dezelfde afstand te overbruggen waar ik twee maanden over had gedaan met roeien. De ironie kwam van alle kanten op me af. Het contrast was uitzonderlijk groot.

✉

D, heb net gelezen dat de Concorde een keer per week naar Barbados vliegt. Hoe is het mogelijk: op de heenweg doe je er 112 dagen over en op de terugweg 5 uur! Liefs, Barney

Ik snakte ernaar om met iemand te praten. Tientallen mensen zaten om me heen, maar die sliepen allemaal, net als Andrew. Door een kier in het gordijn zag ik de stewardessen in hun werkgedeelte. Nu de passagiers sliepen, wisselden ze onderling nieuwtjes uit. Ik wilde met hen praten, maar ik kon me voorstellen hoe idioot het zou klinken: 'Ik hoop dat jullie het niet erg vinden, maar ik moet gewoon met iemand praten. Ik heb drie maanden in mijn eentje op zee gezeten en ik snak naar gezelschap. Mag ik er even bij komen zitten?' Ik sloeg hen wel een halfuur gade terwijl ik de moed probeerde te verzamelen om naar ze toe te lopen en mee te kletsen. Ten slotte begon een stewardess zich te ergeren dat ik zo naar hen zat te staren, en rukte het gordijn dicht. Nee, zij zou het vast niet hebben begrepen.

Iedereen bij de BBC en bij World's End (de productiemaatschappij) was heel vriendelijk en gastvrij. Ze leken oprecht geïnteresseerd in het verhaal. Hoe was het mogelijk, terwijl ze ook een ster als Meg Ryan in de show hadden. Net als alle megasterren zweefde ze naar binnen met een hele entourage van mensen. Ze was al laat voor een interview in Parijs. Hoewel ze er heel moe uitzag van de vlucht, straalde ze nog steeds schoonheid uit en ze leek net zo aardig als de karakters die ze speelde in haar romantische komedies. Ze leek helemaal geboeid door ons verhaal, en ze kon er niet over uit dat ik zo lang in mijn eentje was geweest.

Het was heel vreemd toen we de volgende dag door de luchthaven Heathrow liepen. Overal hoorden we mensen fluisteren: 'Dat is dat echtpaar uit de Johnny Vaughan-show van gisteravond.' Een stelletje bleef staan om ons er van alles over te vragen toen we stonden te wachten om onze handbagage door de scanner te laten gaan. Ik was blij dat ik weer terugging naar Barbados, want ik had er niet bij stilgestaan dat ik herkend zou worden.

Op het vliegveld van Barbados, waar de pers wachtte, ging het gerucht dat Meg Ryans productiemaatschappij de rechten van ons verhaal wilde kopen. Toen dit valse gerucht de ronde had gedaan, stond in de boulevardbladen dat Meg Ryan mij zou spelen in de filmversie van het verhaal, en dat het filmschema al bijna rond was! Ik kan inmiddels geen krant meer lezen zonder een flinke dosis argwaan.

Eindelijk waren we terug in Barbados bij onze familie en vrienden, en vertrokken de journalisten. Andrew en ik hadden eigenlijk nog geen gelegenheid gehad om samen tijd door te brengen, en we verlangden ernaar om te praten over alles wat er was gebeurd. We moesten ook nadenken over onze toekomstplannen, omdat door alle publiciteit veel deuren voor ons opengingen. We hadden gehoopt dat we tijdens de vlucht naar Londen en terug de gelegenheid zouden hebben, maar Andrew was zo moe dat hij al in slaap viel voor hij zijn vliegtuigmaaltijd op had. Ik moest hem zelfs wakker maken om hem zijn mond te laten leegeten!

Met mijn familie was het net zo. Het was allemaal heel vermoeiend en spannend voor hen geweest. Ik had niet beseft hoeveel spanning ik hen had bezorgd, tot de eerste opwinding voorbij was en ik hen op een avond gadesloeg. We waren naar een nachtclub aan de rand van het strand gegaan, met een terras boven het zand. Ik was zo verdiept in een gesprek met Russ en Amanda Corn geweest, dat ik er niet op had gelet wat mijn familie deed. Toen ik naar het strand beneden keek, waren ze allemaal als gekken aan het dansen, zelfs mijn moeder en mijn schoonmoeder! Ze lachten allemaal en ze genoten. Het leek of een last van hun schouders was gevallen en ze dolblij waren dat ze er eindelijk van waren bevrijd.

De volgende dag ging een groepje van ons per auto naar het noorden van het eiland om een kijkje te nemen bij North Point, de punt van het eiland waar ik omheen had willen roeien op de dag dat ik de eindstreep bereikte. Omdat ik acht kilometer ten noorden ervan eindigde, had ik het nog niet kunnen zien, en ik wilde weten wat ik had gemist. Simon van de *UniS Voyager* had me verteld dat de eigenares van het café op North Point mijn vorderingen had bijgehouden, en hij stelde voor dat ik haar zou opzoeken.

North Point is heel indrukwekkend. Ik zag hoe de golven tegen de puntige rotsen beukten, en ik was blij dat ik niet te dichtbij was gekomen! De sterke wind die vanaf de Atlantische Oceaan waaide, leek veel dreigender nu ik op vaste grond was. We gingen het kleine café in om te schuilen voor de wind.

De muren, bar en plafond waren bezaaid met visitekaartjes, waarvan sommige zelfs uit 1960 dateerden. Op de muur naast de bar zag ik een bekend gezicht... dat van mij! Maritza, de eigenares, had mijn vorderingen inderdaad bijgehouden en krantenartikelen over mij opgeplakt.

'Wat leuk dat je ons komt opzoeken,' zei ze met haar Italiaans/Barbadaans accent. 'We hadden een grote vlag gehesen om je te verwelkomen, maar we hebben je niet langs zien komen.'

Ik verontschuldigde me. Ik vond het jammer dat ik haar had teleurgesteld. 'Ik zat te ver naar het noorden. Door de wind kon ik niet dichterbij komen.'

'Geeft niet. Je bent er nu toch? We moeten de vlag weer hijsen.'

Meteen belde ze naar haar zoon en ging toen naar haar huis om de vlag te halen.

Intussen bezichtigden we de Animal Flower Caves. De grotten zijn uitgehold door de golven van de Atlantische Oceaan, en de rotspoelen zitten vol 'bloemen van de zee': zeeanemonen. Toen we uit de grotten kwamen, zagen we een grote witte vlag vol trots wapperen aan de oude, houten vlaggenstok op North Point. In grote rode letters was er met een spuitbus WEL-KOM OP BARBADOS DEBORAH op gespoten. Daarboven hing een grote Engelse vlag en daarboven weer de vlag van Barbados. Ik stond versteld dat ze al die moeite hadden gedaan om mij op hun eiland te verwelkomen. Dat was voor mij het symbool van de hartelijkheid en vriendelijkheid die alle bewoners van Barbados, en vooral Maritza, me hadden betoond.

Dankzij Tim en Jo van de *Keltec Challenger* kreeg ik eindelijk tijd alleen met Andrew. Toen ze begin december 2001 de finish bereikten, vierden ze het in het fantastische restaurant Lone Star op Barbados. Daar vertelden ze de manager alles over mijn solotocht. Ze legden uit dat het nog maanden zou duren voor ik aankwam, en dat ik vast als laatste zou eindigen. Ze maakten er zo'n zielig verhaal van dat de manager zich bijna verplicht voelde om ons een gratis diner te geven. We kregen een brief waarin we werden uitgenodigd om te komen dineren op kosten van de leiding van de Lone Star. Het was een volmaakte avond, met verrukkelijk eten, fijn gezelschap en het geluid van de golven op de achtergrond.

Tegen het einde van de maaltijd boog een vrouw zich naar ons toe en zei: 'Sorry dat ik jullie stoor, maar mag ik iets vragen?'

Andrew nam onmiddellijk aan dat ze wilde vragen of ik de vrouw was die onlangs in een roeiboot de Atlantische Oceaan was overgestoken, en zei: 'Ik weet al wat u wilt vragen!' Daarop volgde enige verwarring, want dat had ze helemaal niet willen vragen, en we moesten alledrie lachen omdat Andrew zichzelf steeds meer in het nauw bracht. Op dat moment mengde haar man zich in het gesprek, en toen ik me omdraaide om tegen hem te praten, zag ik dat hij de Britse acteur Anthony Andrews was, en die lieve, in verwarring gebrachte dame, zijn echtgenote.

We vertelden hun ons verhaal, en ze gaven tips over hoe je het beste kon omgaan met alle aandacht van de media. Ze schreven zelfs de naam van een advocaat voor me op, voor het geval dat we een specialist op mediagebied nodig hadden. Toen ze op het punt stonden om weg te gaan, vroeg Andrew: 'En wat had u eigenlijk willen vragen?' Waarop ze antwoordde: 'Het is wel raar, maar ik had willen vragen welke zonnebrandcrème Debra gebruikt omdat ze zo prachtig bruin is!'

10

Terug bij het begin

Ik voel me altijd trots als ik terugvlieg naar Engeland. Het heeft iets om uit het raampje de groene velden beneden te zien. De grote, oude eiken met hun dikke, breed uitwaaierende takken... als een vader die zijn armen uitstrekt om je te omhelzen.

Zoals gewoonlijk had ik niet kunnen slapen tijdens de vlucht. We landden om half zes in de ochtend op Heathrow, en ik voelde me afschuwelijk. Een team van het Troika-kantoor was komen opdagen om ons uitgebreid welkom te heten. Ze voelden zich waarschijnlijk zoals ik er moet hebben uitgezien. De vorige avond waren ze naar een hotel in de buurt van Heathrow gegaan en daar waren ze in de bar blijven hangen tot een paar uur voor ons vliegtuig zou landen. Ze hadden een groot spandoek gemaakt met daarop WELKOM THUIS DEBRA EN ANDREW, maar helaas had de drager van het spandoek zich verslapen. Russell kwam er gejaagd mee aanrennen toen we al tien minuten in de aankomsthal stonden. Arme Russell... het duurde even voor hij zich daarvan had hersteld! Wat waren we blij hen allemaal te zien. Ze waren verdergegaan dan hun verplichtingen als sponsor.

Het dichtbebouwde landschap dat ik voor me zag toen ik uit het luchthavengebouw kwam, had geen groter contrast kunnen vormen met het tropische landschap dat ik in het Caraïbisch gebied had achtergelaten. De bewolkte Engelse dag leek grauw en gevlekt na alle felle kleuren van Barbados. Het leek wel of alle helderheid, kleur en contrast met een knop was weggedraaid. Het beeld voor me was overwegend zwart-wit, terwijl elke aanblik in Barbados net een exotische film op een breedbeeldkleurentelevisie had geleken. In Engeland rook het naar uitlaatgassen en vervuiling. De geur van de oceaan werd helaas een verre herinnering. Maar Engeland was mijn thuis.

Twee uur later werden we geïnterviewd door een journalist van een landelijke krant van naam. Tot onze verbazing was het verhaal na onze twee weken in Barbados nog lang geen oud nieuws. Na alle mediadrukte in het begin had ik tijd gekregen om na te denken. Ik was beter voorbereid en ik voelde me niet langer als een nieuw kind in de klas.

Helaas voerden de media nog steeds het verhaal van 'man laat vrouw in de steek'. Wat we ook zeiden, ze plaatsten hun verhaal zoals zij het wilden. Maar in live televisieprogramma's konden we zelf bepalen wat we vertelden. Daar werd niet berekenend geredigeerd. Wat wij zeiden was wat het publiek zou horen. Dat had iets heel geruststellends.

Ik had maar enkele van de vele artikelen gelezen die ze aan ons hadden gewijd, en ik weet niet of ik nog wel meer wil lezen. Hoewel het over het algemeen heel positieve stukken waren over ondanks tegenslagen een doel bereiken, vind ik het nog steeds een vreemde gewaarwording om over mezelf te lezen.

De vraag die iedereen op de lippen brandde was: 'Wat voor invloed heeft deze ervaring op jullie relatie gehad?' De meeste mensen verwachtten dat ik kwaad was op Andrew omdat hij me 'in de steek had gelaten', en ze waren stomverbaasd dat het geen enkel punt voor ons was geweest dat hij de boot had verlaten. Mijn respect voor hem werd er niet minder op toen hij geen andere keus had. Opgeven en je nederlaag erkennen is vaak veel moeilijker.

Gelukkig sta ik niet alleen in mijn mening over zijn dapperheid. Tegenover elke journalist van een boulevardblad of televisiepresentator stonden talloze mensen die hun steun betuigden voor zijn besluit. Ik vond het heerlijk om e-mails te lezen van mannen die Andrew prezen om zijn dapperheid en vertelden over hun eigen angsten. Door hem durfden ze zich kwetsbaar op te stellen.

✉

Gefeliciteerd, en ook je man omdat hij zo dapper was om zijn angst toe te geven. Je bent een held en geen dwaas als je de moed hebt voor het besluit dat hij heeft genomen. Brian en Dominique, Hertfordshire.

✉

De humor die je man toonde bij de goedkope en domme opmerkingen van de presentator, zei veel over zijn karakter en jullie relatie. Het moet heel moeilijk voor jullie beiden zijn om te moeten praten met mensen die niet begrijpen wat hij heeft doorstaan.
Ik heb meegedaan aan de eerste zeilwedstrijd rond de wereld die Chay Blyth in 1992 organiseerde. Tijdens het eerste stuk naar Rio kreeg ik op een avond zomaar opeens een paniekaanval door claustrofobie. Die was zo slopend dat ik het nooit had kunnen volhouden als die angst was gebleven. Gelukkig heb je op een groot zeiljacht genoeg gezelschap en ruimte om rond te kunnen lopen, dus de aanval ging weg en is niet meer teruggekomen. Jouw man kon niet rondlopen in die krappe ruimte; het moet vreselijk zijn geweest voor hem. Ik krijg al bijna een paniekaanval als ik eraan denk! In elk geval het allerbeste voor jullie beiden.
Steve West
British Steel 11

✉

Ik moet Andrew feliciteren omdat hij iets heeft geprobeerd wat onmogelijk lijkt. Ik denk dat Debra alle lof verdient die ze krijgt toegezwaaid, maar Andrew heeft niet de lof gekregen die hij verdient! Zoals het gezegde luidt: 'Het gaat niet om winnen maar om meedoen'.
Hartelijke groeten aan jullie allebei,
Gagandeep Singh Bhogal

211

✉

Ik was erg onder de indruk dat Andrew zo openhartig
en duidelijk vertelde waarom hij niet kon doorgaan.
Wat fijn om nu eens een man openlijk over zijn
angsten te horen praten. Ik vind het ook heel goed van
hem dat hij niet is ingegaan op de manier waarop het
onderwerp werd aangekondigd, in de trant van 'Man
laat vrouw midden op de Atlantische Oceaan in de
steek'. Zijn steun en liefde voor jou waren duidelijk.
Groeten uit een mistig, grauw Oxfordshire,
Matt Wallis

De ervaring had ons juist dichter bij elkaar gebracht en was
niet tussen ons gekomen. Hoe meer de pers probeerde een wig
tussen ons te drijven, hoe meer we ons een eenheid voelden.
Toen ik toekeek hoe Andrew zo oprecht en helder sprak over
wat er was gebeurd, voelde ik alleen maar respect en bewondering voor hem. Hij was op zijn beurt trots op wat ik had bereikt, en respecteerde me omdat ik de moed had gehad alleen
verder te gaan. Dat wederzijds respect vormde een sterke band
tussen ons. Hij was er bij elke roeislag voor me geweest en, ondanks wat de pers schreef, hadden we in mijn beleving de Atlantische Oceaan echt samen overgeroeid. Door zijn steun, advies en aanmoediging had ik Barbados bereikt.

Het was heerlijk om op die eerste dag thuis te komen en de
deur achter ons dicht te doen. Het was nog heerlijker om na
bijna vijf maanden weer in ons eigen bed te slapen. Na een vakantie van twee weken is het altijd fijn om weer in je eigen bed
te kunnen liggen, maar na vijf maanden is het zalig! Elke
avond als ik lekker onder ons dikke dekbed knus tegen Andrew lag genesteld, probeerde ik me te herinneren hoe het ook
weer was om helemaal alleen in mijn kleine kajuit op de *Troika Transatlantic* te liggen. Ik dacht aan de keren dat ik mijn
doorweekte kleren uittrok en in de kajuit kroop, doodop na het
twaalfde uur roeien. Ik zag in gedachten hoe ik me afdroogde
en de visschubben en zoutkristallen van de kussens veegde. Ik
probeerde te horen hoe de golven tegen de multiplex wanden

sloegen terwijl ik Woody tegen mijn borst klemde.

Zo had ik 111 nachten op zee doorgebracht, maar toen ik eenmaal thuis was kon ik dat bijna niet geloven. Oppervlakkig gezien leek alles thuis heel bekend, maar in werkelijkheid was ons leven nu totaal anders. Het leek heel gewoon om het avondeten te bereiden in mijn keuken, bijna alsof ik nooit was weggeweest. Maar zo gauw ik de voordeur uit stapte, kwam de werkelijkheid van mijn nieuwe leven op me af. Als ik bij de pinautomaat stond, bleven mensen staan om te vragen of ik de vrouw was die onlangs de Atlantische Oceaan had overgeroeid. Als ik in de supermarkt groenten uitzocht, hoorde ik gesmoord gemompel en vervolgens vroeg iemand om mijn handtekening. Ik vind het altijd leuk om mensen te vertellen over mijn tocht over de oceaan, dus het winkelen duurt tegenwoordig aanzienlijk langer!

Het kan een heel positieve ervaring zijn als je in de media of op straat wordt herkend. Het positieve woog beslist op tegen het negatieve. Door het verhaal openhartig en eerlijk te vertellen, hoopten we mensen te inspireren of in elk geval van de waarheid te overtuigen. We horen en lezen wel negatieve dingen over ons, en we voelen ons vaak onder druk gezet door zo snel voor de leeuwen te zijn gegooid. Maar op zulke momenten lezen we weer de positieve e-mails en sms'jes die we hebben gekregen. Dan kunnen we alles weer relativeren.

✉

Twee jaar geleden, toen ik 34 was, kreeg ik een hart- en longtransplantatie omdat mijn eigen longen helemaal waren aangetast door taaislijmziekte. Ik zwoer dat ik zou proberen iets heel bijzonders te doen met mijn leven. Ik vertel dit alleen omdat ik heel ontroerd en onder de indruk ben van je prestatie. Daarbij vergeleken valt mijn plan om naar de Zambezi te gaan in het niet! Je hebt geen idee wat een indruk je op anderen hebt gemaakt. Mij heb je opgebeurd in een moeilijke periode, en door jou weet ik hoe belangrijk het is om door te zetten, al lijkt alles je tegen te zitten.

Daar wil ik je voor bedanken.
Martin Wragg, Grimsby, Engeland

✉

Beste Andrew en Debra,
Ik kon jullie wel omhelzen toen ik jullie gisteravond bij
J. Vaughan zag... wat een gewaarwording. Ik moest
huilen toen ik zag hoeveel jullie van elkaar houden, ook
omdat het een heel gevoelige snaar bij me raakte,
want mijn partner is onlangs bij me weggegaan. We
zijn nog samen omdat we veel van elkaar houden,
maar we kunnen gewoon niet samenwonen. Ik heb
een zoon van 11 en hij en Val hadden moeite met
elkaar. Ik zie de liefde en de mogelijkheden voor ons en
soms is het moeilijk om erin te blijven geloven. En dat
hebben jullie gisteravond in me geraakt: geloof, niet in
religieus opzicht, maar geloof in liefde en hoe het kan
zijn tussen twee mensen. Jullie waren de echte sterren
gisteravond (hoe leuk ik Meg ook vind!). Ik weet zeker
dat jullie dat voor een heleboel anderen zijn die het
geluk hebben, hun leven met jullie te mogen delen.
Bedankt! :-)
Robin

Maar soms is het ook prettig als je niet wordt herkend. Toen ik
een week na onze terugkeer met de trein naar Londen ging, zat
de vrouw tegenover me een landelijke krant te lezen waarin een
artikel over mij stond. Ik wachtte, terwijl ze langzaam de pagina's omsloeg, op de onvermijdelijke vragen als ze me opeens
zou herkennen. Toen ze op pagina 11 kwam, staarde een grote
foto van mijn gezicht haar aan. Ik zag dat ik mijn haar nu hetzelfde had als op die foto, en dat ik hetzelfde gele jasje droeg.
Het was heel vreemd om naar mijn eigen gezicht te kijken.
    Ik zag dat de vrouw het hele artikel begon te lezen. Toen ze
het uit had, keek ze op en staarde me recht in de ogen, maar er
was geen glimp van herkenning te bespeuren.
    Toen de interviews voor kranten, televisie en radio begon-

nen af te nemen, werd ik minder vaak herkend. In het begin was het een heksenketel geweest. Ik had een keer zelfs op één dag drie afspraken bij televisieprogramma's en een voor een fotosessie. Nu kon ik me pas voorstellen hoe zwaar het moest zijn om over de hele wereld muziekalbums en films te promoten. Voor mij gold dat op heel kleine schaal en voor een betrekkelijk korte periode, maar toch was het moeilijk om steeds met interessante antwoorden te komen.

Tussen de interviews door stelde ik mezelf een persoonlijk doel: ik zou iedereen antwoorden die me per e-mail had aangemoedigd. De meeste kwamen van supporters die ik nooit had ontmoet, maar hun woorden waren heel belangrijk voor me geweest. Dus wilde ik ieder van hen persoonlijk terugschrijven en bedanken. Dat was een enorm tijdrovende taak, maar beslist de moeite waard.

Toen ik me door de ingekomen e-mails werkte, zag ik tot mijn grote vreugde een e-mail van Nikki en Pete, het Britse stel van de *Seventh Heaven* die zo aardig waren geweest om me midden op de Atlantische Oceaan brood en koekjes te geven. Ze waren nog steeds in het Caraïbisch gebied, maar ze hadden de website van de *Troika Transatlantic* kunnen achterhalen toen ik nog op zee zat. Ik was zo kwaad geweest op mezelf dat ik hun e-mailadres niet had gevraagd, dus het was een hele verrassing toen ik de e-mail zag die ze een paar weken voor mijn aankomst hadden gestuurd. Misschien komen we elkaar weer een keer tegen, op de Atlantische Oceaan of ergens in Engeland.

✉

Hoi. We zijn Debra een paar weken geleden midden op de Atlantische Oceaan tegengekomen toen we op weg waren naar Barbados. We hebben wat foto's gemaakt die we graag naar haar familie willen sturen als ze dat leuk vinden. Ze zag er goed uit en ze vond het heerlijk om even Engels te kunnen spreken, hoe kort het ook was. Graag onze gegevens aan haar doorgeven als ze terug is.

Bedankt en groeten,
Pete en Nikki (bemanning van *Seventh Heaven*)

Het was ook fantastisch om bericht te krijgen van twee opvarenden van de *Wild Woman*, die langs me waren gevaren zonder me te zien, tot ik via de VHF een bericht naar hen had gestuurd.

✉

Nadat we je bijna hadden overvaren hebben we vaak gedacht aan alle rare dingen die je op zee tegenkomt, zoals plastic flessen, jerrycans, stukken visnet en andere rommel, maar ik had nooit verwacht dat ik een soloroeister zou tegenkomen! En hoewel je onze hulp hebt afgeslagen, heb je geboft dat je ons toen tegenkwam, want een week later zou ik de grootste moeite hebben gehad om de rest van de 'op vrouwen beluste' bemanning in toom te houden (de zee kan een rare invloed hebben op mensen).
Gefeliciteerd met je aankomst, en je doorzettingsvermogen is een lichtend voorbeeld voor al diegenen die het ruime sop hebben gekozen.
Het beste,
Fred

✉

Ik zat op het zeiljacht de *Wild Woman* met nog vier bemanningsleden die verbijsterd en vol ongeloof keken toen we je passeerden. Het was mijn eerste zeiltocht over de Atlantische Oceaan en dat vond ik een ongelofelijke ervaring, terwijl ik met nog vier kerels op een schip zat dat drie keer zo groot was als jouw bootje. Toen besefte ik wat moed, doorzettingsvermogen en een vastberaden persoon kunnen bereiken. Goed gedaan, en bedankt voor de inspiratie die je mij en alle anderen hebt gegeven.
Hartelijke groeten,
John Jones (uit Australië)

216

Toen ik alle e-mails had beantwoord, begon ik werk te maken van de nieuwe kansen die ik als gevolg van de reis had gekregen. Die moest ik zien te rijmen met mijn leven van vóór mijn overtocht over de Atlantische Oceaan.

Voor ik in september uit Engeland vertrok, was ik druk bezig geweest met de Well Hung Art Company. Nu moest ik me bezighouden met allerlei lezingen, liefdadigheidswerk, het plannen van nieuwe avonturen en een eventuele nieuwe baan bij de televisie. Ik leidde weer een jachtig leven, totaal anders dan het vredige en rustige leventje dat me op de oceaan ten deel was gevallen.

Soms betrap ik me erop dat ik droom over de koele zeelucht op mijn huid en de doodse stilte van een kalme dag op de oceaan, als ik een net pakje heb aangetrokken en Londen inga in een warme, overvolle metro. Ik kan niet zeggen dat het een beter is dan het ander. Misschien houdt de combinatie van die twee uitersten het leven interessant.

Dat verschil bereikte een hoogtepunt toen ik als een van de zeven eregasten was uitgenodigd voor een diner dat werd gegeven door de Duke of Edinburgh's Award. Dat hield in dat ik bij de graaf en gravin van Wessex aan tafel zou zitten.

De 'Magnificent Seven' was een benefietgebeuren ter ere van zeven mensen die kort geleden iets fantastisch hadden bereikt. Ik moet zeggen dat het me weinig zei omdat ik afwezig was geweest toen de overige zes gasten hun fantastische doel, wat dat ook mocht zijn, hadden bereikt.

Ik begon me echt zorgen te maken toen ik hoorde dat een zekere Will Young ook aanwezig zou zijn. Ik had gehoord dat hij de winnaar was van een heel populaire televisieshow, *Pop Idol*, waar iedereen van had gehoord behalve ik. Ik had geen idee hoe hij eruitzag en nog minder hoe hij zong, dus het was een hele opluchting dat hij op het laatste moment had afgezegd. Anders had ik me vast onmogelijk gemaakt door hem te vragen wat voor moois hij had bereikt!

Ik haastte me naar de stad om een nieuwe jurk te kopen. Natuurlijk zag ik er niet op mijn best uit toen ik in joggingbroek en op sportschoenen een exclusieve modezaak binnenging. Ze verkochten de nieuwste designerkleding, maar het leek wel een ouderwetse kleermaker. Een dame op leeftijd wierp me een achterdochtige blik toe over haar halve brilletje. Waarschijnlijk verwachtte ze dat ik regelrecht naar het rek met de uitverkoopspullen zou gaan, of iets uit de rekken zou halen en ervandoor zou gaan. Ik slenterde door de zaak terwijl haar ogen in mijn rug brandden. Uiteindelijk kwam ze met tegenzin naar me toe en vroeg of ze me kon helpen. Met een lief glimlachje antwoordde ik: 'Ik zoek een avondjurk.' Eerst keek ze ongelovig en vervolgens verveeld. Toen vroeg ze: 'Is het voor een speciale gelegenheid?' en ik zei ja.

Iets in haar houding zei me dat ik haar tijd verspilde. En ze bleef doorvragen, alsof ze me ergens op wilde betrappen.

'Een heel bijzondere gelegenheid?'

Ik was niet van plan haar dat te vertellen, maar ik kon het niet laten, misschien omdat ik haar reactie al kon voorspellen, om langs mijn neus weg te zeggen dat ik ging dineren met prins Edward en zijn vrouw.

Het leek wel of ik een knop had omgedraaid.

Opeens was ik de belangrijkste klant. Ze haastte zich langs de rekken, haalde japonnen tevoorschijn en hield die voor me alsof haar leven afhing van mijn onberispelijke kledij, en ze naar de Tower zou worden gestuurd als er ook maar een draadje zijde scheef hing.

Ik kon met moeite mijn lachen inhouden. Ik voelde me net Julia Roberts die ging winkelen in *Pretty Woman*, en toen ik de winkel verliet zwaaide ik net als Julia achteloos met de tas, waarin mijn elegante nieuwe avondjurk zat.

Tim van de *Keltic Challenger* had voor een vrijdagavond eind maart een reünie voor de Atlantic Rowers in Londen georganiseerd. Tim en Jo hadden nog een etentje van me te goed na hun fantastische liedjes en mijn slechte moppen, en ik popelde om hen en de rest van de roeiers te zien. Helaas kwam verder alleen Graham van de *George Geary* opdagen. Dat was een grote teleurstelling. Maar dat was natuurlijk alleen een teken dat de rest, nu ze al maanden terug waren, weer in beslag was genomen door het dagelijkse leven.

Tim en Jo waren weer helemaal in vorm, ook al ontbraken de liedjes en grappen. We hadden allemaal de draad weer opgepakt. Tim was verloofd met de mooie Rebecca en Jo was weer sportleraar en bereidde zich voor op de marathonloop in Londen. We vertelden over onze beste en slechtste momenten op zee, en we leefden met elkaar mee als we het hadden over pijnlijke billen. Mijn bijdrage was het volgende:

Mijn toptien van de ergste momenten

10. De dag dat ik voor de vijfde keer achtereen stoofschotel en knoedels moest eten.
 9. Dag 93, toen ik wakker werd en wel veertig dode vliegende vissen op de boot vond. Meestal waren dat er hooguit een stuk of tien. De stank was niet te harden.
 8. Dag 91, toen de inhoud van de toiletemmer terugspatte. Toen ik de inhoud overboord gooide, spatte die in mijn gezicht en mijn mond. Met als gevolg veel spugen en schoonwrijven met babydoekjes.
 7. De nacht van dag 89, toen een roeiriem losschoot terwijl hij nog in de dol zat, en klem raakte onder de boot. Het was geen pretje om die los te krijgen terwijl de golven over me heen spatten!
 6. Dag 85, tussen Kerstmis en nieuwjaar. Ik schreef in mijn dagboek: 'Voel me uitgeput. Steeds als ik door het luik naar de oceaan kijk, voel ik me gevangen omdat ik weet dat ik het niet kan opgeven.' Raakte zo overstuur dat ik nog vier weken alleen moest zijn, dat ik de rest van de middag ontroostbaar was.
 5. Dag 19, toen een haai onder de boot door zwom, op jacht naar vis. Ik zag het oplichtende spoor toen het beest met grote snelheid door het water schoot, en ik wist zeker dat hij de boot zou aanvallen, dus heb ik me doodsbang schuilgehouden in de kajuit tot het licht werd.
 4. Dag 14, de dag dat Andrew de boot verliet. Ik kon er niets aan doen dat ik dacht dat we elkaar nooit meer zouden zien als er iets mis zou gaan.

3. Tien dagen ondraaglijke eenzaamheid begin december, met een climax op dag 65 toen ik van acht uur 's morgens tot elf uur 's avonds heb gehuild, tot ik eindelijk de kracht vond om uit de kajuit te kruipen en te gaan roeien.
2. Dag 23, toen alles verkeerd leek te gaan en ik bijna werd overvaren door een supertanker. Ik was helemaal down.
1. Dag 8, een rampzalige dag voor een heel ongelukkige Andrew. Het toppunt was toen ik, na een hevige onweersbui en een dubbele roeidienst, Andrew in de kajuit ineengedoken zag liggen, helemaal bevend en niet eens in staat om iets tegen me te zeggen.

Mijn toptien van de beste momenten

10. Dag 6, de eerste avond roeien met alle sterren aan de hemel. Adembenemend mooi toen ik tientallen vallende sterren zag.
 9. Dag 64, toen ik na een dag huilend roeien rijst zocht en een hele zak droge worstjes vond en dertig pakjes Minstrels, die ik was vergeten.
 8. Dag 74, toen ik, na een maand lang niemand te hebben gezien, opeens een jacht, de *Seventh Heaven*, tegenkwam. De bemanning gaf me een vers brood, verrukkelijke chocoladekoekjes, en ik kon wel tien minuten praten met andere mensen.
 7. Dag 76, toen ik stiekem had geregeld dat ik vlak voor Kerstmis via de radio kon praten met de hele staf van Troika toen ze in een vergadering zaten.
 6. Dag 54, de eerste dag met heel hoge golven. Ontzagwekkend (en riskant). Ik lachte zo breed dat je mijn mondhoeken over mijn oren had kunnen trekken.
 5. Dag 24, de dag die ik doorbracht met Albert de zeeschildpad, terwijl hij wier van de romp at.
 4. Dag 75, toen ik werd omringd door speelse dolfijnen, die vlak voor mijn neus uit het water sprongen en salto's maakten.
 3. Kerstdag, toen ik alle kerstkaarten van mijn familie en vrienden uit Engeland las.

2. Dag 4, toen ik om drie uur in de ochtend met Andrew aan het roeien was en we luidkeels 'Jerusalem' en 'I vow to Thee My Country' zongen om wakker te blijven.
1. Dag 21, toen ik de prachtigste zonsopgang zag en alle pijn en verdriet over de dood van mijn vader voelde wegglijden, en ik moest huilen van geluk.

Het paasweekend in 2002 viel in de laatste week van maart. Voor het eerst sinds het afgelopen jaar gingen Andrew en ik terug naar Devon. Ik was nog nooit zo lang weggebleven van het huis van mijn moeder. Ze was na de dood van paps van Rose Cottage verhuisd naar een kleiner huis in een naburig dorp. Dat huis ken ik niet. Ik moet nog steeds allerlei kastjes in de keuken openen als ik een bord zoek. Ik ken de mensen, maar niet het huis. Ik mis Rose Cottage. Dat heeft zoveel speciale herinneringen voor mij en voor ons allemaal, maar mams had gelijk dat ze wilde verhuizen.

Het kwam niet vaak voor dat de hele familie bijeenkwam voor een zondagse lunch, maar op die eerste paasdag kwam (bijna) iedereen. Toen we opgroeiden hechtten mams en paps er veel waarde aan dat we elke zondag gezamenlijk de zondagse lunch gebruikten. Ik genoot van die speciale maaltijden. Toen ik nog klein was maakte Matt me aan tafel altijd aan het lachen met zijn grapjes. Hij vertelde ze dan precies als ik een slok nam, want hij wist dat het drinken uit mijn neus zou komen als ik hard moest lachen. Toen ik die zondag naar Matt keek, leek het wel of we teruggegaan waren in de tijd. Er was niets veranderd, alleen die ene belangrijke persoon ontbrak aan het hoofd van de tafel. Toen mijn vader pas overleden was, had ik moeite gehad met die gezamenlijke maaltijden, maar nu ging het beter. Ik kon weer glimlachen bij de herinnering aan zijn woorden na de maaltijd: 'Zo, dat was weer eens verrukkelijk!'

Op tweede paasdag reden Andrew en ik langs Rose Cottage en door het dorp naar de kerk. Het huisje zag er een beetje verwaarloosd en onbewoond uit, want tot voor kort had het leeggestaan. Ik deed mijn ogen dicht en probeerde het me te herinneren zoals het was geweest: een warm, liefderijk thuis. Toen we op het parkeerterrein van de kerk stopten, drupte de motregen langs de portierramen. Het zag er buiten niet erg uitnodigend uit, maar ik had er al een poos naar uitgezien om naar het graf van paps te gaan en hem over mijn avonturen te vertellen. Een beetje regen kon me niet tegenhouden. Tenslotte was ik wel eens meer doorweekt geweest.

Toen we naar het kerkhof aan de andere kant van de kerk liepen, drong het vocht van het gras door mijn schoenen en mijn tenen begonnen te tintelen. Het was gemaaid voor het paasweekend, en graskluiten plakten aan onze schoenen. Het landschap om ons heen rook heerlijk. Als ik mijn hoofd vanonder de paraplu uitstak, kon ik de vogels vrolijk horen kwetteren boven het getik van de regen op de paraplu. Het landschap van Devonshire achter de kerk was frisgroen geworden door de bui. Aan de ene kant stond in een wei een kudde koeien nieuwsgierig naar ons te kijken. Achter een omheining aan de andere kant leek een paard zich niets aan te trekken van het slechte weer. We waren maar enkele kilometers van de kust bij Torbay verwijderd, en een paar zeemeeuwen hadden zich landinwaarts gewaagd en vlogen rond boven onze hoofden. Ze leken op de een of andere manier symbolisch. Ondanks de regen zag mijn vaders laatste rustplaats er nog net zo mooi uit als in mijn herinnering.

Zijn graf leek echter heel anders. Het was meer dan een halfjaar geleden dat ik in Devon was geweest. De grond was niet langer hobbelig en oneffen, maar net zo vlak als de graven die al tientallen jaren oud waren.

'O, wat ziet het er anders uit.' Ik zei het meer tegen mezelf dan tegen Andrew.

'Vind je?' zei Andrew. Hij begon heel nat te worden omdat hij niet onder de paraplu paste die we in de auto hadden gevonden.

'Ja, de grond heeft zich gezet of zo.'

Mijn lukrake opmerkingen waren misschien bedoeld om mijn kwetsbaarheid te verbergen. We stonden een paar minuten zwijgend naar de grafsteen te staren.

'Je wordt kletsnat,' zei ik tegen Andrew. 'Wil je niet liever in de auto wachten?'

'Gaat dit dan nog een poos duren?' vroeg hij. Op zijn gezicht waren bezorgdheid en begrip te lezen.

'Ja, als je het niet erg vindt wil ik een poosje met paps praten.'

Andrew glimlachte en gaf een kus op mijn voorhoofd. 'Natuurlijk,' antwoordde hij lief, en hij draaide zich om en liep terug naar de auto.

Ik besefte dat paps, de echte paps die ik kende en liefhad, op een nog veel mooiere plek was dan dat mooie kerkhof. Ik wist zeker dat ik hem op een dag zou terugzien. Maar op dit moment leek dit een goede plek om tegen hem te praten. Ik hurkte neer naast de grafsteen, schuilend onder de paraplu.

'Hallo, paps, ik ben het. Ik ben terug. Ik heb een fantastisch avontuur achter de rug, en daar wil ik je over vertellen.' Ik had niet van tevoren nagedacht over wat ik zou zeggen. Dat hoefde niet. Het ene verhaal na het andere over de mooie en slechte momenten van mijn avontuur kwam naar buiten. Ik beschreef de *Troika* in al haar glorie. Ik vertelde hem dat mams en de rest van de familie naar Barbados waren gekomen en dat we nog dichter naar elkaar toe waren gegroeid. Ik legde uit dat ik er nu vrede mee had dat hij niet langer meer op deze wereld was.

'Ik wilde hier vandaag komen om je te bedanken, paps. Zonder jou was het me nooit gelukt. Ik dacht aan jouw periode terwijl je kanker had en dat je weigerde je droom op te geven om met mams op de *Rio Luna* over de Middellandse Zee te varen. Jij hebt jouw droom niet opgegeven, dus kon ik die van mij niet opgeven. Door jouw houding heb ik veel geleerd. Je hebt me geleerd wat het betekent om ergens in te geloven.'

Ik zweeg even.

'Paps, ik wil een stukje van mijn boot bij je achterlaten. Je hebt me zoveel gegeven wat mijn reis mogelijk maakte. Je hebt me geleerd dat ik mijn droom werkelijkheid kon laten worden. Dat heb ik gedaan en dat zal ik blijven doen. Ik wil het alleen met je delen.'

Ik haalde een kleine metalen schakel uit mijn zak. Die had

ik speciaal voor dit doel na de finish van de *Troika Transatlantic* verwijderd. 'Hier, dit is voor jou,' zei ik, en ik begroef de schakel diep in de vochtige aarde aan de onderkant van de grafsteen.

Toen kwam ik overeind en terwijl ik met de rug van mijn hand mijn ogen afveegde, fluisterde ik: 'Dag paps.' En ik liep terug in de richting vanwaar ik was gekomen, terug naar Andrew.

Epiloog

Andrews dagboeknotitie — Pasen 2002

In zekere zin is de tocht dus voorbij. Nu Debra haar vaders graf heeft bezocht, is een
deel van het verhaal dat een belangrijker
plaats ging innemen dan we ooit hadden gedacht, tot een natuurlijke afronding gekomen.

Of ik er spijt van heb hoe het allemaal is
gelopen?

Hoe zou ik dat kunnen als het bijna alleen
maar goede dingen heeft opgeleverd? Er zijn
veel verschillende deuren opengegaan en we
zijn alleen maar, samen of ieder van ons
apart, aardige, interessante en boeiende mensen tegengekomen.

Op nog zoveel andere manieren is voor ieder
van ons deze reis nog niet ten einde, daar
ons leven nooit meer hetzelfde zal zijn.

Aanvankelijk was ik bijzonder teleurgesteld. We hadden er heel wat tijd, moeite en
geld in gestoken om ons doel om samen de Atlantische Oceaan over te steken te verwezenlijken en dat gebeurde niet. Het was tevens
een van de weinige keren dat ik me echt voor
iets had ingezet en toch faalde ik.

Toen de teleurstelling echter wat was gezakt, begon ik te kijken naar het avontuur

dat we drieënhalf jaar hadden beleefd in plaats van drieënhalve maand. In die periode waren we er als een van de vijfendertig boten (van de in totaal zeventig die in diverse fasen instapten) toch maar in geslaagd om voldoende geld bij elkaar te schooien, lenen en sprokkelen om aan de start te verschijnen met een boot die zeewaardig genoeg was om de tocht te maken. De hele onderneming heeft ons ook veel over onszelf en over elkaar geleerd en heeft ons nader tot elkaar gebracht. We kwamen erachter dat we diverse vaardigheden gemeen hadden waardoor we datgene wat we deden konden doen. De ervaring deel van een team uit te maken heeft er bovendien voor gezorgd dat we, nog voordat we zelfs waren gestart, belangrijke wijzigingen hebben aangebracht in onze manier van leven.

In mijn geval bijvoorbeeld, probeerde ik na jaren voor grote bedrijven te hebben gewerkt, voor twee kleine te gaan werken wat in beide gevallen op een fiasco uitliep. Toen kwam ik in contact met Troika, wat een nog kleiner bedrijf was, en dat ging geweldig.

In Debra's geval was de onderwijswereld een opstap naar een bedrijfje dat zich richtte op kunst en waar nu inmiddels nieuwe uitdagingen zijn bijgekomen als het geven van lezingen en misschien wel een carrière als producent van tv-documentaires.

Dingen hoeven niet altijd uit te komen zoals je ze hebt gepland, wil alles toch op zijn pootjes terechtkomen. Was alles volgens plan verlopen, dan had het ons nog jaren gekost om het geleende geld terug te betalen en zou het roeien ons enige grote avontuur zijn geweest. Nu ontdekten we dat zich een aantal

andere perspectieven openden en bevonden we
ons in een situatie waarin het niet moeilijk
meer is een sponsor te vinden voor een vol-
gend avontuur. Dingen waarvan ik nooit gedacht had dat ik ze zou doen, zijn nu ineens
mogelijk: met een luchtballon de wereld rond,
deelnemen aan de rally Parijs-Dakar, wie weet
wat nog meer?

Mensen vragen wel eens waarom ik het risico
neem iets anders te doen en zo het gevaar
(hopelijk heel ver weg) loop het weer niet te
halen. Uiteraard was het best even slikken.
Er zijn altijd mensen die, om wat voor redenen dan ook, op je willen afgeven. Uiteindelijk kom je dan toch tot de ontdekking dat ze
óf hun kranten vol moeten krijgen, óf jaloers
zijn, óf dat ze je gewoon niet mogen. Dus wat
maakt het uit? Hopelijk zijn er van de journalisten die zich aanmatigend opstelden, of
zelf wat hebben verzonnen enkelen die zich
nadat ze dit boek hebben gelezen toch ietwat
belachelijk voelen. Ga er alleen niet van uit
dat ze er nog iets mee doen!

Zoals we af en toe tegen mensen zeiden die
vroegen waarom we de Atlantische Oceaan over
wilden roeien: 'Alleen al het stellen van de
vraag geeft aan dat je het antwoord toch niet
zult begrijpen.'

Het gaat niet om beroemd worden en zeker
niet om wat andere mensen ervan zullen denken. Je hebt maar één leven en daar wil je
gewoon het beste van maken. Het doet er niet
eens toe welke droom je najaagt, de kans is
groot dat er toch iets anders gebeurt.

De reis is dan ook nog maar pas begonnen.

'Een avontuur op zich is al de moeite waard'
— Amelia Earhart

Verklarende woordenlijst

Achtersteven Achterste deel van het schip.
Antifouling Dekkende verf die op de romp van een boot wordt aangebracht om de aangroei van algen en pokken tegen te gaan. Werkt blijkbaar niet tegen schildpadden.
Bakboord Als je naar de boeg kijkt, de linkerkant van de boot.
Boeg De voorkant van de boot.
De boot optuigen Het opbergen van voedsel en zware voorwerpen in de romp van de roeiboot en in kasten om zo tot een evenredige gewichtsverdeling te komen waardoor de boot niet naar de ene of de andere kant gaat overhellen. Daar ik steeds beter wist hoe de *Troika* zich bij een bepaalde golfslag of onder bepaalde weersomstandigheden gedroeg, was ik in staat de boot zo op te tuigen (door het verplaatsen van het gewicht) dat de snelheid of stabiliteit werd vergroot. Bij hevige deining verplaatste ik bijvoorbeeld alle zware spullen, inclusief het reddingsvlot, naar de kajuit achter op de boot om zo de boeg lichter te maken. Op die manier lukte het de *Troika Transatlantic* ook om ondanks de hoge golven een rechte koers te houden.
Challenge Business Bedrijf opgericht door Sir Chay Blyth. Organisator van de Ward Evans Atlantic Rowing Challenge en de enige wedstrijd voor boten die langs de verkeerde kant de wereld rond gaat. De laatste jaren bekend onder de naam BT Global Challenge.
Challenge volgboten Twee zeiljachten, nummer 24 en 47, die tijdens de BT Global Challenge werden ingezet en die op de At-

lantische Oceaan zijn achtergebleven waar ze tijdens de wedstrijd tussen de verschillende ploegen heen en weer voeren.

Dolboord   Horizontale zijpanelen langs de gehele lengte van het dek. Ze zijn bedoeld ter versterking van de roeiopeningen waarlangs de riemen draaien.

Drijfanker   Parachutevormige zak die net als een zeeanker onder water met een touw aan de boeg of de voorsteven wordt vastgemaakt. Het drijfanker is uitermate geschikt om het terugdrijven van een Atlantische roeiboot tijdens sterke wind tegen te gaan.

Dubbele sculler   Roeiboot voor twee personen waarbij ieder twee korte riemen heeft.

Dwarszees vallen   Als een boot zo dwars op wind en water komt dat er kapseisgevaar bestaat.

EPIRB   Emergency Position Indicating Radio Beacon. Instrument dat gebruikt wordt om via een satellietverbinding internationale reddingsdiensten op de hoogte te brengen dat een boot in nood verkeert.

Ergometer   Oefenapparaat om de roeibeweging te simuleren (op rustig water), dat tijdens het trainen door roeiers wordt gebruikt.

GPS   Global Positioning System. Navigatiesysteem gebaseerd op een netwerk van satellieten, en eigendom van het Amerikaanse leger, dat in staat is waar ook ter wereld de locatie van een ontvanger op ongeveer twee meter nauwkeurig vast te stellen. Vele malen eenvoudiger dan een sextant. De kans was even aanwezig dat het systeem voor commercieel gebruik zou worden afgekoppeld als de Verenigde Staten eind 2001 in oorlog zouden zijn. Gelukkig voor alle betrokkenen gebeurde dat niet. Voor het geval dat, hadden we overigens wel een sextant aan boord.

GPS-scherm   Scherm waarop, via de GPS-satellieten, de positie en de koers van de boot kunnen worden afgelezen. Op het scherm kunnen ook van tevoren bepaalde punten worden ingegeven om zo beter koers te kunnen houden.

Inmarsat-D   Apparaat waarmee de positie van de boot kan worden doorgegeven. Verplicht voor de boten die aan de wedstrijd deelnemen om zo op ieder gewenst ogenblik hun gegevens aan de wedstrijdleiding te kunnen doorgeven. Bleken enorme energievreters te zijn zodat de meeste teams het apparaat niet altijd hadden aanstaan.

Klamp   Voorziening aan een boot om lijnen of touwen aan vast te zetten. Meestal in de vorm van een draagvlak met aan iedere kant een uitsteeksel.

Koppeling   Een U-vormig, metalen verbindingsstuk dat aan boord van de *Troika Transatantic* werd gebruikt om de tuien aan vast te maken.

Roeiopening   De roeiopening, meestal dol genoemd, is een vierkante uitsparing van hard plastic waarin de roeiriem zich kan bewegen. De dol fungeert als steunpunt, terwijl een kraag op de riem ervoor zorgt dat deze niet uit de boot schiet.

Schot   Een scheidingswand in een boot, bedoeld om boegwater tegen te houden.

Sikkaflex   Meest plakkerige substantie ter wereld, is dan ook absoluut niet van huid en kleding af te krijgen. Gebruikt als dichtingsproduct in de botenbouw.

Spuigaten   Gaten aan de zijkant van de boot op dekniveau waardoor het water kan weglopen. Toen de *Troika* vertrok, waren de gaten met plastic flappen afgedekt zodat er niet makkelijk water kon binnenlopen. Daar het dek niet tegen de elementen wordt beschermd, werden sommige flappen er door de golven afgetrokken.

Stuurboord   Als je naar de boeg kijkt, de rechterkant van de boot.

Sudocrem   Verzachtende crème en vooral effectief tegen luieruitslag. Ga nooit de zee op zonder deze crème!

Tender   Bootje dat zich aan boord bevindt, of achter een grotere boot hangt om mensen en materiaal van en naar de wal te vervoeren en naar andere boten. Bij de Challenge-jachten waren dat kleine, opblaasbare rubberboten.

Tuien   Kabels die over de gehele lengte van het dek lopen waaraan een reddingsvest of tuig kan worden vastgeklikt waardoor je in woeste zee niet overboord wordt geslagen.

VHF   Afkorting van Very High Frequency-radio. Marifoon.

Voetruimte   Verlaagde ruimte aan dek, één binnen en één buiten het luik van de kajuit. Bleek een goede opbergplaats voor het reddingsvlot te zijn.

Zeeanker   Parachutevormige zak die onder water met een touw aan de boeg of de voorsteven wordt vastgemaakt met het doel de snelheid te minderen of de stabiliteit bij zwaar weer te verhogen.

Zeemijl   Eenheid van afstand, gebruikt in de zeevaart. Gedefinieerd als de breedtegraad van de meridiaan die gelijk is aan 1852 meter. Dichtbij de evenaar ook bijna gelijk aan de lengtegraad.

Appendix

Troika Transatlantic en de oorsprong van de Atlantische roeiboot

De bekende scheepsbouwers en -ontwerpers Peter 'Spud' Rowsell en Philip Morrison ontvingen van Sir Chay Blyth CBE REM de volgende opdracht: ontwerp een roeiboot die geschikt is voor een roeiwedstrijd over de oceaan, die plaats biedt aan twee personen inclusief hun bagage en proviand, en die overal ter wereld eenvoudig in elkaar te zetten is.

Atlantic Rowing Challenge boot

Ontwerpers boot	Phil Morrison en Peter 'Spud' Rowsell
Ontwerper bouwpakket	Jim Moore
Lengte	7,10 meter
Breedte	1,90 meter
Gewicht (helemaal opgetuigd)	750 kilo
Bouwmateriaal	Vervaardigd uit watervast multiplex en geleverd in met een laserzaag op maat gemaakte bouwpakketten.
Aantal bemanningsleden	twee

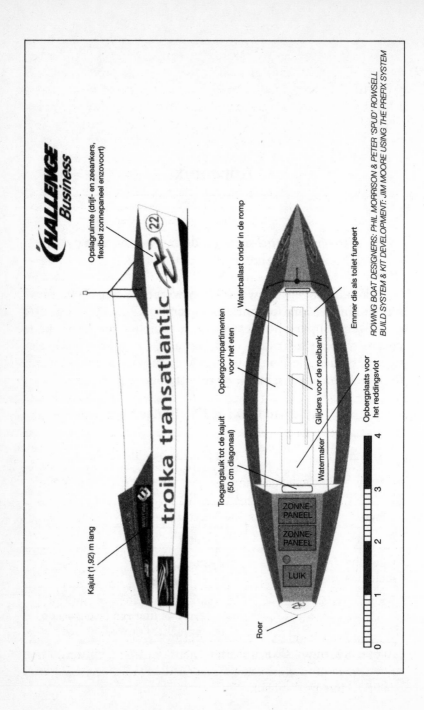

CHALLENGE Business

troika transatlantic

Kajuit (1,92) m lang

Opslagruimte (drijf- en zeeankers, flexibel zonnepaneel enzovoort)

Toegangsluik tot de kajuit (50 cm diagonaal)

Opbergcompartimenten voor het eten

Waterballast onder in de romp

Glijders voor de roeibank

Watermaker

Emmer die als toilet fungeert

Opbergplaats voor het reddingsvlot

ZONNE-PANEEL

ZONNE-PANEEL

LUIK

Roer

0 1 2 3 4

ROWING BOAT DESIGNERS: PHIL MORRISON & PETER 'SPUD' ROWSELL
BUILD SYSTEM & KIT DEVELOPMENT: JIM MOORE USING THE PREFIX SYSTEM

234

Sinds in 1995 de eerste Atlantic Rowing Challenge-boot te water werd gelaten, zijn er tweeënzestig van geproduceerd. De Atlantic Rowing Challenge-boot is inmiddels tweeënzestig maal een oceaan overgestoken (zevenenvijftig keer als onderdeel van de Atlantic Rowing Challenge-race) en is daardoor verreweg het meest succesvolle ontwerp ter wereld van een roeiboot waarmee een oceaan overgestoken kan worden.

Om de veiligheid zoveel mogelijk te waarborgen, is de boot onderverdeeld in waterdichte compartimenten. De rangschikking van de accommodatie op het achterdek en de bergruimte in het voorste gedeelte van de boot, samen met de verhoogde dubbele bodem, staan ervoor in dat de boot volledig zelfrichtend is en grotendeels zelf voor de afwatering zorgt.

De boot bestaat uit een grotere kajuit achter in de boot waar de roeiers slapen en waar ze tijdens slecht weer kunnen schuilen. Op het langste stuk is deze amper twee meter lang. Het middelste stuk van de boot bestaat uit een open dek met in de boeg een bergruimte.

Troika Transatlantic: **vierentwintig platen met een laserzaag op maat gemaakt watervast multiplex + enorme hoeveelheden epoxyhars = een roeiboot waarmee je de Atlantische Oceaan over kunt roeien.**

Sir Chay Blyth wilde de wedstrijd voor iedereen zo eerlijk mogelijk maken. Alle deelnemers aan de Ward Evans Atlantic Rowing Race moeten daarom gebruikmaken van hetzelfde ontwerp roeiboot. Iedere boot kwam aan als een plat pakket dat bestond uit vierentwintig platen van met een laserzaag op maat gemaakt watervast multiplex. Daarna was het aan het team om de bouw en het optuigen van de eigen boot voor zijn rekening te nemen. Het maakte allemaal deel uit van de uitdaging. Sommige teams kozen ervoor de boot helemaal zelf te bouwen, vaak omdat ze vanwege hun beperkte middelen geen andere mogelijkheid hadden. De constructie van de *Troika Transatlantic* is gebouwd door Rossiter Yachts in Christchurch, maar de montage en afwerking gebeurden door Stanley & Thomas Boat Builders in Windsor.

Een van de vragen die me regelmatig werden gesteld, is: 'Waar ging je naar het toilet?' De boten zijn voorzien van een dek waar wordt geroeid en een kleine kajuit op het achterdek, maar een toilet is er niet! Ik maakte gebruik van een emmer op het dek, het toilet met het mooiste uitzicht dat ik ooit heb gebruikt.

Ik maakte gebruik van twee vaste en twee verplaatsbare zonnepanelen voor de stroomvoorziening van de watermaker, het GPS-navigatiesysteem, de satelliettelefoon, het navigatie-licht en de Inmarsat D-terminal die mijn positie aangaf. Het eten lag opgeslagen in de romp, onder de roeibanken, en werd klaargemaakt op een klein gasstel.

Kostenoverzicht van de roeitocht over Atlantische Oceaan

Post	Globale kosten in Engelse ponden
Registratie- en deelnamekosten Ward Evans Atlantic Rowing Challenge-wedstrijd	13.800
Huur van de romp van de oorspronkelijke eigenaren	4.500
Kosten scheepsbouwers van klampen tot op maat gemaakte zittingen (materiaal en manuren)	18.000
Verplichte elektronica: zonnepanelen, GPS-navigatiesysteem, marifoon, accu's enzovoort, inclusief installatiekosten	9.000
Roeispanen, reservespanen, enzovoort	1.800
Verplichte wedstrijduitrusting: watermaker, kookstel, enzovoort	2.500

Verplichte veiligheidsuitrusting: reddingsvlot, reddingsvest, enzovoort	1.900
Voedsel en supplementen voor zeventig dagen maal twee personen	1.000
Boottrailer	1.800
Opspuiten van de romp, inclusief logo	3.000
Medicijnkist	300
Verschepen van de boot naar Tenerife en terug vanuit Barbados	4.000
Kussens voor in de kajuit, canvas hoezen en canvas hulsjes om de uiteinden van de roeispanen	1.000
Satelliettelefoon en telefoonrekening	12.500
Verzekering	1.000
Vluchten en accommodatie voor en na de wedstrijd	4.000
Kleding met teamlogo	2.000
Training: lidmaatschap sportschool, zee-excursies, boothuur enzovoort	1.000
Cursussen: Tideway Sculler School, navigatie op zee, overleven op zee, marifoon enzovoort	700
Totale kosten	83.800

Naast onze sponsor Troika UK, Ltd, hebben ook diverse co-sponsoren een deel van eerdergenoemde kosten voor hun rekening genomen. We willen dan ook in het bijzonder bedanken:

Challenge Business International Ltd
Ocean Safety
XM Yachting
Garmin
Musto Ltd
Science in Sport
Thomas en Cath Herbert

Medicijnkist aan boord van de
Troika Transatlantic

PIJNSTILLERS
Coproxamol tabletten (325 mg paracetamol en 32,5 mg dextropropoxypheen; in Nederland niet verkrijgbaar), 100 tabletten
Dihydrocodeïne, 30 tabletten
Brufen 400 mg, 100 tabletten
Oruvail gel, tube van 100 g (ketoprofen; in Nederland niet in gelvorm verkrijgbaar)
Aspirine 300 mg, 32 tabletten
Deep Heat Spray (in Nederland niet verkrijgbaar)

ANTIBIOTICA
Augmentin 375 mg, 21 tabletten
Erythromycine 250 mg, 28 tabletten
Ciproxin (ciprofloxacin) 500 mg, 20 tabletten
Flagyl 400 mg, 14 tabletten
Flucloxaciline 250 mg, 28 capsules
Trimethoprim 200 mg, 14 tabletten
Cicatrin-poeder, 50 g (in Nederland niet verkrijgbaar)

TEGEN AANVALLEN VAN ACUTE ANGST
Diazepam 5 mg, 30 tabletten

VERBANDMATERIAAL
Diverse zwachtels en verbanden
Zinkoxide-gaascompressen 7,5 x 5 m
Jelonet-gaascompressen 10 cm x 10 cm
Watten 25 mg, in kleine verpakkingen
Elastoplast zelfklevende bandages
Micropore hechtpleister 2,5 cm x 9,2 cm, 2 stuks
Voor oog- en oorproblemen
Neo-Cortef 1,5% oog-/oordruppels (in Nederland niet verkrijgbaar)
0,3% Hypromellose
Chlooramfenicol oogzalf 1%
Optrex met oogdouche
Amethocaïne 0,5%
Fluoresceïne

VOOR NEUS EN MOND
Karvol capsules
Efedrine neusdruppels
Strepsils
Adcortyl in orabase (in Nederland niet verkrijgbaar)

VOOR ALLERGIE/ASTMA/OVERGEVOELIGHEID
Priton 4 mg, 30 tabletten (in Nederland niet verkrijgbaar)
Prednisolon 5 mg, 28 tabletten
Hydrocortison 100 mg
Adrenaline injectie 1:1000
Diverse spuiten en naalden

VOOR MAAG EN DARMEN
Gaviscon, 48 tabletten
Imodium capsules
Dioralyte, 10 zakjes
Anusol, 12 zetpillen
Glycerine zetpillen tegen constipatie, 4 mg

VOOR DE HUID
Calaminelotion, 2 plastic flessen
E45 crème 50 kg x 2 (in Nederland niet verkrijgbaar)
Sudocrem – tegen luieruitslag!
Zovirax 2 kg x 2
Flammazine 50 gr x 2
Hydrocortisoncrème 0,5%, 15 g
Vaseline
Tisept (in Nederland niet verkrijgbaar)
Ster-Zac poeder (in Nederland niet verkrijgbaar)
Daktarin crème en poeder

VOOR HET HART
Glyceryl Trintrate spray (in Nederland niet verkrijgbaar)

VERDOVEND MIDDEL
Emla crème 5 gr x 2

OVERIG MATERIAAL
Grote medicijnkist
Steriele handschoenen (medium)
Verbandschaar
Steriele scalpel (voor eenmalig gebruik)
Draden van diverse dikten
4 mm x 76 mm Leukostrip/Steristrip
Isolatiedeken
Chirurgische scharen
Veiligheidsspelden
Thermometer
Klein vergrootglas
Getande tang
Tang en tang met gekromde bek
Spalk
Zaklamp met batterijen
Wattenstokjes

Als we de inhoud van het medicijnkistje bekijken, hebben we zelf het meest gehad aan de Diazepam-tabletten. Andrew slikte ze om zo zijn angsten onder controle te krijgen en aanvankelijk met succes. Zelf heb ik het kistje amper nodig gehad, maar het gaf een gerust gevoel het aan boord te hebben. In plaats van de eerste week zeeziek te worden, had ik last van een gestoorde spijsvertering. Ik snap niet hoe de deining van de oceaan zoiets kan veroorzaken, maar dankzij Gaviscon-tabletten ging de brandende pijn wel weg. Ook gebruikte ik Sudocrem, vaseline en E45 om ervoor te zorgen dat de huidirritaties binnen de perken bleven. Dat betrof dan vooral mijn billen die geïrriteerd raakten door het urenlang zitten op het roeibankje!

Verder gebruikte ik bepaalde onderdelen van de medicijnkist nogal eens voor andere dingen dan waarvoor ze waren bestemd. Vooral de diverse gaasverbanden en zwachtels waren ideale vervangmiddelen voor toiletpapier nadat ik door de normale voorraad heen was.

Dagboekfragmenten:

Toptien van vreemde dingen voor als ik niet meer op de boot zit:

10. Opnieuw wennen aan de Engelse winter na vier maanden in temperaturen van boven de 30 graden C. te hebben geleefd.

9. Lekker uitslapen in plaats van om half zes 's morgens uit bed te komen om te roeien.

8. Niet meer 's nachts iedere keer uit bed om te zien of er geen supertankers aankomen.

7. Gegarandeerd dronken worden als ik aan een rumcocktail ruik.

6. Eten. Mijn spijsverteringsstelsel werkt niet meer optimaal na drieënhalve maand kant-en-klare troep te hebben gegeten.

5. Binnen naar het toilet gaan (ik zal het uitzicht van mijn openluchtpoepdoos missen!)

4. In een bed slapen dat niet beweegt.

3. Omgeven worden door andere mensen en geen tijd meer voor mezelf hebben.

2. Weer kleren en schoenen dragen.

1. Lopen op het vasteland. Dat lukt blijkbaar niet zonder te slingeren.

Toptien van favoriete liedjes onder het roeien

Voor ik uit Engeland vertrok, vertelde Tony Humpreys van de Challenge Business me dat toen hij per zeilboot de Atlantische Oceaan overstak hij op het laatst bijna alleen nog maar naar makkelijk in het oor liggende muziek luisterde. Hij had gelijk. Ik merkte dat ook. Het leven op zee is zo eenvoudig en relaxed dat al het andere er niet toe lijkt te doen. Deze toptien was dan ook verreweg de moeilijkste om samen te stellen. Ik slaagde erin om 25 liedjes op te schrijven, maar daarna duurde het nog een eeuwigheid voordat ik de lijst had teruggebracht tot de volgende toptien.

10. 'Givin' up'/Worth it' – Harry Diamond/Skinny (Ministry Chillout session 2)

9. 'You get what you give' – New Radicals

8. 'Achilles Heel' – Toploader

242

7. 'Drops of Jupiter' – Train

6. 'Mr. Jones' – Counting Crows

5. Het hele 'Funk Odessey'-album – Jamiroquai

4. 'Street Spirit' – Radiohead

3. 'Demons' – Fat Boy Slim met Macy Gray

2. 'Moon River' – de versie van Danny Williams

1. 'Dream a little dream' – Mama Cass

Toptien van volgende grote uitdagingen

Vlak voordat ik in Barbados aankwam, plaatste ik op mijn website een oproep aan mijn fans om me ideeën te sturen voor mijn volgende grote uitdaging. Na een weekeind van pure ellende hielpen deze suggesties me mijn gevoel voor humor terug te vinden.

10. Eet bij Fatty Arbuckle een biefstuk van anderhalve kilo en je hoeft je feestmaal niet te betalen. Dat lijkt me inderdaad een hele uitdaging na meer dan honderd dagen op gevriesdroogd voer te hebben geleefd! (Van Caroline van Appeal PR)

9. Inspireer 120 mensen om net als jij een uitdaging aan te gaan die ver boven hun grens ligt. (Van Chuck Wilson in Palow Alto, CA)

8. Letterlijk in het midden van Ierland, geografisch gezien dan, ligt Lough Dearg. Roei eromheen en je hebt rond Ierland gevaren. (Van Matt Jess)

7. Bezoek iedere staat van Amerika in een maand tijd. (Van Michelle van Appeal PR). Had er gestaan dat ik moest pro-

beren in een maand tijd in een rivier in iedere staat te kajakken, dan had dit boven aan mijn lijst gestaan.

6. Loop langs de Chinese Muur (Van Sue, moeder van Helen
van de Hemsley Fraser Training Group Ltd)

5. Drie-in-een uitdaging: beklim een berg, duik in een meer
en maak een trektocht door het oerwoud. (Van Emma Cun-
ningham)

4. Leer motorrijden en rij de wereld rond. (Van Emma Cun-
ningham). Ik heb ooit een programma gezien over een kerel
die dat had gedaan. Ik weet niet of een vrouw dit al eens
heeft volbracht.

3. Roei als eerste rond de drie kapen: Ga eerst naar Kaap
Hoorn, roei eromheen. Ga dan naar West-Australië, roei
rond Kaap Leewin. Ga ten slotte naar Kaapstad, roei rond
Kaap de Goede Hoop. Je hoeft je geen zorgen te maken over
de stukjes ertussenin, zoals oceanen. (Van Matt Jess)

2. Fiets naar de hoogste delen van het Middellandse-Zeegebied. (Van Elize in New York).

1. Maak een sprong uit de ruimte. 450 meter of zo. Trek een
ruimtepak aan en doe een gooi naar het record voor vrouwen. Alles boven de dertig meter is al goed. (Van Tim in Ierland)

The Times geloofde deze laatste suggestie. Maandag 29 januari
kopte *The Times* dan ook: 'The sky is nu echt the limit voor
Atlantische soloroeister Debra.' Ze schreven: 'Debra Veal...
heeft een nieuwe uitdaging – een sprong op aarde maken vanuit de ruimte.' Amper een paar uur nadat de krant verschenen
was, ontvingen we een e-mailtje van Cameron Balloons (van
Breitling Orbiter 3 fame) waarin stond dat zij wel een ballon
konden maken om me boven te krijgen!

Ik zou nooit meer in een roeiboot de zee opgaan zonder
Gevoel voor humor
Satelliettelefoon
Muziek
Pen en papier
GPS-navigatiesysteem, kaart en kompas
Drijfanker
Woody de beer

Ik wou dat ik had meegenomen
Meer toiletpapier
Een grotere variatie aan hoofdmaaltijden
Een beter stuurinrichting
Afsluitbare waterflessen
Eten met een langere houdbaarheidsdatum

Maandag 28 januari, hoofdartikel in The Times

KONINGIN VAN DE WOELIGE BAREN
Transatlantische heldin zet voet aan wal

Over de Atlantische Oceaan klonk gisteren een zacht gekreun.
De zeenimfen zuchtten en lieten hun mooie hoofdjes hangen.
Voor het eerst sinds Thetis was vertrokken, hadden ze weer
een zus verloren. Poseidon zat droevig over zijn koninkrijk uit
te staren en streek weemoedig over zijn baard. Sinds zijn ruzie
met Athene had hij niet meer genoten van zo'n wedstrijd. Zijn
paarden schudden hun manen. Waar vonden ze nog zo'n metgezel in de race? Alleen Aphrodite leek opgelucht en zat met
de armen over elkaar te kijken naar de kust van Barbados, naar
het aangrijpende weerzien van man en vrouw. Had ze al die jaren met de zeemeerminnen nog niet genoeg problemen gehad
zonder dat daar ook nog eens een menselijk wezen met gouden
lokken bij kwam dat naakt over het water snelde? Na 112 dagen te moeten toezien op een liefdesaffaire tussen een sterfe-
lijk wezen en de zee, was er nog maar één plaats waar ze me-

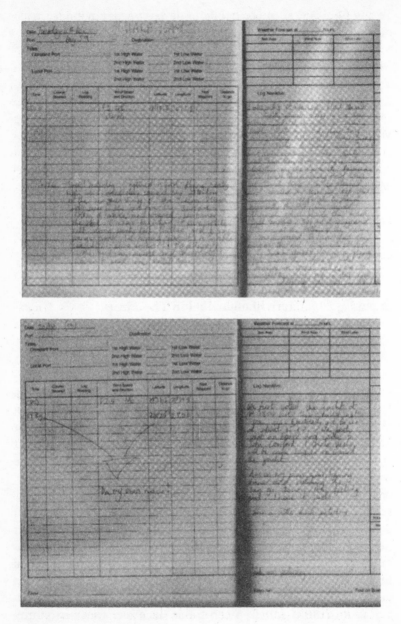

Pagina's uit mijn logboek

vrouw Debra Veal wilde hebben, en dat was terug op het vasteland.

Haar wens kwam uit. De Ward Evans Atlantic Rowing Challenge is voorbij en de winnaar is de deelnemer die als laatste binnenkwam. Na ruim drie maanden op zee werd Debra Veal, zakenvrouw, maritiem nudiste en eetster van meer stoofvlees dan een normaal mens aankan, uit haar boot gehesen door haar man die haar had achtergelaten op een eenzame tocht. Toeschouwers gingen uit hun dak, tranen en champagne vloeiden rijkelijk en onze heldin merkte dat zeebenen niet een-twee-drie veranderden in ledematen van landrotten. En in tegenstelling tot de kerels die haar voorgingen, verscheen mevrouw Veal keurig verzorgd, met gewassen haren en een fraai gebruinde huid.

Eveneens in tegenstelling tot de kerels deed ze het in haar eentje. De deelnemers aan de Ward Evans Atlantic Rowing Challenge worden geacht per twee te roeien, maar niet iedereen kon de druk van de open zee aan, onder wie de man van mevrouw Veal. Terwijl andere verlaten partners, zoals *Times*-medewerker Jonathan Cornall, na een tijdje hun solotocht voor gezien hielden, roeide Debs gewoon door en dat met een niet te temmen vitaliteit zoals die van het rode haantje uit het bekende kindersprookje. De mannen werden angstig. Mevrouw Veal was in haar element en roeide haar bootje rustig door de woelige baren, kwam onderweg diverse schildpadden tegen en lachte vrolijk als ze in het gezicht werd geslagen door vliegende vissen. Zoals ook bij de zeilster Ellen MacArthur het geval was, was de tocht van mevrouw Veal zowel spiritueel als lichamelijk, waarbij laag na laag werd afgepeld totdat ze uiteindelijk uitkwam bij zichzelf. Een prestatie die ze zelf beschrijft als een toestand van genade.

Wie aan een dergelijk avontuur begint, weet van tevoren niet wat hij of zij tegenkomt, maar mevrouw Veal kwam terug met de ultieme beloning. Al die zeelui die het allemaal zo goed lijken te weten, kunnen een voorbeeld nemen aan haar reis naar zichzelf. Zoals zij een heildronk uitbracht op haar boot, de *Troika Transatlantic*, 'deze dame, deze zeer speciale dame', zo groeten wij haar op onze beurt.